云南省高校精品教材（云教高〔2013〕105号）
云南省“十二五”规划教材（云教高〔2014〕108号）

U0853849

新编21世纪会计系列教材

税法

第11版·立体化数字教材版

主 编 王红云
副主编 李 蕾 李树奇

Law of Tax

中国人民大学出版社
·北京·

前言

感谢广大教师和读者的厚爱，截至 2022 年 11 月，《税法》已经销售超过 26 万册。本教材 2013 年荣获云南省高校精品教材奖，2014 年入选云南省“十二五”规划教材。

本教材于 2011 年 9 月推出第 1 版，伴随着税法政策的不断修改和颁布，本教材努力做到及时补充和修改。中国人民大学出版社的编辑老师在每一版教材没有库存时，都及时提醒我们进行修订和完善。即使是同一版本不同印次的书，我们也进行了挖改，及时修改和补充变化的内容。

本教材有配套的习题和答案，同时，中国人民大学出版社网站提供了配套的教学大纲、教案、课件和习题答案以及税法案例、国家税务总局等网站的部分精彩视频、企业所得税年度纳税申报表的样表等教学资源。

2022 年，增值税留抵退税等一系列税收扶持性政策出台，全电发票试点等，国家给予企业极大的扶持，为此，本教材对增值税、增值税普通发票和增值税专用发票、个人所得税专项附加扣除、印花税等内容进行了大幅修改，现在推出第 11 版。

我主编的教材（《纳税会计》《会计法规》《税法》等）曾被评为中国大学出版社协会优秀畅销书二等奖、中国书刊发行业协会全行业优秀畅销书、云南省优秀教材、云南省高校精品教材（2 本）和云南省“十二五”规划教材（3 本）。这是广大师生喜爱的结果。我们热切希望这些载有我们教学体会的产品能够继续得到广大读者的喜爱和支持。

《税法》第 11 版修改下列内容的同时，将相关章节的例题、练习题及答案也进行了大幅修改和完善。同时，也更新了课件和教案。

具体修订内容如下：

1. 政策依据：2022 年，财政部和国家税务总局联合发布了不少阶段性税收优惠性政策。修订内容：修改和完善近期税收优惠政策的相关内容。

2. 政策依据：金税四期上线。修订内容：金税四期概述的相关内容。

3. 政策依据：从 2022 年 1 月 1 日起，符合相关要求的纳税人可向主管税务机关申请纳税信用修复。修订内容：纳税信用修复的相关内容。

4. 政策依据：纳税申报的新规定。修订内容：纳税申报的相关内容。

5. 政策依据：增值税征税范围的新规定。修订内容：增值税征税范围的相关内容。

6. 政策依据：2022 年 3 月 21 日，财政部和国家税务总局联合发布《财政部 税务总局关于进一步加大增值税期末留抵退税政策实施力度的公告》（财政部 税务总局公告 2022 年第 14 号），明确了小微企业和制造业等行业的留抵退税政策。修订内容：留抵退税的相关内容。

7. 政策依据：预缴增值税的新规定。修订内容：预缴增值税的相关内容。

8. 政策依据：出口退（免）税分类管理评定申请的新规定。修订内容：出口退（免）税分类管理评定申请的相关内容。

9. 政策依据：增值税纳税申报的新规定。修订内容：增值税纳税申报的相关内容。

10. 政策依据：自 2023 年 1 月 1 日起，关于增值税小规模纳税人和预缴申报的新规定。修订内容：增值税小规模纳税人和预缴申报的相关内容。

11. 政策依据：全电发票的试点。修订内容：全电发票的相关内容。

12. 政策依据：关于纳税人开具发票的新规定。修订内容：纳税人开具发票基本规定的相关内容。

13. 政策依据：从 2022 年 11 月 1 日起，电子烟生产和批发环节的纳税人都是消费税的纳税人。修订内容：消费税的相关内容。

14. 政策依据：土地增值税清算的表述。修订内容：土地增值税清算的相关内容。

15. 政策依据：企业所得税具体扣除项目和标准的表述。修订内容：企业所得税具体扣除项目和标准的相关内容。

16. 政策依据：居民企业（查账征收）企业所得税月（季）度申报办理材料的补充。修订内容：居民企业（查账征收）企业所得税月（季）度申报办理材料的相关内容。

17. 政策依据：企业所得税年度纳税申报表办理资料的补充。修订内容：企业所得税年度纳税申报表办理资料的相关内容。

18. 政策依据：2022 年 3 月 28 日，《关于设立 3 岁以下婴幼儿照护个人所得税专项附加扣除的通知》发布，决定设立 3 岁以下婴幼儿照护个人所得税专项附加扣除，自 2022 年 1 月 1 日起实施。修订内容：个人所得税专项附加扣除的相关内容。

19. 政策依据：2022 年 7 月 1 日正式实行《中华人民共和国印花税法》。修订内容：印花税的相关内容。

20. 政策依据：社会保险基金的表述。修订内容：社会保险基金的相关内容。

本教材按我国现行主要税种，分章叙述其基本内容、计算及相关注意点。本教材的作者均是长期辅导注册会计师、会计职称、税收执法资格等考试的教师，我们尽可能将各种教学体会融入书中，例题选择了相关的注册会计师、税务师和会计职称考试的部分真题，列示了增值税和企业所得税主要税种的纳税申报表表样，突出了增值税、企业所得税和个人所得税的基本内容，对学习和考试中需要特别注意辨析的内容做了醒目的“特别提醒”，并将增值税普通发票和专用发票专门作为一章进行介绍。

本教材由王红云教授担任主编，李蕾副教授、李树奇副教授担任副主编，罗畅、李翔和姜馨潼参编。具体分工如下：第 3、4、10、12 章由王红云执笔；第 1、2 章由李蕾执笔；第 6、8 章由李树奇执笔；第 5 章由罗畅执笔；第 7 章由李翔执笔；第 9 章由姜馨潼执笔；第 11 章由赵映丽执笔；全书由王红云修改和总撰，李树奇和罗畅编写和修改了章后练习题，赵珂然制作了课件。

借此机会，感谢中国人民大学出版社策划编辑陈永凤老师给予的大力支持和帮助，她陪伴我们多次反复修改和补充教材内容与习题，也感谢出版社的其他编辑老师的认真负责。如果我国税法政策有变化，我们将及时进行修订和补充，当然，这也是税法教材的特点。

由于编者学识水平有限，时间较紧，加之我国税制仍在不断改革，书中难免存在不足之处，恳请各位读者不吝赐教。

王红云

于云南财经大学

目录

第1章

税法概论

第2章

税收征收管理

第3章

增值税

第 9 章

城市维护建设税与教育费附加

第 10 章

企业所得税

第 11 章

个人所得税

第 12 章

其他税

第 1 章

税法概论

本章导言

税收深刻影响社会经济的发展

在我国，个人所得税经常被当成税收的全部，但实际上，它只占税收总额的不足 10%。除个人所得税以外，我国还有十多个大税种。这些税不一定直接针对每个人征收，但是往往通过市场价格机制传递给每一个人。根据微观经济学的理论，如果不考虑其他干扰因素，向生产者收税和向消费者收税的税负效果是一样的。税收的本质是维持政府功能，使其有能力提供公共物品，如公路、消防、治安、环保等。现代社会中，税收体现的是政府和公众之间的交易关系，税收在给大家提供必需的公共物品的同时，也提高了商品成本和价格，带来工资下降、企业利润减少等问题，深刻影响社会经济的发展。

支持小微企业和个体工商户发展税费优惠政策指引（1.0）

1.1　税法概述

1.1.1　税法的概念与特点

1. 税法的概念

税法是指有权的国家机关制定的有关调整税收分配过程中形成的权利义务关系的法律规范的总和。税法的调整对象是税收分配中形成的权利义务关系。

税收是政府为了满足社会公众需要，凭借政治权力，强制、无偿地取得财政收入的一种形式。从本质来看，税收是国家与纳税人之间形成的以国家为主体的社会剩余产品分配关系；从形式特征来看，税收具有“三性”，即无偿性、强制性和固定性，其中无偿性是核心；从职能来看，税收具有调节经济、监督管理的职能。

税收和税法是两个既有联系又有区别的概念，两者之间的关系是：

（1）税收是经济学概念，侧重解决分配关系；税法是法学概念，侧重解决权利义务关系。

（2）有权的国家机关指国家最高权力机关，在我国指全国人民代表大会及其常务委员会。地方立法机关往往拥有一定的税收立法权，获得授权的行政机关也是制定税法主体的构成者。

（3）税法有广义和狭义之分。广义的税法包括各级有权机关制定的税收法律、法规、规章和规范性文件，是由税收实体法、税收程序法、税收争讼法等构成的法律体系；狭义的税法仅指国家最高权力机关正式立法的税收法律。

2. 税法的特点

税法的特点主要有：

（1）从立法过程看，税法属于制定法，而不属于习惯法，即税法是由国家制定的，而不是由习惯做法或司法判例认可的。

（2）从法律性质看，税法属于义务性法规，而不属于授权性法规，即税法直接规定人们的某种义务，其显著特点是具有强制性。

（3）从内容看，税法属于综合法，而不属于单一法，即税法是由实体法、程序法、争讼法等构成的综合法律体系。

1.1.2 税收法律关系

1. 税收法律关系的构成

税收法律关系总体上由权利主体、权利客体和税收法律关系的内容三方面构成。

（1）权利主体。法律关系的主体是指法律关系的参与者。税收法律关系的主体即税收法律关系中享有权利和承担义务的当事人。在我国税收法律关系中，权利主体一方是代表国家行使征税职责的国家行政机关，包括国家各级税务机关、海关和财政机关；另一方是履行纳税义务的纳税人，包括法人、自然人和其他组织，在华的外国企业或组织、外籍人、无国籍人，以及在华虽然没有机构、场所但有来源于中国境内所得的外国企业或组织。对于纳税人的确认，我国采取的是属地兼属人的原则。

解释

属地原则是指一国政府行使地域管辖权，对来源于该国境内的所得，该国都有优先征税的权力。属人原则是指一国政府行使居民（公民）管辖权，该国对本国居民（公民）的境内与境外所得都有权征税。

（2）权利客体。权利客体是指税收法律关系主体的权利、义务所共同指向的对象，即征税对象。

（3）税收法律关系的内容。税收法律关系的内容是权利主体所享有的权利和所应承担的义务，这是税收法律关系中最实质的东西，也是税法的灵魂。

2. 税收法律关系的产生、变更与消灭

税法是引起税收法律关系的前提，但税法本身并不能产生具体的税收法律关系。税收法律关系的产生、变更和消灭必须有能够引起税收法律关系产生、变更或消灭的客观情况，即由税收法律事实来决定。税收法律事实可以分为税收法律事件和税收法律行为。

3. 税收法律关系的保护

税收法律关系是与国家利益及企业和个人的权益相联系的。税收法律关系的保护对权利双方是对等的，对权利享有者的保护就是对义务承担者的制约。

1.1.3　税法的构成要素

税法的构成要素是指各种单行税法共同具有的基本要素的总称。首先，税法的构成要素既包括实体性的，也包括程序性的；其次，税法的构成要素是所有完善的单行税法共同具备的，仅为某一税法所单独具有而非普遍性的内容，不构成税法要素，如扣缴义务人。税法的构成要素一般包括总则、纳税义务人、课税对象、税目、税率、减免税、纳税环节、纳税期限、纳税地点、罚则、附则等项目。

1. 纳税义务人及其相关概念

（1）纳税义务人。纳税义务人简称纳税人，是税法中规定的直接负有纳税义务的单位和个人，也称纳税主体。

（2）负税人。负税人是与纳税人既有联系又有区别的一个概念。纳税人是直接向税务机关缴纳税款的单位和个人，负税人是实际负担税款的单位和个人。纳税人如果能够通过一定途径把税款转嫁或转移出去，就不再是负税人。否则，纳税人同时也是负税人。

（3）代扣代缴义务人。代扣代缴义务人是指虽不承担纳税义务，但依照有关规定有义务从持有的纳税人收入中扣除其应纳税款并代为缴纳的企业、单位和个人。

（4）代收代缴义务人。代收代缴义务人是指虽不承担纳税义务，但依照有关规定有义务借助与纳税人的经济交往而向纳税人收取应纳税款并代为缴纳的单位。

（5）代征代缴义务人。代征代缴义务人是指接受税务机关委托，按国家税法规定代征税款的单位和个人。由代征代缴义务人代征税款的征收方法是税务机关为了加强征收管理，方便群众纳税，对于不便直接征收，有关单位又能控制的税源采取的一种有效征管形式。

代征代缴义务人有两种类型：

1）海关。对进口的货物和物品应纳的增值税、消费税，由税务机关委托海关于办理

报关进口计征关税的同时代征代缴。

2）委托代征单位。为了加强对零星分散税源的控管，方便纳税人缴税，边远地区的零星税源一般委托乡、村和信用社等单位代征税款。

税务机关对代征代缴义务人要进行资格审查，发放代征证书，对代征税款的税种、课税对象、税率、征收范围、计算方法、纳税期限和缴库办法等做出明确具体的规定。税务机关要按照规定付给代征代缴义务人一定的代征手续费。代征代缴义务人只能办理代征业务，如果纳税人申请减税、免税、退税，或者有违规行为，必须送交税务机关处理。

（6）纳税单位。纳税单位是指申报缴纳税款的单位，是纳税人的有效集合。例如企业所得税可以每个子公司为一个纳税单位，也可以总公司为一个纳税单位。纳税单位的大小通常根据管理的需要和国家政策来确定。

2. 课税对象和计税依据

（1）课税对象。课税对象又称征税对象，是税法中规定的征税的目的物，是国家据以征税的依据。通过规定课税对象，解决对什么征税这一问题。

课税对象是构成税收实体法的诸要素中的基础要素，是一种税区别于另一种税的最主要标志。课税对象体现了各种税的征税范围。其他要素的内容一般都是以课税对象为基础确定的。

（2）计税依据。计税依据又称税基，是指税法中规定的据以计算各种应征税款的依据或标准。它也是纳税人正确履行纳税义务、合理负担税收的重要标志。

计税依据的表现形态主要是：1）价值形态。属于价值形态的课税对象和计税，依据一般是一致的，其前提是适用比例税率。例如，企业所得税的课税对象就是企业所得，而计税依据也是企业所得，所以二者是一致的。2）实物形态。属于实物形态的课税对象和计税依据一般是不一致的，往往表现为适用定额税率。例如，我国车船税的课税对象是各种车辆、船舶，计税依据是车船的吨位；资源税的课税对象是应税资源，而计税依据往往是资源产品的重量、体积等。

（3）课税对象与计税依据的关系。课税对象与计税依据的关系主要体现为：1）课税对象是指征税的目的物，计税依据则是在目的物已经确定的前提下，对目的物据以计算税款的依据或标准。2）课税对象是从质的方面对征税所做的规定，计税依据则是从量的方面对征税所做的规定，是课税对象量的表现。

3. 税目

税目是课税对象的具体化，反映具体的征税范围，代表征税的广度。税目的制定方法分为列举法和概括法。列举法是按照每一种商品或经营项目分别设计税目，必要时还可以在税目之下划分若干细目；概括法是对同一征税对象用集中概括的方法将其分类归并。列举法和概括法各有优缺点，应配合运用。

4. 税率

税率是应纳税额与课税对象之间的数量关系或比例关系，是计算税额的尺度，代表征税的深度，关系着国家税收收入的多少和纳税人的负担程度，因此，税率是体现税收政策的中心环节。税率具体包括以下三种：

（1）比例税率。比例税率是指对同一征税对象或同一税目，不论数额大小只规定一个比例，都按同一比例征税，税额与课税对象成正比例关系。比例税率的基本特点是：税率不随课税对象数额的变动而变动，便于按不同的产品设计不同的税率。比例税率主要包括：1）单一比例税率（如增值税）；2）差别比例税率，可分为产品差别比例税率（如消费税、关税等）、行业差别比例税率（如电信业增值税）和地区差别比例税率（如城市维护建设税）。

（2）累进税率。累进税率是指对同一课税对象，征收比例随数量的增大而提高的税率，表现为将课税对象按数额大小分为若干等级，不同等级适用由低到高的不同税率，包括最低税率、最高税率和若干等级的中间税率。累进税率可分为：1）超额累进税率（如个人所得税中的工资、薪金所得）；2）超率累进税率（如土地增值税）。

特别提醒

超额累进税率是各国普遍采用的一种税率。为解决超额累进税率计算税款比较复杂的问题，在实际工作中引入了“速算扣除数”的概念，通过预先计算出的速算扣除数，即可直接计算应纳税额，不必再分级分段计算。速算扣除数是按全额累进税率和超额累进税率计算的应纳税额的差额。用公式表示为：

$$\text{速算扣除数}=\begin{matrix}\text{按全额累进方法}\\\text{计算的税额}\end{matrix}-\begin{matrix}\text{按超额累进方法}\\\text{计算的税额}\end{matrix}$$

$$=\begin{matrix}\text{上一级最高}\\\text{绝对数}\end{matrix}\times\left(\begin{matrix}\text{本级}\\\text{税率}\end{matrix}-\begin{matrix}\text{上一级}\\\text{税率}\end{matrix}\right)+\begin{matrix}\text{上一级速算}\\\text{扣除数}\end{matrix}$$

（3）定额税率。定额税率又称固定税额，是根据课税对象计量单位直接规定固定的征税数额。定额税率的基本特点是：税率与课税对象的价值量无关，不受课税对象价值量变化的影响，适用于对价格稳定、质量等级和品种规格单一的大宗产品征税的税种。定额税率主要包括资源税、城镇土地使用税、车船税等。

对税率的其他相关概念介绍如下：

（1）名义税率与实际税率。名义税率与实际税率是分析纳税人负担时常用的概念。名义税率是指税法规定的税率。实际税率是指实际负担率，即纳税人在一定时期内实际缴纳税额占其课税对象实际数额的比例。实际税率常常低于名义税率。

特别提醒

区分名义税率和实际税率，确定纳税人的实际负担水平和税负结构，可以为设计合理可行的税制和纳税评估提供依据。

（2）边际税率与平均税率。边际税率是指当收入再增加一些时，这部分增加的收入所纳税额与增加的收入的比率。平均税率是相对于边际税率而言的，指全部税额与全部收入之比。

在比例税率条件下，边际税率等于平均税率。在累进税率条件下，边际税率往往要高于平均税率。边际税率的上升还会带动平均税率的提高。边际税率上升的幅度越大，平均税率提高得就越多，调节收入的能力也就越强，但对纳税人的负向激励也越大。通过两者的比较，易于获得税率的累进程度和税负的变化情况。

（3）零税率与负税率。零税率是指税率为零，是免税的一种方式，表明课税对象的持有人虽负有纳税义务，但不需缴纳税款。通常适用于两种情况：一是在所得税中，对所得中的免税部分规定税率为零，目的是保证所得少者的生产和生活需要；二是在商品税中，对出口商品规定税率为零，即退还出口商品在生产制造和流转环节已纳的税款。

负税率是指政府利用税收形式对所得额低于某一特定标准的家庭或个人予以补贴的比例。负税率主要用于负所得税的计算。

5. 减免税

减免税是指根据国家一定时期的政治、经济、社会政策要求，对生产经营活动中的某些特殊情况给予减轻或免除税收负担的照顾。对应征税款依法减少征收为减税；对应征税款全部免除纳税义务为免税。

（1）减免税的基本形式。

1）税基式减免。税基式减免是通过直接缩小计税依据的方式实行的减免税，具体包括改变起征点、免征额、项目扣除以及跨期结转等。

2）税率式减免。税率式减免是通过直接降低税率的方式实行的减免税，包括低税率、零税率等。例如，企业所得税中，对于符合小型微利条件的企业适用 20％的税率，对于国家重点扶持的高新技术企业适用 15％的税率，因此，相对于 25％的基本税率，20％和 15％的企业所得税税率就是税率式减免。

3）税额式减免。税额式减免是通过直接减少应纳税额的方式实行的减免税，包括全部免征、减半征收、核定减免率等。

特别提醒

税基式减免的适用范围最广，从原则上说，它适用于所有生产经营情况；税率式减免比较适合对某个行业或某种产品这种“线”上的减免，在流转税中运用最多；税额式减免的适用范围最窄，一般仅限于解决“点”上的个别问题。

（2）减免税的分类。

1）从时间上可划分为定期减免和不定期减免。前者限于在规定的期限内给予减免税，过期一般不再继续给予减免照顾；后者是对特定纳税人和特定征税对象在一定范围内给予的减免税，没有固定的减免时间限制。

2）从性质上可划分为政策减免、困难减免和一般减免。政策减免，是指配合国家有关政策所给予的减免税；困难减免，是指对纳税人因特殊情况纳税有困难而给予的减免税；一般减免，是指其他一般性的减免税。

3）从与税法的关系上可划分为法定减免和非法定减免。前者是指基本税法中明文规定的减免税；后者是指基本税法规定以外的由行政法规规定的减免税。

6. 纳税环节

任何税种都要确定纳税环节。有的税种纳税环节较明确、固定，有的税种则需要在商品流转过程中确定适当的纳税环节。按照确定纳税环节的多少，可以分为一次课征制、两次课征制和多次课征制。

7. 纳税期限

纳税期限是指税法规定的纳税主体向征税机关缴纳税款的具体时间。纳税期限是衡量征纳双方是否按时行使征税权力和履行纳税义务的尺度，是税收的强制性和固定性特征在时间上的体现。

8. 纳税地点

纳税地点是指缴纳税款的场所，即指纳税人应向何地征税机关申报纳税并缴纳税款。纳税地点一般为纳税人的住所地，也有营业地、财产所在地或特定行为发生地。纳税地点关系到征税管辖权和是否方便纳税等问题，在税法中明确规定纳税地点有利于防止漏征或重复征税。

9. 罚则

罚则是税收法律关系的主体因违反税法而应当承担的法律后果。税法规定的法律责任形式主要有三种：一是经济责任，包括补缴税款、加收滞纳金等；二是行政责任，包括吊销税务登记证、罚款、税收保全及强制执行等；三是刑事责任，对违反税法情节严重构成犯罪的行为，要依法承担刑事责任。罚则的规定对于保障国家税收利益不受或少受侵犯，具有十分重要的现实意义和威慑作用。

10. 附则

附则一般规定与相关税法紧密相关的内容，如税收征收管理法的解释权、生效时间等。

1.1.4　税法的分类

1. 按税法的基本内容和效力分类

按照税法的基本内容和效力，可分为税收基本法和税收普通法。

（1）税收基本法。税收基本法是税法体系的主体和核心，在税法体系中起着税收母法的作用。其基本内容一般包括税收制度的性质、税务管理机构、税收立法与管理权限、纳税人的基本权利与义务、税收征收范围（税种）等。税收基本法类似于中华人民共和国成立初期的《全国税政实施要则》。我国还没有制定统一的税收基本法，随着我国税收法制建设的发展和完善，将研究制定税收基本法。

（2）税收普通法。税收普通法是根据税收基本法的原则，对税收基本法规定的事项分别立法实施的法律，如个人所得税法、税收征收管理法等。

2. 按税法的职能作用分类

按照税法的职能作用的不同，可分为税收实体法和税收程序法。

（1）税收实体法。也称实体法，是指规定税收法律关系主体所享有的权利和义务的法律规范。税收实体法的要素主要有六个：纳税人、课税对象、税率、减免税、纳税环节、纳税期限。一般来说，各单行税种法都属于税收实体法。

（2）税收程序法。也称程序法，是指使税收实体法赋予税收法律关系主体的权利和义务得以主张和履行的法律机制，如税法中有关纳税期限、税款征收、缴纳方式的内容等。目前的税收征收管理法就是税收程序法。除此之外，还有一些程序法虽然不是专门规定税收问题的，但税务活动仍需要遵守这些程序法的规定。这主要是指一些规定行政程序的行政法律或法规，如行政复议法、行政处罚法、行政诉讼法、国家赔偿法等。程序法还包括表明身份、回避、职能分离、听证、时限等的制度。

3. 按税法的征收对象分类

按照税法的征收对象，可分为流转税税法、所得税税法、财产行为税税法和资源税税法。

（1）流转税税法。流转税税法主要包括针对增值税、消费税、关税等税种的税法。这类税法的特点是：与商品生产、流通、消费有密切联系。对什么商品征税、税率多高，对商品经济活动都有直接的影响，可以发挥对经济的宏观调控作用。

（2）所得税税法。所得税税法主要包括针对企业所得税、个人所得税等税种的税法。其特点是可以直接调节纳税人收入，发挥公平税负、调整分配关系的作用。

（3）财产行为税税法。财产行为税税法主要是规定对财产的价值或某种行为课税的税法，包括房产税、印花税等税种。

（4）资源税税法。资源税税法主要是为保护和合理使用国家自然资源而课税的税法。我国现行的资源税、城镇土地使用税等税种均属于资源税税法的范畴。

4. 按税收收入归属和征收管辖权限分类

按照税收收入的归属和征收管辖的权限，可分为中央税、地方税和中央与地方共享税。

（1）中央税。中央税属于中央政府的财政收入，如消费税、关税等。

（2）地方税。地方税属于各级地方政府的财政收入，如城市维护建设税、城镇土地使用税等。

（3）中央与地方共享税。中央与地方共享税属于中央政府和地方政府的共同收入，如增值税。

特别提醒

营改增后，所有行业的增值税均由中央和地方对半分。

1.1.5 税法的作用

正确认识税法在我国社会主义市场经济发展中的重要作用，对于我们在实际工作中准确把握和认真执行税法的各项规定是很有必要的。

1. 税法是国家组织财政收入的法律保障

为了维护国家机器的正常运转以及促进国民经济的健康发展，必须筹集大量的资金，即组织国家财政收入。为了保证税收组织财政收入职能的发挥，必须通过制定税法，以法律的形式确定企事业单位和个人履行纳税义务的具体项目、数额和纳税程序，惩治逃避缴纳税款的行为，防止税款流失，保证国家依法征税，及时足额地取得税收收入。

2. 税法是国家宏观调控的法律手段

我国建立和发展社会主义市场经济体制，一个重要的改革目标就是国家从过去习惯于用行政手段直接管理经济，向主要运用法律、经济手段宏观调控转变。税收是国家宏观调控的重要手段，通过制定税法，以法律的形式确定国家与纳税人之间的利益分配关系，调节社会成员的收入水平，调整产业结构和社会资源的优化配置，使之符合国家的宏观经济政策；同时，依照法律的平等原则，使经营单位和个人的税收负担公平，鼓励平等竞争，为市场经济的发展创造良好的条件。

3. 税法对维护经济秩序有重要的作用

税法的贯彻执行涉及从事生产经营活动的所有单位和个人，一切经营单位和个人通过办理税务登记、建账建制、纳税申报，其各项经营活动都将纳入税法的规范制约和管理范围，从而较全面地反映纳税人的生产经营情况。这样，税法就确定了规范有效的纳税秩序和经济秩序，监督经营单位和个人依法经营，加强经济核算，提高经营管理水平。同时，税务机关按照税法规定对纳税人进行税务检查，严肃查处逃避缴纳税款及其他违反税法规定的行为，也将有效地打击各种违法经营活动，为国民经济的健康发展创造良好、稳定的经济秩序。

4. 税法能有效地保护纳税人的合法权益

国家征税直接涉及纳税人的切身利益，如果税务机关随意征税，就会侵犯纳税人的合法权益，影响纳税人的正常经营，这是法律所不允许的。因此，税法在确定税务机关征税权力和纳税人履行纳税义务的同时，相应地规定了税务机关应尽的义务和纳税人享有的权利，如纳税人享有延期纳税权、申请减税免税权、多缴税款要求退还权，如不服税务机关的处理决定可申请复议或提起诉讼等；税法还严格规定了对税务机关执法行为的监督制约制度，如进行税收征收管理必须按照法定的权限和程序行事，造成纳税人合法权益损失的要负赔偿责任等。因此，税法不仅是税务机关征税的法律依据，也是纳税人保护自身合法权益的重要法律依据。

5. 税法是维护国家权益、促进国际经济交往的可靠保证

在国际经济交往中，任何国家对在本国境内从事生产、经营的外国企业或个人都拥有税收管辖权，这是国家权益的具体体现。我国自1978年实行改革开放以来，在平等互利的基础上，不断扩大和发展与各国各地区的经济交流及合作，建立和完善涉外税法。我国还与多个国家签订了避免双重征税的协定，为鼓励外商投资、发展国家间平等互利的经济技术合作关系提供了可靠的法律保障。

特别提醒

从2009年2月28日起，"偷税"在我国不再作为一个刑法概念存在。第十一届全国人民代表大会常务委员会第七次会议表决通过了《中华人民共和国刑法修正案（七）》，修订后的《中华人民共和国刑法》（以下简称《刑法》）对第二百零一条关于不履行纳税义务的定罪量刑标准和法律规定中的相关表述方式进行了修改，用"逃避缴纳税款"取代"偷税"。但目前我国税收征收管理法中还没有做出相应的修改。

1.2 我国税法的原则

1.2.1 税法的基本原则

税法的基本原则是指对一国调整税收关系的基本规范的抽象和概括，是贯穿税法的立法、执法、司法和守法全过程的具有普遍指导意义的法律准则。

1. 税收法律主义原则

税收法律主义原则也称税收法定主义、法定性原则，是指税法主体的权利义务必须由法律加以规定，税法的各类构成要素都必须且只能由法律予以明确规定，超越法律规定的课征是违法的、无效的。具体包括：（1）课税要素法定原则，即课税要素必须由法律直接规定。（2）课税要素明确原则，即有关课税要素的规定必须尽量明确而不出现歧义、矛盾，在基本内容上不出现漏洞。（3）依法稽征原则，即税务行政机关必须严格依据法律的规定稽核征收，无权改变法定课税要素和法定征收程序。

2. 税收公平主义原则

税负必须根据纳税人的负担能力分配：负担能力相等，税负相同；负担能力不等，

税负不同。例如，个人所得税法中针对劳务报酬所得畸高实施加征的规定，对所得高的增加税负，量能课征，就体现了税法基本原则中的税收公平主义原则。

特别提醒

法律上的税收公平与经济上要求的税收公平较为接近，但两者有明显的不同：(1) 经济上的税收公平往往是作为一种经济理论提出的，对政府与纳税人尚不具备强制性的约束力，而法律上的税收公平是有具体法律制度予以保障的。(2) 经济上的税收公平主要是从税收负担带来的经济后果来考虑的，而法律上的税收公平不仅考虑税收负担的合理分配，还要从税收立法、执法、司法等各个方面考虑。

3. 税收合作信赖主义原则

税收合作信赖主义原则也称公众信任原则，是指征纳双方相互信赖、相互合作，而不是对抗。例如，企业所得税中预约定价的做法体现了税务机关与纳税人的相互沟通与合作，体现了税收合作信赖主义原则。

4. 实质课税原则

实质课税原则是指应根据纳税人的真实负担能力决定纳税人的税负，不能仅考核其表面上是否符合课税要件，即在判断某个具体的人或事件是否满足课税要件，是否应承担纳税义务时，不能被其外在形式蒙蔽，而要深入探究其实质。例如，转让定价情形下的价格是表面而非真实的价格，税务机关根据实质课税原则，有权调整其计税依据，而不是按照纳税人申报的计税价格计税。

1.2.2　税法的适用原则

1. 法律优位原则

法律优位原则也称行政立法不得抵触法律原则，是指法律的效力高于行政法规的效力，行政法规的效力又高于规章的效力。法律优位原则在税法中的作用主要体现在：处理不同等级税法的关系时，如果效力低的税法与效力高的税法发生冲突，效力低的税法是无效的。例如《中华人民共和国企业所得税法》（简称《企业所得税法》）和《中华人民共和国企业所得税法实施条例》（简称《企业所得税法实施条例》），前者效力高于后者，前者是法律，后者是法规，这时体现的就是法律优位原则。

2. 法律不溯及既往原则

法律不溯及既往原则是指一部新法实施后，对人们在新法实施之前的行为不得适用新法，而只能沿用旧法。例如，从 2009 年 5 月起，我国对卷烟在批发环节征收消费税，税率为不含增值税销售额的 5%，而对 2009 年 5 月以前发生的销售额按照旧法规定是不征收消费税的。

3. 新法优于旧法原则

新法优于旧法原则也称后法优于先法原则。新法、旧法对同一事项有不同规定时，新法的效力优于旧法。其作用在于避免因法律修订带来新法、旧法对同一事项有不同的规定，而给法律适用带来的问题，为法律的更新与完善提供法律适用上的保障。该原则的适用以新法生效实施为标志，新法生效实施以后适用新法，新法实施以前，包括新法公布以后尚未实施的这段时间，仍沿用旧法，新法不发生效力。

4. 特别法优于普通法原则

特别法优于普通法原则是指对同一事项两部法律分别制定一般规定和特别规定时，特别规定的效力高于一般规定的效力。例如，企业所得税法中对于公益性捐赠限额只有12%的标准，没有全额扣除的标准，但自 2019 年 1 月 1 日至 2022 年 12 月 31 日，企业通过公益性社会组织或者县级（含县级）以上人民政府及其组成部门和直属机构，用于目标脱贫地区的扶贫捐赠支出，准予在计算企业所得税应纳税所得额时据实扣除，体现了税法适用原则中的特别法优于普通法原则。

5. 程序优于实体原则

程序优于实体原则是指在诉讼发生时税收程序法优于税收实体法。

6. 实体从旧、程序从新原则

实体从旧、程序从新原则是指税收实体法不具备溯及力，而税收程序法在特定条件下具备一定的溯及力，新法实施前后的同种情况原则上都要按照新的规定执行。

1.3 我国的税收立法机关和立法程序

1.3.1 我国的税收立法机关和税法体系

我国的立法体制是：全国人民代表大会及其常务委员会行使立法权，制定法律；国务院及所属各部委有权根据宪法和法律制定行政法规和规章；地方人民代表大会及其常务委员会在不与宪法、法律、行政法规相抵触的前提下有权制定地方性法规，但要报全国人民代表大会常务委员会和国务院备案；民族自治地方的人民代表大会有权依照当地民族政治、经济和文化的特点，制定自治条例和单行条例。

各级有权机关根据国家立法体制规定所制定的一系列税收法律、法规、规章和规范性文件，构成了我国的税收法律体系。

解释

税法有广义和狭义之分。广义的税法包括所有调整税收关系的法律、法规、规章和规范性文件，是税法体系的总称；狭义的税法特指由全国人民代表大会及其常务委员会制定和颁布的税收法律。制定税收法律、法规和规章的机关不同，其法律级次不同，法律效力也不同。

1. 全国人民代表大会及其常务委员会制定的税收法律

在国家税收中，凡是基本的、全局性的问题，例如，国家税收的性质，税收法律关系中征纳双方权利与义务的确定，税种的设置，税目、税率的确定等，都需要由全国人民代表大会及其常务委员会以税收法律的形式制定实施，并且在全国范围内，无论是对国内纳税人还是对涉外纳税人都普遍适用。在现行税法中，如《企业所得税法》《中华人民共和国个人所得税法》（简称《个人所得税法》）、《中华人民共和国税收征收管理法》（简称《税收征收管理法》）等都是税收法律。除宪法外，在税收法律体系中，税收法律具有最高的法律效力，是其他机关制定税收法规、规章的法律依据，其他各级机关制定的税收法规、规章不得与宪法和税收法律相抵触。

2. 全国人民代表大会及其常务委员会授权立法

授权立法是指全国人民代表大会及其常务委员会根据需要授权国务院制定某些具有法律效力的暂行规定或者条例。授权立法与制定行政法规不同。国务院经授权立法所制定的规定或条例等，具有国家法律的性质和地位，它的法律效力高于行政法规，在立法程序上还需报全国人民代表大会常务委员会备案。例如，国务院从 1994 年 1 月 1 日起实施工商税制改革，制定实施了增值税、消费税、资源税、土地增值税的暂行条例。授权立法在一定程度上解决了我国经济体制改革和对外开放工作需要法律保障的当务之急。税收暂行条例的制定和公布施行，也为全国人民代表大会及其常务委员会的立法工作提供了有益的经验和条件，并为在条件成熟时将这些条例上升为法律做好准备。

3. 国务院制定的税收行政法规

行政法规作为一种法律形式，在我国法律形式中处于低于宪法、法律但高于地方法规、部门规章、地方规章的地位，也是在全国范围内普遍适用的。行政法规的立法目的在于保证宪法和法律的实施。行政法规不得与宪法、法律相抵触，否则无效。国务院发布的《企业所得税法实施条例》《中华人民共和国税收征收管理法实施细则》（简称《税收征收管理法实施细则》）等都是税收行政法规。

4. 地方人民代表大会及其常务委员会制定的税收地方性法规

地方人民代表大会及其常务委员会制定税收地方性法规不是毫无限制的，而是要严格按照税收法律的授权行事。目前除了海南省、民族自治地区按照全国人民代表大会授权立法规定，在遵循宪法、法律和行政法规的原则基础上，可以制定有关税收的地方性法规外，其他省、直辖市一般都无权制定税收地方性法规。

5. 国务院税务主管部门制定的税收部门规章

有权制定税收部门规章的税务主管机关是财政部、国家税务总局及海关总署，其制定规章的范围包括对有关税收法律、法规的具体解释以及对税收征收管理的具体规定、办法等。税收部门规章在全国范围内具有普遍适用的效力，但不得与税收法律、行政法规相抵触。例如，财政部颁布的《中华人民共和国增值税暂行条例实施细则》、国家税务总局颁布的《税务代理试行办法》等都属于税收部门规章。

6. 地方政府制定的税收地方规章

地方政府制定税收规章，必须在税收法律、法规明确授权的前提下进行，并且不得与税收法律、法规相抵触。没有税收法律、法规的授权，地方政府无权制定税收规章，凡越权制定的税收规章没有法律效力。例如，国务院发布实施的城市维护建设税、车船税、房产税等地方性税种暂行条例，都规定省、自治区、直辖市人民政府可根据条例制定实施细则。

1.3.2 我国的税收立法程序

税收立法程序是指有权的机关在制定、认可、修改、补充、废止等税收立法的活动中必须遵循的法定步骤和方法。目前我国的税收立法程序主要包括以下几个阶段：

（1）提议阶段。无论是税法的制定，还是税法的修改、补充和废止，一般都由国务院授权其税务主管部门（财政部或国家税务总局）负责立法的调查研究等准备工作，并提出立法方案或税法草案，上报国务院。

（2）审议阶段。税收法规由国务院负责审议。税收法律在经国务院审议通过后，以议案的形式提交全国人民代表大会常务委员会的有关工作部门，在广泛征求意见并修改后，提交全国人民代表大会或其常务委员会审议通过。

（3）通过和公布阶段。税收法规由国务院审议通过后，以国务院总理的名义发布实施。税收法律由全国人民代表大会或其常务委员会在开会期间，先听取国务院关于制定税法议案的说明，然后经过讨论，以简单多数的方式通过后，以国家主席的名义发布实施。

特别提醒

税法的实施即税法的执行。由于税法层次较多，在税收执法过程中，对其适用性或法律效力的判断一般依据以下原则：（1）层次高的法律优于层次低的法律；（2）特别法优于普通法；（3）国际法优于国内法；（4）实体从旧，程序从新。

1.4　我国现行的18个税种

我国税种经历增加、精简、合并等过程，截至2022年10月，现行实施的税种共有18个，其中由税务机关征收的有16个，由海关征收的有2个（不考虑委托海关代征的情形）。另外，完成立法的税种有12个，占现行税种数量的67%（关税未单独立法）。如果考虑房产税和土地使用税可能合并的情况，则目前尚未完成单独立法的税种有5个，分别是增值税、消费税、土地增值税、关税、房地产税。除关税和房地产税之外，其余3个税种均已发布征求意见稿。

1.4.1　税种的分类

1. 按税种功能和性质划分

我国现行18个税种的分类方法有多种，常用的分类方法是按税种的功能和性质划分：

（1）流转税类，包括增值税、消费税、关税3个税种；

（2）所得税类，包括企业所得税、个人所得税2个税种；

（3）资源税类，包括资源税、城镇土地使用税2个税种；

（4）特定目的税类，包括城市维护建设税、耕地占用税、土地增值税、烟叶税、环境保护税5个税种；

（5）财产行为税类，包括房产税、车船税、印花税、契税、车辆购置税、船舶吨税6个税种。

2. 按税种是否立法划分

已立法的12个税种包括个人所得税、企业所得税、车船税、环境保护税、烟叶税、船舶吨税、车辆购置税、耕地占用税、资源税、契税、城市维护建设税、印花税。

1.4.2　我国18个税种的立法概况

我国18个税种的立法概况如表1-1所示。

表1-1　我国18个税种的立法概况

（截至2022年10月）

序号	税种	法律法规名称	制定机构	级次	法律施行时间
1	企业所得税	《企业所得税法》	全国人大常委会	法律	2008年1月1日
2	个人所得税	《个人所得税法》	全国人大常委会	法律	1980年9月10日
3	车船税	《车船税法》	全国人大常委会	法律	2012年1月1日

续表

序号	税种	法律法规名称	制定机构	级次	法律施行时间
4	环境保护税	《环境保护税法》	全国人大常委会	法律	2018 年 1 月 1 日
5	船舶吨税	《船舶吨税法》	全国人大常委会	法律	2018 年 7 月 1 日
6	烟叶税	《烟叶税法》	全国人大常委会	法律	2018 年 7 月 1 日
7	车辆购置税	《车辆购置税法》	全国人大常委会	法律	2019 年 7 月 1 日
8	耕地占用税	《耕地占用税法》	全国人大常委会	法律	2019 年 9 月 1 日
9	资源税	《资源税法》	全国人大常委会	法律	2020 年 9 月 1 日
10	城市维护建设税	《城市维护建设税法》	全国人大常委会	法律	2021 年 9 月 1 日
11	契税	《契税法》	全国人大常委会	法律	2021 年 9 月 1 日
12	印花税	《印花税法》	全国人大常委会	法律	2022 年 7 月 1 日
13	增值税	《增值税暂行条例》	国务院	行政法规	
14	消费税	《消费税暂行条例》	国务院	行政法规	
15	关税	《进出口关税条例》	国务院	行政法规	
16	土地增值税	《土地增值税暂行条例》	国务院	行政法规	
17	城镇土地使用税	《城镇土地使用税暂行条例》	国务院	行政法规	
18	房产税	《房产税暂行条例》	国务院	行政法规	

资料来源：国家税务总局网站。

特别提醒

个人所得税在 1980 年 9 月 10 日通过立法，前后修正 7 次，最新修订自 2019 年 1 月 1 日施行。企业所得税在 2007 年 3 月 16 日通过立法，前后修正 2 次。增值税是我国两大主体税种之一，也是第一大税种，在税收总额中占比超过 40%，目前执行的是 2017 年修订的《中华人民共和国增值税暂行条例》。

1.5 近期税收优惠政策概述

关于《国家税务总局关于进一步优化增值税优惠政策办理程序及服务有关事项的公告》的解读

1.5.1 阶段性的主要税收优惠政策

1. 中小微企业新购置价值 500 万元以下设备器具一次性计提折旧

企业在 2023 年 12 月 31 日前新购进的设备、器具，单位价值不超过 500 万元的，允许一次性计入当期成本费用，在计算应纳税所得额时扣除，不再分年度计算折旧；单位价值超过 500 万元的，仍按《企业所得税法》规定的折旧年限计算固定资产折旧。

特别提醒

中小微企业的判断。中小微企业是指从事国家非限制和禁止行业，且符合以下条件的企业：(1) 信息传输业、建筑业、租赁和商务服务业：从业人员2 000人以下，或营业收入10亿元以下或资产总额12亿元以下。(2) 房地产开发经营：营业收入20亿元以下或资产总额1亿元以下。(3) 其他行业：从业人员1 000人以下或营业收入4亿元以下。

2. 生产、生活性服务业增值税加计抵减

自2023年1月1日至2023年12月31日，生产、生活性服务业增值税加计抵减按照以下规定执行：

(1) 允许生产性服务业纳税人按照当期可抵扣进项税额加计5%抵减应纳税额。生产性服务业纳税人，是指提供邮政服务、电信服务、现代服务、生活服务取得的销售额占全部销售额的比重超过50%的纳税人。

(2) 允许生活性服务业纳税人按照当期可抵扣进项税额加计10%抵减应纳税额。生活性服务业纳税人，是指提供生活服务取得的销售额占全部销售额的比重超过50%的纳税人。

3. 全年一次性奖金优惠政策延期

全年一次性奖金优惠延期至2027年12月31日。

年终奖单独申报应纳税额计算公式为：

应纳税额＝全年一次性奖金收入×适用税率－速算扣除数

适用税率以全年一次性奖金收入除以12个月得到的数额对照月度税率表确定。政策依据：财政部 税务总局公告2021年第42号。

4. 免于办理个税综合所得汇算清缴优惠政策延期

免于办理个税综合所得汇算清缴优惠延期至2023年12月31日。免于办理的情况包括：(1) 年度综合所得不超过12万元且需要汇算清缴补税的；(2) 年度汇算清缴补税金额不超过400元的。

5. 外籍个人所得税优惠政策延期

外籍个人所得税优惠延期至2023年12月31日。政策依据：财政部 税务总局公告2021年第43号、财税〔2018〕164号。

6. 中央企业负责人任期激励单独计税优惠政策延期

中央企业负责人任期激励单独计税优惠延期至2023年12月31日。

中央企业负责人年度绩效薪金延期兑现收入和任期奖励，采取单独申报的申报方式，适用时间为 2023 年 12 月 31 日之前。

应纳税额＝年度绩效薪金延期兑换收入和任期奖励×适用税率－速算扣除数

政策依据：财政部 税务总局公告 2021 年第 43 号、财税〔2018〕164 号。

7. 支持新冠疫情防控免征个人所得税优惠延期

支持新冠疫情防控有关个税优惠延期至 2023 年 12 月 31 日。

优惠范围为：（1）单位发给个人用于预防新型冠状病毒感染肺炎的药品、医疗用品和防护用品等实物（不包括现金）；（2）参加疫情防治工作的医务人员和防疫工作者按照政府规定标准取得的临时性工作补助和奖金。政策依据：财政部 税务总局公告 2020 年第 10 号、财政部 税务总局公告 2022 年第 4 号。

8. 创业投资企业和天使投资个人税收优惠政策延期

创业投资企业和天使投资个人税收优惠延期至 2023 年 12 月 31 日。

9. 部分国家商品储备税收优惠政策延期

对部分国家商品储备的税收优惠延期至 2023 年 12 月 31 日。

优惠内容：（1）对商品储存管理公司及其直属库资金账簿免征印花税；（2）对其承担商品储备业务过程中书立的购销合同免征印花税（对合同其他方当事人照章征收印花税）；（3）对其自用的承担商品储备业务的房产、土地，免征房产税、城镇土地使用税。政策依据：财政部 税务总局公告 2022 年第 8 号。

10. 科技企业孵化器、大学科技园和国家备案众创空间税收优惠政策延期

科技企业孵化器、大学科技园和国家备案众创空间税收优惠延期至 2023 年 12 月 31 日。

优惠内容：（1）对自用以及无偿或通过出租等方式提供给在孵对象使用的房产、土地，免征房产税和城镇土地使用税；（2）对向在孵对象提供孵化服务取得的收入，免征增值税。政策依据：财税〔2018〕120 号、财政部 税务总局公告 2022 年第 4 号。

11. 城市公交站场、道路客运站场、城市轨道交通系统税收优惠政策延期

优惠内容：对城市公交站场、道路客运站场、城市轨道交通系统运营用地免征城镇土地使用税，执行期限延长至 2023 年 12 月 31 日。政策依据：财税〔2019〕11 号、财政部 税务总局公告 2022 年第 4 号。

12. 继续实行农产品批发市场和农贸市场税收优惠政策

农产品批发市场和农贸市场税收优惠延期至 2023 年 12 月 31 日。

优惠内容：对农产品批发市场、农贸市场（包括自有和承租）专门用于经营农产品的房产、土地，免征房产税和城镇土地使用税。同时经营其他产品的农产品批发市场和农贸市场使用的房产、土地，按其他产品与农产品交易场地面积的比例确定免征房产税和城镇土地使用税。政策依据：财税〔2019〕12 号、财政部 税务总局公告 2022 年第 4 号。

13. 高校学生公寓税收优惠政策延期

高校学生公寓税收优惠延期至 2023 年 12 月 31 日。

优惠内容：（1）对高校学生公寓免征房产税；（2）对与高校学生签订的高校学生公寓租赁合同，免征印花税。其中，高校学生公寓是指为高校学生提供住宿服务，按照国家规定的收费标准收取住宿费的学生公寓。政策依据：财税〔2019〕14 号、财政部 税务总局公告 2022 年第 4 号。

14. 退役士兵创业就业税收优惠政策延期

退役士兵创业就业税收优惠延期至 2023 年 12 月 31 日。

优惠内容：（1）自主就业退役士兵从事个体经营的，自办理个体工商户登记当月起，在 3 年内按每户每年 12 000 元为限额依次扣减其当年实际应缴纳的增值税、城市维护建设费、教育费附加、地方教育附加和个人所得税。（2）企业招用自主就业退役士兵，与其签订 1 年以上期限劳动合同并依法缴纳社会保险费的，自签订劳动合同并缴纳社会保险当月起，在 3 年内按实际招用人数予以定额依次扣减增值税、城市维护建设税、教育费附加、地方教育附加和企业所得税优惠。政策依据：财税〔2019〕21 号、财政部 税务总局公告 2022 年第 4 号。

15. 从事污染防治的第三方企业所得税优惠政策

自 2019 年 1 月 1 日起至 2023 年 12 月 31 日止，对符合条件的从事污染防治的第三方企业减按 15%的税率征收企业所得税。政策依据：财政部 税务总局 国家发展改革委 生态环境部公告 2019 年第 60 号、财政部 税务总局公告 2022 年第 4 号。

16. 提高化妆品制造或销售、医药制造和饮料制造（不含酒类制造）企业发生的广告费和业务宣传费支出的扣除比例

自 2021 年 1 月 1 日起至 2025 年 12 月 31 日，化妆品制造或销售、医药制造和饮料制造（不含酒类制造）企业发生的广告费和业务宣传费支出，不超过当年销售（营业）收入 30%的部分，准予扣除；超过部分，准予在以后纳税年度结转扣除。政策依据：财政部 税务总局公告 2020 年第 43 号。

1.5.2 无截止时间的进口关税下调税收优惠政策

1. 2018 年开始执行的进口关税下调

自 2018 年 5 月 1 日起，我国以暂定税率方式将包括抗癌药在内的所有普通药品、具有抗癌作用的生物碱类药品及有实际进口的中成药的进口关税降为零。2018 年 11 月 1 日起，我国再降低 1 585 个税目的进口关税，关税总水平从 9.8%降至 7.5%。

2. 2019 年开始执行的进口关税下调

2019 年 1 月 1 日起，我国对 706 项商品实施进口暂定税率，对国内生产治疗癌症、罕见病等药品急需进口的重要原料实施零关税，涉及 31 个税目项下 63 个品种。

3. 2020 年开始执行的进口关税下调

2020 年 1 月 1 日起，我国对 859 项商品实施低于最惠国税率的进口暂定税率，继续对原产于 23 个国家或地区的部分商品实施协定税率。

4. 2021 年开始执行的进口关税下调

2021 年，为了惠民生、促经济，我国再次调整进口关税。自 2021 年 1 月 1 日起，我国对 883 项商品实施低于最惠国税率的进口暂定税率。政策依据：国务院关税税则委员会发布的相关文件。

特别提醒

《鼓励外商投资产业目录（2020 年版）》自 2021 年 1 月 27 日起施行。

1.5.3 支持小微企业发展的税费优惠政策

1. 对小规模纳税人减免增值税

（1）自 2023 年 1 月 1 日至 2027 年 12 月 31 日，对月销售额 10 万元以下（含本数）的增值税小规模纳税人，免征增值税。

（2）自 2023 年 1 月 1 日至 2027 年 12 月 31 日，对增值税小规模纳税人适用 3%征收率的应税销售收入，减按 1%征收率征收增值税；对适用 3%预征率的预缴增值税项目，减按 1%预征率预缴增值税。政策依据：财政部 税务总局公告 2023 年第 1 号。

特别提醒

增值税小规模纳税人适用 3% 征收率应税销售收入（月销售额 10 万元以上）减按 1%征收率征收增值税的，可以按照 1%开具增值税专用发票。

2. 对增值税小规模纳税人、小型微利企业和个体工商户减征六税

自 2021 年 1 月 1 日至 2024 年 12 月 31 日，由省、自治区、直辖市人民政府根据本地区实际情况，以及宏观调控需要确定，对增值税小规模纳税人、小型微利企业和个体工商户可以在 50%的税额幅度内减征资源税、城市维护建设税、房产税、城镇土地使用税、印花税（不含证券交易印花税）、耕地占用税和教育费附加、地方教育附加。

特别提醒

小型微利企业，是指从事国家非限制和禁止行业，且同时符合年度应纳税所得额不超过 300 万元、从业人数不超过 300 人、资产总额不超过 5 000 万元等 3 个条件的企业。

增值税小规模纳税人、小型微利企业和个体工商户已依法享受资源税、城市维护建设税、房产税、城镇土地使用税、印花税、耕地占用税、教育费附加、地方教育附加等其他优惠政策的，可叠加享受该优惠政策。

3. 小型微利企业所得税优惠

2023 年 1 月 1 日至 2024 年 12 月 31 日，对小型微利企业年应纳税所得额不超过 100 万元的部分，减按 25%计入应纳税所得额，按 20%的税率缴纳企业所得税，即实际税率为 5%。政策依据：国家税务总局公告 2021 年第 6 号。

对小型微利企业年应纳税所得额超过 100 万元但不超过 300 万元的部分，减按 25%计入应纳税所得额，按 20%的税率缴纳企业所得税，即再减半征收，实际税率为 5%。政策依据：财税〔2019〕13 号及 2022 年政府工作报告。

1.5.4 西部大开发企业税收优惠政策

自 2021 年 1 月 1 日至 2030 年 12 月 31 日，对设在西部地区的鼓励类产业企业减按 15%的税率征收企业所得税。其中，鼓励类产业企业是指以《西部地区鼓励类产业目录》中规定的产业项目为主营业务，且其主营业务收入占企业收入总额 60%以上的企业。

1.5.5 110 项推动脱贫攻坚的税收优惠政策

2020 年 6 月，国家税务总局发布新版《支持扶贫攻坚税收优惠政策指引》，为助力全面打赢脱贫攻坚战，从支持贫困地区基础设施建设、推动涉农产业发展、激发贫困地区创业就业活力、推动普惠金融发展、促进“老少边穷”地区加快发展、鼓励社会力量加大扶贫捐赠六个方面，推出了 110 项推动脱贫攻坚的税收优惠政策。

1. 实行脱贫攻坚优惠政策的意义

（1）支持贫困地区基础设施建设。为打破制约贫困地区发展的基础设施建设瓶颈，对农田水利、农村饮水安全工程等建设运营给予税收减免，促进完善生产性、生活性、生态环境基础设施建设，优化贫困地区经济社会发展环境。

（2）推动涉农产业发展。产业发展是脱贫的根本，支持贫困地区立足资源禀赋发展涉农产业，是实现脱贫的重要一环。围绕优化土地资源配置、促进农业生产、鼓励新型经营主体发展、促进农产品流通、支持农业资源综合利用等方面，实施“公司＋农户”经营模式减免增值税和企业所得税、农林牧渔项目减免企业所得税等一系列税收支持政策，以助力贫困地区增强“造血”功能。

（3）激发贫困地区创业就业活力。创业就业是最有效、最直接的脱贫方式。国家不断加大创业就业税收支持力度，实施小微企业普惠性税收减免，加大重点群体创业就业税收优惠政策力度，特别是将建档立卡贫困人口纳入税收优惠政策适用范围，有力增强了贫困地区群众脱贫致富的内生动力。

（4）推动普惠金融发展。大力发展普惠金融，增强金融对薄弱环节和弱势群体的服务保障能力，是实现脱贫的重要支撑。税收政策通过免税、减计收入、准备金税前扣除、简易计税等多种方式，以农户和小微企业为重点对象，鼓励金融机构和保险、担保、小额贷款公司加大对扶贫开发的金融支持力度。

（5）促进“老少边穷”地区加快发展。坚持脱贫攻坚与促进区域协调发展相结合，实施针对西部地区、民族地区、新疆困难地区的区域性税收优惠政策，对易地扶贫搬迁给予所得税、契税、城镇土地使用税、印花税等方面的减免，以促进“老少边穷”地区加快发展。

（6）鼓励社会力量加大扶贫捐赠。实施企业扶贫捐赠支出准予在企业所得税税前据实扣除、扶贫货物捐赠免征增值税等政策，加大对扶贫捐赠的优惠力度，广泛引导社会力量积极参与脱贫攻坚。

2.《支持乡村税收优惠政策指引》核心目录

《支持脱贫攻坚税收优惠政策指引》核心目录如表1-2所示。

表1-2 《支持脱贫攻坚税收优惠政策指引》核心目录

税收优惠目录	税收优惠主要内容	税收优惠具体内容
一、支持贫困地区基础设施建设	1. 基础设施建设	1. 国家重点扶持的公共基础设施项目企业所得税“三免三减半” 2. 农村电网维护费免征增值税
	2. 农田水利建设	3. 县级及县级以下小型水力发电单位可选择按照简易办法计算缴纳增值税 4. 水利设施用地免征城镇土地使用税 5. 农田水利占用耕地不征收耕地占用税 6. 国家重大水利工程建设基金免征城市维护建设税
	3. 农民住宅建设	7. 农村居民占用耕地新建自用住宅减半征收耕地占用税 8. 困难居民新建住宅减免耕地占用税 9. 农村居民搬迁，减免耕地占用税
	4. 农村饮水工程	10. 饮水工程新建项目投资经营所得企业所得税“三免三减半” 11. 农村饮水安全工程免征增值税 12. 农村饮水工程运营管理单位自用房产免征房产税 13. 农村饮水安全工程运营管理单位自用房产免征城镇土地使用税 14. 建设饮水安全工程承受土地使用权免征契税 15. 农村饮水安全工程免征印花税

续表

税收优惠目录	税收优惠主要内容	税收优惠具体内容
二、推动涉农产业发展	1. 优化土地资源配置	16. 转让土地使用权给农业生产者用于农业生产免征增值税 17. 承包地流转给农业生产者用于农业生产免征增值税 18. 直接用于农、林、牧、渔业生产用地免征城镇土地使用税 19. 农村集体经济组织股份合作制改革免征契税 20. 农村集体经济组织清产核资免征契税 21. 收回集体资产签订产权转移书据免征印花税 22. 农村土地、房屋确权登记不征收契税
	2. 促进农业生产	23. 农业生产者销售的自产农产品免征增值税 24. 进口种子种源免征进口环节增值税 25. 进口玉米糠、稻米糠等饲料免征增值税 26. 单一大宗饲料等在国内流通环节免征增值税 27. 生产销售有机肥免征增值税 28. 滴灌产品免征增值税 29. 生产销售农膜免征增值税 30. 批发零售种子、种苗、农药、农机免征增值税 31. 纳税人购进农业生产者销售自产的免税农业产品可以抵扣进项税额 32. 农产品增值税进项税额核定扣除 33. 从事农、林、牧、渔业项目减免企业所得税 34. 从事“四业”的个人暂不征收个人所得税 35. 农业服务免征增值税 36. 农用三轮车免征车辆购置税 37. 捕捞、养殖渔船免征车船税 38. 农村居民拥有使用的三轮汽车等定期减免车船税
	3. 支持新型农业经营主体发展	39.“公司＋农户”经营模式销售畜禽免征增值税 40.“公司＋农户”经营模式从事农、林、牧、渔业生产减免企业所得税 41. 农民专业合作社销售农产品免征增值税 42. 农民专业合作社向本社成员销售部分农用物资免征增值税 43. 购进农民专业合作社销售的免税农产品可以抵扣进项税额 44. 农民专业合作社与本社成员签订的涉农购销合同免征印花税
	4. 促进农产品流通	45. 蔬菜流通环节免征增值税 46. 部分鲜活肉蛋产品流通环节免征增值税 47. 农产品批发市场、农贸市场免征房产税 48. 农产品批发市场、农贸市场免征城镇土地使用税 49. 国家指定收购部门订立农副产品收购合同免征印花税
	5. 促进农业资源综合利用	50. 以部分农林剩余物为原料生产燃料电力热力实行增值税即征即退100％ 51. 以部分农林剩余物为原料生产资源综合利用产品实行增值税即征即退70％ 52. 以废弃动植物油为原料生产生物柴油等实行增值税即征即退70％ 53. 以农作物秸秆为原料生产纸浆、秸秆浆和纸实行增值税即征即退50％ 54. 以锯末等原料生产的人造板及其制品实行减按90％计入收入总额 55. 以农作物秸秆及壳皮等原料生产电力等产品实行减按90％计入企业所得税收入总额 56. 沼气综合开发利用享受企业所得税“三免三减半”

续表

税收优惠目录	税收优惠主要内容	税收优惠具体内容
三、激发贫困地区创业就业活力	1. 小微企业	57. 增值税小规模纳税人销售额限额内免征增值税 58. 小型微利企业减免企业所得税 59. 增值税小规模纳税人减免地方“六税两费” 60. 小微企业免征政策性基金
	2. 重点群体创业就业	61. 重点群体创业税收扣减 62. 吸纳重点群体就业税收扣减 63. 残疾人创业免征增值税 64. 安置残疾人就业的单位和个体户增值税即征即退 65. 特殊教育校办企业安置残疾人就业增值税即征即退 66. 残疾人就业减征个人所得税 67. 安置残疾人就业的企业对残疾人工资加计扣除 68. 安置残疾人就业的单位减免城镇土地使用税
四、推动普惠金融发展	1. 银行类金融机构贷款	69. 金融机构农户小额贷款利息收入免征增值税 70. 金融机构小微企业及个体工商户小额贷款利息收入免征增值税 71. 金融机构农户小额贷款利息收入企业所得税减计收入 72. 金融企业涉农和中小企业贷款损失税前扣除 73. 农村信用社等金融机构提供金融服务可选择适用简易计税方法缴纳增值税 74. 中国农业银行三农金融事业部涉农贷款利息收入可选择适用简易计税方法缴纳增值税 75. 中国邮政储蓄银行三农金融事业部涉农贷款利息收入可选择适用简易计税方法缴纳增值税 76. 金融机构与小型微型企业签订借款合同免征印花税
	2. 小额贷款公司贷款	77. 小额贷款公司农户小额贷款利息收入免征增值税 78. 小额贷款公司农户小额贷款利息收入企业所得税减计收入 79. 小额贷款公司贷款损失准备金企业所得税税前扣除
	3. 融资担保及再担保业务	80. 为农户及小型微型企业提供融资担保及再担保业务免征增值税 81. 中小企业融资（信用）担保机构有关准备金企业所得税税前扣除
	4. 农牧保险业务	82. 农牧保险业务免征增值税 83. 保险公司种植业、养殖业保险业务企业所得税减计收入 84. 农牧业畜类保险合同免征印花税
五、促进“老少边穷”地区加快发展	1. 扶持欠发达地区和革命老区发展	85. 西部地区鼓励类产业企业所得税优惠 86. 赣州市符合条件企业享受西部大开发企业所得税优惠 87. 天然林保护工程（二期）实施企业和单位免征房产税 88. 天然林保护工程（二期）实施企业和单位免征城镇土地使用税 89. 边民互市限额免税优惠

续表

税收优惠目录	税收优惠主要内容	税收优惠具体内容
五、促进“老少边穷”地区加快发展	2. 支持少数民族地区发展	90. 民族自治地方企业减征或者免征属于地方分享的企业所得税 91. 新疆困难地区新办鼓励发展产业企业所得税优惠政策 92. 新疆喀什、霍尔果斯两个特殊经济开发区企业所得税优惠政策 93. 新疆大巴扎项目增值税优惠政策 94. 青藏铁路公司及其所属单位营业账簿免征印花税 95. 青藏铁路公司货物运输合同免征印花税 96. 青藏铁路公司及其所属单位自采自用的砂、石等材料免征资源税 97. 青藏铁路公司及其所属单位承受土地、房屋权属用于办公及运输免征契税 98. 青藏铁路公司及其所属单位自用的房产免征房产税 99. 青藏铁路公司及其所属单位自用的土地免征城镇土地使用税
	3. 易地扶贫搬迁税收优惠政策	100. 易地扶贫搬迁贫困人口有关收入免征个人所得税 101. 易地扶贫搬迁贫困人口取得安置住房免征契税 102. 易地扶贫搬迁项目实施主体取得建设土地免征契税、印花税 103. 易地扶贫搬迁项目实施主体、项目单位免征印花税 104. 易地扶贫搬迁安置住房用地免征城镇土地使用税 105. 易地扶贫搬迁项目实施主体购置安置房源免征契税、印花税
六、鼓励社会力量加大扶贫捐赠		106. 企业通过公益性社会组织或政府部门的公益性捐赠企业所得税税前扣除 107. 个人通过社会团体或国家机关的公益性捐赠个人所得税税前扣除 108. 境外捐赠人捐赠慈善物资免征进口环节增值税 109. 企业符合条件的扶贫捐赠所得税税前据实扣除 110. 符合条件的扶贫货物捐赠免征增值税

1.5.6　国税与地税的合并

改革国税地税征管体制，将省级和省级以下国税地税机构合并，具体承担所辖区域内的各项税收、非税收入征管等职责。国税地税机构合并后，实行以国家税务总局为主与省（区、市）人民政府双重领导管理体制。

1. 推进纳税缴费便利化改革优化税收营商环境的措施

2020 年 9 月 28 日，税务总局、发展改革委、公安部等十三部门联合颁发《关于推进纳税缴费便利化改革优化税收营商环境若干措施的通知》（税总发〔2020〕48 号），对进一步推进纳税缴费便利化改革、持续提升为市场主体服务水平、加快打造市场化法治化国际化税收营商环境有关事项进行了规定。主要包括以下内容：

（1）压缩优惠办理手续确保流程简明易行好操作。优化纳税人缴费人享受税费优惠方式，加大部门协同和信息共享，除依法需要核准或办理备案的事项外，推行“自行判别、申报享受、资料留存备查”的办理方式，进一步提升纳税人缴费人享受政策红利和服务便利的获得感。

（2）加快出口业务各环节事项办理速度。优化“单一窗口”出口退税申报功能。推行无纸化单证备案。进一步简化结关、收汇手续。商务、人民银行、海关、税务等部门强化协作配合，扩大数据共享范围，加大宣传辅导力度，帮助出口企业加快全环节各事项办理速度、压缩单证收集整理时间，提升出口退税整体效率。税务部门办理正常出口退税业务的平均时间确保不超过 8 个工作日，并进一步压缩 A 级纳税人办理时限。

（3）拓展税费综合申报范围。在进一步落实城镇土地使用税、房产税合并申报的基础上，加快推进增值税、消费税同城市维护建设税等附加税费合并申报及财产行为税一体化纳税申报，进一步简并申报次数，减轻纳税缴费负担。

（4）大力推进税费事项网上办掌上办。进一步巩固拓展“非接触式”办税缴费服务。2020 年年底前，实现主要涉税服务事项网上办理；2021 年年底前，除个别特殊、复杂事项外，基本实现企业办税缴费事项可网上办理，个人办税缴费事项可掌上办理。

（5）分步实施发票电子化改革。在实现增值税普通发票电子化的基础上，2020 年选择部分地区新办纳税人开展增值税专用发票电子化改革试点，年底前基本实现新办纳税人增值税专用发票电子化。2021 年年底前，力争建成全国统一的电子发票服务平台和税务网络可信身份系统，建立与发票电子化相匹配的管理服务模式，增进市场主体发票使用便利，进一步降低制度性交易成本，推进智慧税务建设。

（6）健全完善纳税信用管理制度。依法依规深化守信激励和失信惩戒，促进社会信用体系建设。坚持依法依规和包容审慎监管原则，进一步落实好纳税信用评价级别修复相关规定，引导纳税人及时、主动纠正失信行为，提高诚信纳税意识。加强重大税收违法失信案件信息和当事人名单动态管理，为当事人提供提前撤出名单的信用修复途径，引导市场主体规范健康发展。

2. 大力推进电子营业执照、电子发票、电子印章应用

2020 年 8 月 4 日，市场监管总局、国家发展改革委和税务总局等六部门联合发文，对进一步优化企业开办服务、做到企业开办全程网上办理有关事项进行了规定：

（1）推广电子营业执照应用。在加强监管、保障安全前提下，依托全国一体化政务服务平台，推广电子营业执照应用，作为企业在网上办理企业登记、公章刻制、涉税服务、社保登记、银行开户等业务的合法有效身份证明和电子签名手段。

（2）推进电子发票应用。继续推行增值税电子普通发票，积极推进增值税专用发票电子化。

（3）推动电子印章应用。鼓励具备条件的地方，出台管理规定，明确部门职责，细

化管理要求，探索统筹推进电子印章应用管理，形成可复制推广的经验做法。

关于《国家税务总局关于在新办纳税人中实行增值税专用发票电子化有关事项的公告》的解读

关于增值税电子专用发票电子化管理与操作有关问题的答问

支持疫情防控和经济社会发展电子税务局办税有关问题及解答

练习题

第 1 章　即测即评

第2章

税收征收管理

本章导言

自2014年起，“便民办税春风行动”成为税收热词，便利服务受到纳税人欢迎。突出表现为：

（1）“多税合一”。2021年6月1日起，财产行为税10个税种合并申报，实现“一张报表、一次申报、一次缴款、一张凭证”，纳税人填报表单数量减少2/3，数据项减少1/3。2021年8月1日起，增值税、消费税与附加税费申报表整合，原有表单由30张整合为8张。

（2）“一键申报”。税务部门开通电子税务局网上办税系统与多种企业财务软件对接接口，支持纳税人自行将本单位财务报表转化为符合税务机关格式要求的财务报表，并随财务数据、开票数据等自动导入税务申报系统，实现即时申报、一键申报，进一步减少报税时间。

（3）“更正申报”。通过完善网上自主更正申报功能，支持全国纳税人在申报期内，对各税种申报数据进行网上更正申报。部分城市还实现了税种申报期后更正申报。

目前，“非接触式”办税缴费事项拓展至233项，除法律规定要求和需线下实物交付的以外，纳税人和缴费人的主要办税缴费事项已全部纳入“非接触式”办理；2020年11月起企业和个人缴纳的社保费全部转由税务部门征收，并于2021年6月起基本实现了网上办、掌上办。

2.1　纳税人或扣缴义务人的权利和义务

2009 年 11 月 6 日，国家税务总局发布了《国家税务总局关于纳税人权利与义务的公告》（国家税务总局公告 2009 年第 1 号），该公告第一次以税收规范性文件的形式，将《中华人民共和国税收征收管理法》及其实施细则和相关税收法律、行政法规中有关纳税人或扣缴义务人的权利与义务的规定进行了系统的归纳和整理，列明了纳税人或扣缴义务人享有的权利和应该履行的义务。该公告强调了征纳双方的对等关系，体现了对纳税人的人文关怀。

2.1.1　纳税人或扣缴义务人的权利

1. 知情权

纳税人或扣缴义务人有权向税务机关或税务人员了解国家税收法律、行政法规的规定以及与纳税程序有关的情况，包括：现行税收法律、行政法规和税收政策规定；办理税收事项的时间、方式、步骤以及需要提交的资料；应纳税额核定及其他税务行政处理决定的法律依据、事实依据和计算方法；因纳税、处罚和采取强制执行措施而与税务机关或税务人员发生争议或纠纷时，纳税人或扣缴义务人可以采取的法律救济途径及需要满足的条件。

2. 保密权

纳税人或扣缴义务人有权要求税务机关或税务人员为纳税人或扣缴义务人的情况保密。税务机关或税务人员将依法为纳税人或扣缴义务人的商业秘密和个人隐私保密，主要内容包括：纳税人或扣缴义务人的技术信息、经营信息，纳税人或扣缴义务人、主要投资人以及经营者不愿公开的个人事项。上述事项如无法律、行政法规明确规定或者纳税人或扣缴义务人的许可，税务机关或税务人员不能对外提供。但根据法律规定，税收违法行为信息不属于保密范围。

3. 税收监督权

纳税人或扣缴义务人对税务机关或税务人员违反税收法律、行政法规的行为，如税务人员索贿受贿、徇私舞弊、玩忽职守，不征或者少征应征税款，滥用职权多征税款或者故意刁难等，可以检举和控告。同时，纳税人或扣缴义务人对其他纳税人的税收违法行为也有权检举。

4. 纳税申报方式选择权

纳税人或扣缴义务人可以直接到办税服务厅办理纳税申报或者报送代扣代缴、代收代缴税款报告表，也可以按照规定采取邮寄、数据电文或者其他方式办理上述申报、报送事项。采取邮寄或数据电文方式办理上述申报、报送事项的，须经纳税人或扣缴义务人的主管税务机关批准。

纳税人或扣缴义务人如采取邮寄方式办理纳税申报，应当使用统一的纳税申报专用信封，并以邮政部门收据作为申报凭据。邮寄申报以寄出的邮戳日期为实际申报日期。

数据电文申报是指经税务机关批准的纳税人通过电话语音、电子数据交换和网络传输等电子方式办理的纳税申报。纳税人或扣缴义务人如采用电子方式办理纳税申报，应当按照税务机关或税务人员规定的期限和要求保存有关资料，并定期书面报送给税务机关或税务人员。

5. 申请延期申报权

纳税人或扣缴义务人如不能按期办理纳税申报或者报送代扣代缴、代收代缴税款报告表，应当在规定的期限内向税务机关或税务人员提出书面延期申请，经核准，可在核准的期限内办理。经核准延期办理申报、报送事项的，应当在税法规定的纳税期内按照上期实际缴纳的税额或者税务机关或税务人员核定的税额预缴税款，并在核准的期限内办理税款结算。

6. 申请延期缴纳税款权

纳税人或扣缴义务人因有特殊困难，不能按期缴纳税款的，经省、自治区、直辖市税务局批准，可以延期缴纳税款，但是最长不得超过 3 个月。计划单列市税务局可以参照省级税务机关的批准权限，审批纳税人或扣缴义务人的延期缴纳税款申请。

纳税人或扣缴义务人满足以下任何一个条件，均可以申请延期缴纳税款：一是因不可抗力，导致纳税人或扣缴义务人发生较大损失，正常生产经营活动受到较大影响的；二是当期货币资金在扣除应付职工工资、社会保险费后，不足以缴纳税款的。

7. 申请退还多缴税款权

对纳税人或扣缴义务人超过应纳税额缴纳的税款，税务机关或税务人员发现后，将自发现之日起 10 日内办理退还手续；纳税人或扣缴义务人自结算缴纳税款之日起 3 年内发现的，可以向税务机关或税务人员要求退还多缴的税款，并加算银行同期存款利息。税务机关或税务人员将自接到纳税人或扣缴义务人退还税款申请之日起 30 日内查实并办理退还手续，涉及从国库中退库的，依照法律、行政法规有关国库管理的规定退还。

8. 依法享受税收优惠权

纳税人或扣缴义务人可以依照法律、行政法规的规定书面申请减税、免税。减税、免税的申请须经法律、行政法规规定的减税、免税审查批准机关审批。减税、免税期满，应当自期满次日起恢复纳税。减税、免税条件发生变化的，应当自发生变化之日起 15 日内向税务机关或税务人员报告；不再符合减税、免税条件的，应当依法履行纳税义务。

纳税人或扣缴义务人享受的税收优惠需要备案的，应当按照税收法律、行政法规和有关政策规定，及时办理事前或事后备案。

9. 委托税务代理权

纳税人或扣缴义务人有权就以下事项委托税务代理人代为办理：办理、变更或者注销税务登记，办理除增值税专用发票以外的发票领购手续、纳税申报或扣缴税款报告、税款缴纳和申请退税，制作涉税文书，审查纳税情况，建账建制，办理财务、税务咨询，申请税务行政复议，提起税务行政诉讼，以及国家税务总局规定的其他业务。

10. 陈述与申辩权

纳税人或扣缴义务人对税务机关或税务人员做出的决定，享有陈述权和申辩权。如果纳税人或扣缴义务人有充分的证据证明自己的行为合法，税务机关或税务人员就不得对纳税人或扣缴义务人实施行政处罚；即使纳税人或扣缴义务人的陈述或申辩不充分合理，税务机关或税务人员也会向纳税人或扣缴义务人解释实施行政处罚的原因。税务机关或税务人员不会因纳税人或扣缴义务人的申辩而加重处罚。

11. 对未出示税务检查证和税务检查通知书情况的拒绝检查权

税务机关派出的人员进行税务检查时，应当向纳税人或扣缴义务人出示税务检查证和税务检查通知书；对未出示税务检查证和税务检查通知书的，纳税人或扣缴义务人有权拒绝检查。

12. 税收法律救济权

纳税人或扣缴义务人对税务机关或税务人员做出的决定，依法享有申请行政复议、提起行政诉讼、请求国家赔偿等权利。

纳税人或扣缴义务人、纳税担保人与税务机关或税务人员在纳税上发生争议时，必须先依照税务机关或税务人员的纳税决定缴纳或解缴税款及滞纳金，或者提供相应的担保，然后可以依法申请行政复议；对行政复议决定不服的，可以依法向人民法院起诉。纳税人或扣缴义务人对税务机关或税务人员的处罚决定、强制执行措施或者税收保全措施不服的，可以依法申请行政复议，也可以依法向人民法院起诉。

当税务机关或税务人员的职务违法行为给纳税人或扣缴义务人和其他税务当事人的合法权益造成侵害时，纳税人或扣缴义务人和其他税务当事人可以要求税务行政赔偿。主要包括两种情形：一是纳税人或扣缴义务人在限期内已缴纳税款，税务机关或税务人员未立即解除税收保全措施，使纳税人或扣缴义务人的合法权益遭受损失的；二是税务机关或税务人员滥用职权，违法采取税收保全措施、强制执行措施或者采取税收保全措施、强制执行措施不当，使纳税人、扣缴义务人或者纳税担保人的合法权益遭受损失的。

13. 依法要求听证的权利

在对纳税人或扣缴义务人做出规定金额以上罚款的行政处罚之前，税务机关或税务人员会向纳税人或扣缴义务人送达《税务行政处罚事项告知书》，告知纳税人或扣缴义务人已经查明的违法事实、证据、行政处罚的法律依据和拟将给予的行政处罚。对此，纳税人或扣缴义务人有权要求举行听证。税务机关或税务人员将根据纳税人或扣缴义务人的要求组织听证。如果纳税人或扣缴义务人认为税务机关或税务人员指定的听证主持人与本案有直接利害关系，有权申请主持人回避。

对应当进行听证的案件，税务机关或税务人员不组织听证的，行政处罚决定不能成立，但纳税人或扣缴义务人放弃听证权利或者被正当取消听证权利的除外。

14. 索取有关税收凭证的权利

税务机关或税务人员征收税款时，必须给纳税人或扣缴义务人开具完税凭证。扣缴义务人代扣、代收税款时，纳税人要求扣缴义务人开具代扣、代收税款凭证的，扣缴义务人应当开具。

税务机关或税务人员扣押商品、货物或者其他财产时，必须开付收据；查封商品、货物或者其他财产时，必须开付清单。

2.1.2 纳税人或扣缴义务人的义务

1. 依法进行税务登记的义务

纳税人或扣缴义务人应当自领取营业执照之日起30日内，持有关证件，向税务机关或税务人员申报办理税务登记。税务登记主要包括领取营业执照后的设立登记，税务登记内容发生变化后的变更登记，依法申请停业、复业登记，依法终止纳税义务的注销登记等。

在各类税务登记管理中，纳税人或扣缴义务人应该根据税务机关或税务人员的规定分别提交相关资料，及时办理。同时，纳税人或扣缴义务人应当按照税务机关或税务人员的规定使用税务登记证件，税务登记证件不得转借、涂改、损毁、买卖或者伪造。

2. 依法设置账簿、保管账簿和有关资料以及依法开具、使用、取得和保管发票的义务

纳税人或扣缴义务人应当按照有关法律、行政法规和国务院财政、税务主管部门的规定设置账簿，根据合法、有效凭证记账，进行核算；从事生产、经营的，必须按照国务院财政、税务主管部门规定的保管期限保管账簿、记账凭证、完税凭证及其他有关资料；账簿、记账凭证、完税凭证及其他有关资料不得伪造、变造或者擅自损毁。

此外，纳税人或扣缴义务人在购销商品、提供或者接受经营服务以及从事其他经营活动时，应当依法开具、使用、取得和保管发票。

3. 财务会计制度和核算软件备案的义务

纳税人或扣缴义务人的财务会计制度或者处理办法和核算软件，应当报送税务机关或税务人员备案。纳税人或扣缴义务人的财务会计制度或者处理办法与国务院或者国务院财政、税务主管部门有关税收的规定抵触的，应依照国务院或者国务院财政、税务主

管部门有关税收的规定计算应纳税款以及代扣代缴和代收代缴税款。

4. 按照规定安装、使用税控装置的义务

国家根据税收征收管理的需要，积极推广使用税控装置。纳税人或扣缴义务人应当按照规定安装、使用税控装置，不得损毁或者擅自改动税控装置。纳税人或扣缴义务人未按规定安装、使用税控装置，损毁或者擅自改动税控装置的，税务机关或税务人员将责令纳税人或扣缴义务人限期改正，并可根据情节轻重处以规定数额内的罚款。

5. 按时、如实申报的义务

纳税人或扣缴义务人必须依照法律、行政法规的规定或者税务机关或税务人员依照法律、行政法规的规定确定的申报期限、申报内容如实办理纳税申报，报送纳税申报表、财务会计报表以及税务机关或税务人员根据实际需要要求纳税人或扣缴义务人报送的其他纳税资料。

扣缴义务人必须依照法律、行政法规规定或者税务机关或税务人员依照法律、行政法规的规定确定的申报期限、申报内容如实报送代扣代缴、代收代缴税款报告表以及税务机关或税务人员根据实际需要要求纳税人或扣缴义务人报送的其他有关资料。

纳税人或扣缴义务人即使在纳税期内没有应纳税款，也应当按照规定办理纳税申报。享受减税、免税待遇的，在减税、免税期间应当按照规定办理纳税申报。

6. 按时缴纳税款的义务

纳税人或扣缴义务人应当按照法律、行政法规规定或者税务机关或税务人员依照法律、行政法规的规定确定的期限，缴纳或者解缴税款。

未按照规定期限缴纳税款或者未按照规定期限解缴税款的，税务机关或税务人员除责令限期缴纳外，从滞纳之日起，按日加收滞纳税款万分之五的滞纳金。

7. 代扣、代收税款的义务

扣缴义务人按照法律、行政法规的规定负有代扣代缴、代收代缴税款义务，必须依照法律、行政法规的规定履行代扣、代收税款的义务。扣缴义务人依法履行代扣、代收税款义务时，纳税人不得拒绝。纳税人拒绝的，扣缴义务人应当及时报告税务机关或税务人员进行处理。

8. 接受依法检查的义务

纳税人或扣缴义务人有接受税务机关或税务人员依法进行税务检查的义务，应主动配合税务机关或税务人员按法定程序进行的税务检查，如实地向税务机关或税务人员反映自己的生产经营情况和执行财务制度的情况，并按有关规定提供报表和资料，不得隐瞒和弄虚作假，不能阻挠、刁难税务机关或税务人员的检查和监督。

9. 及时提供信息的义务

纳税人或扣缴义务人除通过税务登记和纳税申报向税务机关或税务人员提供与纳税

有关的信息外，还应及时提供其他信息。纳税人或扣缴义务人有歇业、经营情况变化、遭受各种灾害等特殊情况的，应及时向税务机关或税务人员说明，以便税务机关或税务人员依法妥善处理。

10. 报告其他涉税信息的义务

为了保障国家税收能够及时、足额征收入库，税法还规定了纳税人或扣缴义务人有义务向税务机关或税务人员报告如下涉税信息：

（1）纳税人或扣缴义务人有义务就其与关联企业之间的业务往来，向当地税务机关提供有关的价格、费用标准等资料。

纳税人或扣缴义务人有欠缴税款情形而以财产设定抵押、质押的，应当向抵押权人、质押权人说明自己欠缴税款的情况。

（2）企业合并、分立的报告义务。纳税人或扣缴义务人有合并、分立情形的，应当向税务机关或税务人员报告，并依法缴清税款。合并时未缴清税款的，应当由合并后的纳税人继续履行未履行的纳税义务；分立时未缴清税款的，分立后的纳税人对未履行的纳税义务应当承担连带责任。

（3）报告全部账号的义务。纳税人或扣缴义务人从事生产、经营的，应当按照国家有关规定，持税务登记证件，在银行或者其他金融机构开立基本存款账户和其他存款账户，并自开立基本存款账户或者其他存款账户之日起15日内，向纳税人或扣缴义务人的主管税务机关书面报告全部账号；账号发生变化的，应当自变化之日起15日内，向纳税人或扣缴义务人的主管税务机关书面报告。

（4）处分大额财产报告的义务。如果纳税人或扣缴义务人的欠缴税款数额在5万元以上，纳税人或扣缴义务人在处分不动产或者大额资产之前，应当向税务机关或税务人员报告。

2.2 “一照一码”的基本内容

2.2.1 “五证合一、一照一码”的基本内容

1. “五证合一、一照一码”的概念

2016年10月1日起正式实施“五证合一、一照一码”。“五证合一、一照一码”登记制度是指企业登记时依次申请，由工商、质监、税务、人力社保、统计五个部门[①]分别核发不同证照，改为一次申请，由工商部门核发加载法人和其他组织统一社会信用代码（简称统一社会信用代码）的营业执照的登记制度。组织机构代码证、税务登记证、社会保险登记证、统计登记证不再发放。

---

① 工商、质监2018年并入市场监管。

2. “五证合一、一照一码”的特点

（1）企业登记注册，只需填写一张申请表，向“五证合一、一照一码”登记窗口提交一套登记材料。

（2）一窗受理。企业登记申请表和登记材料由工商登记窗口受理，质监、税务、人力社保、统计部门不再受理企业组织机构代码证、税务登记证、社会保险登记证、统计登记证申请。

（3）“一企一码”。一个企业主体只能有一个统一社会信用代码，一个统一社会信用代码只能赋予一个企业主体。

（4）一网互联。各省工商、质监、税务、人力社保、统计等部门通过全省统一信息共享交换平台进行数据交换，实现跨层级、跨区域、跨部门信息共享和有效应用。

（5）一照通用。“一照一码”执照在全国通用，相关各部门均要予以认可。

图2-1为“五证合一”示意图。

图2-1　“五证合一”示意图

2.2.2　新设企业涉税事项

新设立企业领取“一照一码”营业执照后，登记信息由企业登记机关发送给税务机关，纳税人无需再次进行税务登记，不再领取税务登记证。

特别提醒

企业在设立登记时应准确填写手机号码，以便税务部门在确认企业设立登记信息后，及时通过12366财税服务短信平台将主管税务机关等涉税信息告知企业。

2.2.3　企业变更涉税事项

实行“一照一码”的企业办理变更登记，除生产经营地、财务负责人、核算方式变更由企业向税务机关提出变更申请外，其他变更信息由企业登记机关统一采集。

特别提醒

相关证照、批准文书等信息能够通过政府信息共享获取的，只需要纳税人提供上述材料的名称、文号、编码等信息供查询验证，不再提交材料原件或复印件。

2.2.4 企业注销涉税事项

自 2017 年 3 月 1 日起，在全国范围内全面实行企业简易注销登记改革。企业申请简易注销登记，应当先通过国家企业信用信息公示系统“简易注销公告”专栏，主动向社会公告拟申请简易注销登记及全体投资人承诺等信息（强制清算终结和破产程序终结的企业除外），公告期为 45 日。公告期满后，企业方可向企业登记机关提出简易注销登记申请。

企业在申请简易注销登记时，只需要提交申请书、指定代表或者共同委托代理人授权委托书、全体投资人承诺书及营业执照正副本即可。强制清算终结的企业提交人民法院终结强制清算程序的裁定，破产程序终结的企业提交人民法院终结破产程序的裁定，不再提交清算报告、投资人决议、清税证明、清算组备案证明、刊登公告的报纸样张等材料。

2.2.5 个体工商户的“两证整合”

从 2016 年 12 月 1 日起，全国正式实施个体工商户营业执照和税务登记证“两证整合”。公民只需填写一张表，向一个窗口提交一套材料即可办理个体工商户工商及税务登记，将由工商行政管理、税务部门分别核发的营业执照和税务登记证，改为由工商行政管理部门核发一个加载法人和其他组织统一社会信用代码的营业执照。同时，实现工商、税务部门的个体工商户数据信息实时共享。

个体工商户开业登记申请书见表 2-1。

表 2-1 个体工商户开业登记申请书

<table>
<tr><td rowspan="7">经营者</td><td>姓名</td><td></td><td>性别</td><td></td><td rowspan="7">照片粘贴处</td></tr>
<tr><td>身份证号码</td><td colspan="3"></td></tr>
<tr><td>住所</td><td colspan="3"></td></tr>
<tr><td>邮政编码</td><td></td><td>移动电话</td><td></td></tr>
<tr><td>固定电话</td><td></td><td>电子邮箱</td><td></td></tr>
<tr><td>政治面貌</td><td></td><td>民族</td><td></td></tr>
<tr><td>文化程度</td><td></td><td>职业状况</td><td></td></tr>
<tr><td>名称</td><td colspan="5"></td></tr>
</table>

<table>
<tr><td rowspan="2">备选字号（请选用不同字号）</td><td colspan="4">1.</td></tr>
<tr><td colspan="4">2.</td></tr>
<tr><td rowspan="4">组成形式</td><td colspan="2">个人经营 □</td><td colspan="2">家庭经营 □</td></tr>
<tr><td rowspan="3">参加经营的家庭成员姓名</td><td></td><td rowspan="3">参加经营的家庭成员身份证号码</td><td></td></tr>
<tr><td></td><td></td></tr>
<tr><td></td><td></td></tr>
<tr><td>经营范围</td><td colspan="4"></td></tr>
<tr><td rowspan="2">经营场所</td><td>地址</td><td colspan="3">________省（市/自治区）________市（地区/盟/自治州）________县（自治县/旗/自治旗/市/区）________乡（民族乡/镇/街道）________村（路/社区）________号________</td></tr>
<tr><td>邮政编码</td><td></td><td>联系电话</td><td></td></tr>
<tr><td>从业人数</td><td colspan="2">（人）</td><td>资金数额</td><td>（万元）</td></tr>
<tr><td colspan="5">本人依照《个体工商户条例》申请登记为个体工商户，提交文件材料真实有效。谨对真实性承担责任。
经营者签名：
年　　月　　日</td></tr>
</table>

2.2.6 “多证合一”工商共享信息

自 2017 年 11 月 1 日起，国家税务总局进一步推进“多证合一”工商共享信息运用，“多证合一”登记信息确认表见表 2－2。

表 2－2 “多证合一”登记信息确认表

尊敬的纳税人：

以下是您在工商机关办理注册登记时提供的信息。为保障您的合法权益，请您仔细阅读，对其中不全的信息进行补充，对不准的信息进行更正，对需要更新的信息进行补正，以便为您提供相关服务。

<table>
<tr><td colspan="8">一、以下信息非常重要，请您务必仔细阅读并予以确认</td></tr>
<tr><td>纳税人名称</td><td colspan="3"></td><td>统一社会信用代码</td><td colspan="3"></td></tr>
<tr><td>登记注册类型</td><td></td><td>批准设立机关</td><td></td><td>开业（设立）日期</td><td colspan="3"></td></tr>
<tr><td>生产经营期限起</td><td></td><td>生产经营期限止</td><td></td><td>注册地址邮政编码</td><td></td><td>注册地址联系电话</td><td></td></tr>
<tr><td>注册地址</td><td colspan="7"></td></tr>
<tr><td>生产经营地址</td><td colspan="7"></td></tr>
<tr><td>经营范围</td><td colspan="7">（可根据内容调整表格大小）</td></tr>
<tr><td>注册资本</td><td>币种</td><td colspan="2"></td><td>金额</td><td colspan="3"></td></tr>
</table>

投资方名称	证件类型	证件号码	投资比例	国籍或地址
		□□□□□□□□□□□□□□□□□□□□		
		□□□□□□□□□□□□□□□□□□□□		
…	…	…	…	…

项目 联系人	姓名	证件类型	证件号码	固定电话	移动电话
法定代表人			□□□□□□□□□□□□□□□□□□□□		
财务负责人			□□□□□□□□□□□□□□□□□□□□		

二、以下信息比较重要，请您根据您的实际情况予以确认			
法定代表人电子邮箱		财务负责人电子邮箱	

投资总额	币种		金额	

若您是总机构，请您确认			
分支机构名称		分支机构统一社会信用代码	
分支机构名称		分支机构统一社会信用代码	
分支机构名称		分支机构统一社会信用代码	
…		…	
若您是分支机构，请您确认			
总机构名称		总机构统一社会信用代码	

经办人：	纳税人（签章） 年　月　日

2.2.7　金税四期

从金税三期上线、优化到金税四期启动，智慧税务建设推动税务执法、服务、监管的理念和方式手段等全方位变革，金税工程堪称为税收现代化插上了金色翅膀。

2016 年 10 月，金税三期工程在全国上线，建成了税收业务处理“大平台”，处理全部税收业务服务 90%以上，着力打造大数据云平台，首次实现了税收征管数据的全国集中。

2018 年，伴随国税地税征管体制改革顺利推进，金税三期国税、地税并库上线工作分批顺利进行。

2019 年 3 月，金税三期全国并库上线，为构建优化高效统一的税收征管体系奠定了坚实的信息化基础。

金税三期工程全面推广和优化升级，推动税收信息化建设迈上新台阶。现在，以金税四期建设为主要内容的智慧税务建设正式启航，推动税收征管方式从“收税”到“报税”再到“算税”，税收征管流程从“上机”到“上网”再到“上云”，税收征管效能从“经验管税”到“以票控税”再到“以数治税”。

特别提醒

从“进两家门”到“一窗通办”“一网通办”，从手写录入到网上申报、自动算税，从纸质发票到电子发票、全电发票，“非接触式”办税缴费事项拓展至233项……税收征管快速改革，尽可能完善新时代税收现代化体系的迭代升级。

2.2.8 电子税务局为办税缴费提供便利化

2018年12月，随着国税地税征管体制改革的落地，全国统一的电子税务局上线，开启了办税缴费的新时代。通过电子税务局，涉税事项可实现跨区域远程办理、跨层级联动办理、跨部门协同办理。

“从过去的‘票据手工开、税款上门收、发票人工审’，到办税服务厅‘一窗办理、一次办理、同城通办’，再到现在的‘不见面、网上办’，发票申领的方式越来越方便!”不少会计人员发出了欣喜的感慨。

此后，电子税务局功能不断升级，服务不断优化。截至2022年6月底，全国95.72%的涉税市场主体注册使用电子税务局，纳税人网上申报率持续稳定在99%以上。

2015年，税务部门探索发票无纸化试点，迈出发票电子化改革的关键一步。2017年，电子税务局、手机App陆续上线发票网上申领模块，实现足不出户申领、24小时办理。2019年，增值税发票管理2.0版正式推行。

2020年9月，宁波市税务局开出第一张增值税电子专票，开启了发票电子化改革的新篇章。2021年12月，全电发票试点工作开始，全国统一的电子发票服务平台建成。

特别提醒

发票申领越来越方便的背后，是发票电子化改革的逐步深入，也是税务部门迈向“以数治税”的坚实基础。

2.2.9 税务部门联合职能部门实施税收共治

1. 联合打击涉税违法犯罪

2018年8月以来，税务总局联合公安部、海关总署、人民银行持续开展精准打击“假企业”虚开发票、“假出口”骗取退税、“假申报”骗取税费优惠等违法犯罪专项行动。

2021年10月，最高人民检察院和国家外汇管理局加入联合打击机制，六部门联合推进，打击“三假”从集中打击向常态化持续打击转变。

2022年大规模增值税留抵退税政策实施以来，六部门常态化联合打击机制将打击骗取留抵退税作为重要内容，以零容忍的态度坚决予以打击，形成打击骗取留抵退税的压倒性态势。

2. 推动诚信纳税

税务部门向全国信用信息共享平台推送A级纳税人名单、税收违法“黑名单”等税务领域信用信息，并联合发改、金融、公安、市场监管、海关等部门实施守信联合激励、失信联合惩戒，让守信者处处受益，失信者处处受限。

3. 积极服务小微企业

税务部门联合银保监部门、银行业金融机构自2015年起推动将企业纳税信用转化为融资信用。7年来，金融机构累计运用纳税信用信息为守信小微企业发放贷款1 723.71万笔，贷款金额5.71万亿元；联合全国工商联连续两年开展助力小微企业发展的“春雨润苗”专项行动。

4. 便利纳税人缴费人

联合邮政部门推出发票“线上申领、线下配送”服务，打通了税费服务向基层延伸的“最后一公里”；联合市场监管、住建、自然资源等部门提供企业开办、不动产登记办税等套餐式集成服务，建立了“一窗受理、一次采集、一网通办、一日办结”的“一件事一次办”模式，截至目前，累计有1 335万户次纳税人、缴费人享受到“套餐式”服务。

2.2.10 财务会计制度及核算软件备案报告

1. 申请条件

从事生产、经营的纳税人的财务、会计制度或者财务、会计处理办法和会计核算软件，应当报送税务机关备案。政策依据：《税收征收管理法》第十九条、第二十条。

2. 办理材料

财务会计制度及核算软件备案需提供的材料如表2-3所示。

表 2-3　财务会计制度及核算软件备案需提供的资料

序号	材料名称	数量	备注
1	《财务会计制度及核算软件备案报告书》	2 份	
2	纳税人财务、会计制度或纳税人财务、会计处理办法	1 份	
有以下情形的，还应提供相应材料			
适用情形	材料名称	数量	备注
使用计算机记账的纳税人	财务会计核算软件、使用说明书原件及复印件	1 份	

非境内注册居民企业应当按照中国有关法律、法规和国务院财政、税务主管部门的规定，编制财务、会计报表，并在领取税务登记证件之日起 15 日内将企业的财务、会计制度或者财务、会计处理办法及有关资料报送主管税务机关备案。

3. 办理地点

可通过办税服务厅（场所）、电子税务局办理，具体地点和网址可从各省税务局网站“纳税服务”栏目查询。

特别提醒

(1) 纳税人使用符合电子签名法规定的电子签名，与手写签名或者盖章具有同等法律效力。(2) 纳税人提供的各项资料为复印件的，均需注明“与原件一致”并签章。(3) 纳税人采用新办纳税人“套餐式”服务的，可在“套餐式”服务内一并办理财务会计制度及核算软件备案报告业务。

2.2.11　税收票证管理

2013 年 1 月 25 日国家税务总局审议通过《税收票证管理办法》，自 2014 年 1 月 1 日起施行。

1. 税收票证

税收票证是指税务机关、扣缴义务人依照法律法规，代征代售人按照委托协议，征收税款、基金、费、滞纳金、罚没款等各项收入（以下统称税款）的过程中，开具的收款、退款和缴库凭证。税收票证是纳税人实际缴纳税款或者收取退还税款的法定证明。

税收票证包括纸质形式和数据电文形式。数据电文税收票证是指通过横向联网电子缴税系统办理税款的征收缴库、退库时，向银行、国库发送的电子缴款、退款信息。纸质税收票证的基本联次包括收据联、存根联、报查联。收据联交纳税人做完税凭证；存根联由税务机关、扣缴义务人、代征代售人留存；报查联由税务机关做会计凭证或备查。

2. 税收票证的基本要素

税收票证的基本要素包括税收票证号码、征收单位名称、开具日期、纳税人名称、纳税人识别号、税种（费、基金、罚没款）、金额、所属时期等。

3. 税收票证的种类

税收票证包括税收缴款书、税收收入退还书、税收完税证明、出口货物劳务专用税收票证、印花税专用税收票证以及国家税务总局规定的其他税收票证。

（1）税收缴款书，是纳税人据以缴纳税款，税务机关、扣缴义务人以及代征代售人据以征收、汇总税款的税收票证。

（2）税收收入退还书，是税务机关依法为纳税人从国库办理退税时使用的税收票证。

（3）税收完税证明，是税务机关为证明纳税人已经缴纳税款或者已经退还纳税人税款而开具的纸质税收票证。

（4）出口货物劳务专用税收票证，是由税务机关开具，专门用于纳税人缴纳出口货物劳务增值税、消费税或者证明该纳税人再销售给其他出口企业的货物已缴纳增值税、消费税的纸质税收票证。

（5）印花税专用税收票证，是税务机关或印花税票代售人在征收印花税时向纳税人交付、开具的纸质税收票证。

税收票证应当按规定的适用范围填开，不得混用。

税务机关、代征代售人征收税款时应当开具税收票证。通过横向联网电子缴税系统完成税款的缴纳或者退还后，纳税人需要纸质税收票证的，税务机关应当开具。扣缴义务人代扣代收税款时，纳税人要求扣缴义务人开具税收票证的，扣缴义务人应当开具。

2.2.12 纳税信用评价和修复

1. 纳税信用评价

2014 年以来，根据《国务院关于印发社会信用体系建设规划纲要（2014—2020 年）的通知》（国发〔2014〕21 号）的要求，国家税务总局相继印发了一系列纳税信用管理规范性文件，形成了涵盖信息采集、级别评价、动态调整、结果应用、异议处理、信用修复等环节的较为完备的纳税信用制度体系。税务部门每年依据评价指标体系，对纳税人纳税信用状况进行评价，对不同信用级别的纳税人实施分类服务与管理。

2020 年 9 月 13 日，国家税务总局发布《关于纳税信用管理有关事项的公告》（国家税务总局公告 2020 年第 15 号）。从 2020 年 11 月起，我国纳税信用管理开始执行新规定，例如，非独立核算分支机构可自愿参与纳税信用评价，增加纳税信用评价前指标复核机制等。税务机关按照守信激励、失信惩戒的原则，对不同信用级别的纳税人实施分类服务和管理。

纳税信用是衡量企业信用的重要指标，纳税信用级别已经成为企业重要的信用资产。纳税信用评价结果由高到低分为A，B，M，C，D五级。纳税信用评价的具体规定如下：

（1）将一个评价年度内接受过税务机关相关检查从100分起评，调整为只要在近三个评价年度内接受过税务机关相关检查的，即可从100分起评，从而大幅增加100分起评的企业数量，提高纳税人评为A级、B级的概率。

（2）对D级纳税人，税务机关应采取的措施中包括D级评价保留2年，第三年不得评价为A级。为更好保护和激发市场主体活力，税务机关适当放宽D级评价保留2年的信用管理措施：对于因年度指标得分不满40分被评为D级的纳税人，次年由直接保留D级评价调整为评价时加扣11分；对于直接判级的D级纳税人，维持D级评价保留2年、第三年不得评为A级。按照上述调整，第一年因指标得分较低被评为D级的企业，若次年遵从状况改善，纳税信用将不再被评为D级。

（3）在年度纳税信用评价结果发布前，纳税人对指标评价情况有异议的，可在评价年度次年3月份集中填写《纳税信用复评（核）申请表》，向主管税务机关提出复核申请，主管税务机关将在4月份确定评价结果时一并审核调整，并按时发布评价结果和提供纳税人复核情况的自我查询服务。

特别提醒

国家税务总局的4项措施可以概括为“两增加，两调整”。（1）增加非独立核算分支机构自愿参与纳税信用评价。（2）增加纳税信用评价前指标复核机制，满足纳税人合理需求。（3）调整纳税信用起评分的适用规则。（4）以适当“扣分”调整为“保留2年D级”。这些措施的实行既贯彻了失信惩戒的原则，也有助于激励纳税人积极主动改善自身信用状况。国家税务总局近年相继制发了较为完备的纳税信用制度办法，每年依据评价指标体系，对纳税人纳税信用状况进行评价，对不同信用级别的纳税人实施分类服务与管理。

2. 纳税信用修复

2021年11月15日，国家税务总局发布《关于纳税信用评价与修复有关事项的公告》（国家税务总局公告2021年第31号），从2022年1月1日起，符合相关要求的，可向主管税务机关申请纳税信用修复。

符合下列条件之一的纳税人，可向主管税务机关申请纳税信用修复：

（1）破产企业或其管理人在重整或和解程序中，已依法缴纳税款、滞纳金、罚款，并纠正相关纳税信用失信行为的。

（2）因确定为重大税收违法失信主体，纳税信用直接判为D级的纳税人，失信主体信息已按照国家税务总局相关规定不予公布或停止公布，申请前连续12个月没有新增纳税信用失信行为记录的。

（3）由纳税信用D级纳税人的直接责任人员注册登记或者负责经营，纳税信用关联评价为D级的纳税人，申请前连续6个月没有新增纳税信用失信行为记录的。

（4）因其他失信行为纳税信用直接判为D级的纳税人，已纠正纳税信用失信行为、履行税收法律责任，申请前连续12个月没有新增纳税信用失信行为记录的。

（5）因上一年度纳税信用直接判为D级，本年度纳税信用保留为D级的纳税人，已纠正纳税信用失信行为、履行税收法律责任或失信主体信息已按照国家税务总局相关规定不予公布或停止公布，申请前连续12个月没有新增纳税信用失信行为记录的。

特别提醒

自2021年度纳税信用评价起，税务机关按照“首违不罚”相关规定对纳税人不予行政处罚的，相关记录不纳入纳税信用评价。

2.3 纳税申报和税款征管

2.3.1 纳税申报

1. 办理地点

可通过办税服务厅（场所）、电子税务局办理，具体地点和网址可从各省税务局网站“纳税服务”栏目查询。

2. 办理流程

办理流程如图2-2所示。

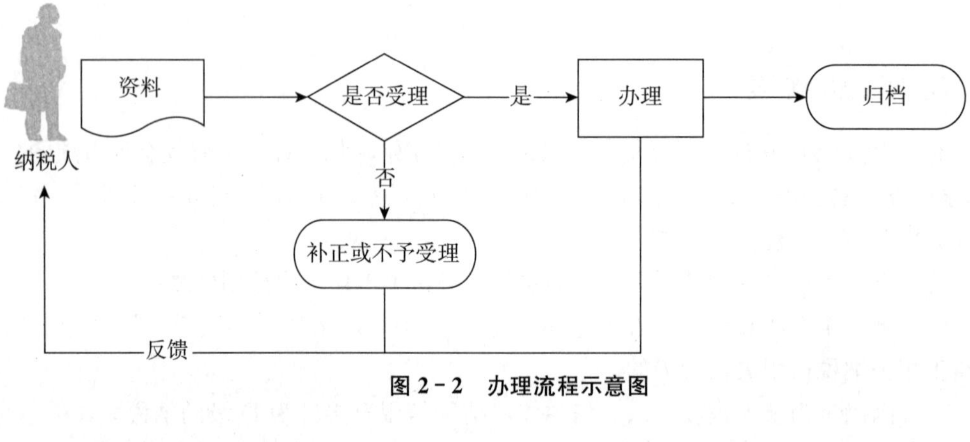

图2-2 办理流程示意图

3. 纳税申报的一般要求

（1）纳税人对报送材料的真实性和合法性承担责任。

(2) 文书表单可在所在省税务局网站“下载中心”栏目查询下载或到办税服务厅领取。

(3) 税务机关提供“最多跑一次”服务。纳税人在资料完整且符合法定受理条件的前提下，最多只需要去税务机关一次。

(4) 纳税人使用符合电子签名法规定的电子签名，与手写签名或者盖章具有同等法律效力。

(5) 纳税人提供的各项资料为复印件的，均需注明“与原件一致”并签章。

(6) 自 2021 年 8 月 1 日起，附加税费申报表与增值税申报表进行整合申报。

4. 纳税人或扣缴义务人在税务局的咨询

(1) 可通过国家税务总局 12366 纳税服务平台（https://12366.chinatax.gov.cn）网页端或 WAP 端、“12366 纳税服务”App、微信和支付宝“12366 智能咨询”小程序、各省电子税务局“互动中心”获取服务。

(2) 可通过各省税务局对外服务渠道获取网络咨询，如门户网站、电子税务局、微信、微博等。

(3) 纳税（缴费）人可到市、县税务机关进行面对面咨询。

特别提醒

咨询的答复仅供参考，具体以法律法规及相关规定为准。

2.3.2　税款征收的方式

1. 查账征收

查账征收是指由纳税人依法自行申报，经税务机关审核后填开纳税缴款书，再由纳税人自行到指定银行缴纳税款的一种征收方式。此征收方式适用于财务会计制度健全，会计核算真实准确，且能够正确计算应纳税额、依法纳税的纳税人，目前应用最为普遍。

特别提醒

(1) 纳税人应按月进行纳税申报，申报期为次月 1 日起至 15 日止，最后一日为法定节假日的，顺延一日；在当月 1 日至 15 日内有连续 3 日以上法定休假日的，按休假日天数顺延。(2) 纳税人不论有无销售额，均应按主管税务机关核定的纳税期限按期填报纳税申报表，并于次月 1 日起至 15 日止，向当地税务机关申报。

2. 核定征收

核定征收是指当不能以纳税人的账簿为基础计算其应纳税额时，由税务机关采用特定方法确定其应纳税收入或应纳税额，纳税人据以缴纳税款的一种征收方式。具体包括：

（1）查定征收。查定征收是指税务机关对纳税人的生产经营情况进行查实，进而核定其应纳税额的一种征收方式。这种征收方式适用于生产经营规模小、财务会计制度不健全、账册不齐全的小型企业和个体工商户。

（2）查验征收。查验征收是指税务机关到纳税人的生产经营场所进行实地查验，进而确定其应纳税额的一种征收方式。这种征收方式适用于财务会计制度不健全、生产经营不固定的纳税人。

（3）定期定额征收。定期定额征收是指税务机关根据纳税人的生产经营情况，按期核定应纳税额并定期征收税款的一种征收方式。这种征收方式主要适用于难以查清其真实收入、账册不健全的个体工商户。

3. 代扣代缴、代收代缴

代扣代缴、代收代缴是指依照税法规定负有代扣代缴、代收代缴税款义务的扣缴义务人，在向纳税人支付或收取款项时依法代为扣缴或收缴的征收方式。此种方式有利于税源控管和税收成本控制，目前我国的个人所得税法规定了代扣代缴和自行申报纳税两种方式。

4. 委托征收

委托征收是指税务机关根据国家有关规定委托有关单位和人员代征少数零星分散和异地缴纳税款的征收方式。受托单位和人员按照代征的要求，以税务机关的名义依法征收税款，纳税人不得拒绝；纳税人拒绝的，受托代征单位和人员应当及时报告税务机关。

2.3.3 税款征收的制度

1. 代扣代缴、代收代缴税款制度

（1）对法律、行政法规没有规定负有代扣、代收税款义务的单位和个人，税务机关不得要求其履行代扣、代收税款义务。

（2）税法规定的扣缴义务人必须依法履行代扣、代收税款义务。如果不履行义务，就要承担法律责任。除按税收征管法及其实施细则的规定给予处罚外，应当责成扣缴义务人限期将应扣未扣、应收未收的税款补扣或补收。

（3）扣缴义务人依法履行代扣、代收税款义务时，纳税人不得拒绝。纳税人拒绝的，扣缴义务人应当在一日之内报告主管税务机关处理。不及时向主管税务机关报告的，扣缴义务人应承担应扣未扣、应收未收税款的责任。

（4）扣缴义务人代扣、代收税款，只限于法律、行政法规规定的范围，并依照法律、行政法规规定的征收标准执行。对法律、行政法规没有规定代扣、代收的，扣缴义务人

不能超范围代扣、代收税款，扣缴义务人也不得提高或降低标准代扣、代收税款。

（5）税务机关按照规定付给扣缴义务人代扣、代收手续费。代扣、代收税款手续费只能由县（市）级以上税务机关统一办理退库手续，不得在征收税款过程中坐支。

2. 延期缴纳税款制度

2019 年 10 月 14 日，国家税务总局规定：

（1）税务机关办理对纳税人延期缴纳税款的核准，不再要求申请人单独提供申请延期缴纳税款报告、当期货币资金余额材料、应付职工工资和社会保险费等税务机关要求提供的支出预算材料，改为申请人在《税务行政许可申请表》中填写相关信息及申请理由；不再要求申请人提供连续 3 个月缴纳税款情况和资产负债表，由税务机关在信息系统中主动核查。

（2）税务机关办理对纳税人延期申报的核准，不再要求申请人单独提供确有困难不能正常申报的情况说明，改为申请人在《税务行政许可申请表》中填写申请理由。

特别提醒

税务机关办理对纳税人延期缴纳税款、延期申报的核准，不再要求申请人填写《延期缴纳税款申请审批表》《延期申报申请核准表》。

3. 税收滞纳金征收制度

纳税人未按照规定期限缴纳税款的，扣缴义务人未按照规定期限解缴税款的，税务机关除责令限期缴纳外，从滞纳税款之日起，按日加收滞纳税款万分之五的滞纳金。

4. 税收减免制度

纳税人在享受减免税待遇期间，仍应按规定办理纳税申报。

纳税人享受减税、免税的条件发生变化时，应当自发生变化之日起 15 日内向税务机关报告，经税务机关审核后，停止其减税、免税待遇；对不报告，又不再符合减税、免税条件的，税务机关有权追回已减免的税款。

减免税项目分为报批类减免税项目和备案类减免税项目。报批类减免税项目是指应由税务机关审批的减免税项目；备案类减免税项目是指取消审批手续和不需税务机关审批的减免税项目。

纳税人同时从事减免税项目与非减免税项目的，应分别核算，独立计算减免税项目的计税依据和减免税额度。不能分别核算的，不能享受减免税待遇；核算不清的，由税务机关按合理方法核定。

5. 税额核定制度

纳税人（包括单位纳税人和个人纳税人）有下列情形之一的，税务机关有权核定其应纳税额：（1）依照法律、行政法规的规定可以不设置账簿的。（2）依照法律、行政法规的规定应当设置但未设置账簿的。(3) 擅自销毁账簿或者拒不提供纳税资料的。(4) 虽设置账簿，但账目混乱或者成本资料、收入凭证、费用凭证残缺不全，难以查账的。(5) 发生纳税义务，未按照规定的期限办理纳税申报，经税务机关责令限期申报，逾期仍不申报的。(6) 纳税人申报的计税依据明显偏低，又无正当理由的。

税务机关核定税额的方法主要有：(1) 参照当地同类行业或者类似行业中经营规模和收入水平相近的纳税人的税负水平核定。(2) 按照应税收入额或成本费用支出额定率核定。(3) 按照耗用的原材料、燃料、动力等推算或者测算核定。(4) 按照其他合理的方法核定。

2.3.4 税收保全措施和税收强制执行措施

税收保全措施和税收强制执行措施的主要内容如表 2-4 所示。

表 2-4 税收保全措施和税收强制执行措施的主要内容

<table>
<tr><th>措施</th><th>实施条件</th><th>实施措施</th><th>注意事项</th></tr>
<tr><td>税收保全</td><td>(1) 行为条件：纳税人有逃避纳税义务的行为。逃避纳税义务的行为主要包括：转移、隐匿商品、货物或者其他财产等；
(2) 时间条件：纳税人在规定的纳税期届满之前和责令缴纳税款的期限之内；
(3) 担保条件：在上述两个条件具备的情况下，税务机关可以责成纳税人提供纳税担保；纳税人不提供纳税担保的，税务机关可以依照法定权限和程序，采取税收保全措施</td><td>(1) 书面通知纳税人的开户银行或者其他金融机构冻结纳税人相当于应纳税款的存款；
(2) 扣押、查封纳税人的价值相当于应纳税款的商品、货物或者其他财产</td><td rowspan="2">(1) 税务机关采取强制执行措施时，对纳税人、扣缴义务人、纳税担保人未缴纳的滞纳金同时强制执行；
(2) 税务机关对纳税人等采取保全措施或强制执行措施应经县以上税务局（分局）局长批准</td></tr>
<tr><td>税收强制执行</td><td>(1) 超过纳税期限。未按照规定的期限纳税或者解缴税款；
(2) 告诫在先。税务机关责令限期缴纳税款；
(3) 超过告诫期。经税务机关责令限期缴纳，逾期仍未缴纳的</td><td>(1) 书面通知纳税人的开户银行或者其他金融机构从其存款中扣缴税款；
(2) 扣押、查封、依法拍卖或者变卖相当于应纳税款的商品、货物或者其他财产</td></tr>
</table>

【例 2-1】 根据税收征收管理制度，下列个人财产中不适用税收保全措施的是（ ）。

A. 机动车辆　　B. 金银首饰

C. 古玩字画　　D. 维持生活必需的住房

【解析】

答案：D。个人及其所扶养家属维持生活必需的住房和用品，不在税收保全措施的范围之内。

特别提醒

个人及其所扶养家属维持生活必需的住房和用品，不在税收保全和强制执行措施的范围之内。个人所扶养家属，是指与纳税人共同居住生活的配偶、直系亲属以及无生活来源并由纳税人扶养的其他亲属。生活必需的住房和用品不包括机动车辆、金银饰品、古玩字画、豪华住宅或者一处以外的住房。税务机关对单价5 000元以下的其他生活用品，不采取税收保全措施和税收强制执行措施。税收保全措施与税收强制执行措施的适用范围不同、时限不同、措施不同。

2.3.5 税款的退还和追征制度

纳税人超过应纳税额缴纳的税款，税务机关发现后应当立即退还；纳税人自结算缴纳税款之日起3年内发现的，可以向税务机关要求退还多缴的税款并加算银行同期存款利息，税务机关及时查实后应当立即退还。

因纳税人、扣缴义务人计算错误等失误，未缴或者少缴税款的，税务机关在3年内可以追征税款、滞纳金；有特殊情况的，追征期可以延长到5年。对逃避缴纳税款、抗税、骗税的，税务机关追征其未缴或者少缴的税款、滞纳金或者所骗取的税款，不受上述规定期限的限制。

特别提醒

根据权利和义务对等的原则，企业以前年度未扣除的资产损失也可以追补确认，其追补确认期限不得超过5年。未扣除的税费与未扣除的资产损失性质相同，追补确认期限均不得超过5年。

税款的退还和追征制度的主要内容如表2-5所示。

表2-5 税款的退还和追征制度的主要内容

制度	适用范围	相关规定
税款退还制度	退还多缴的税款主要包括两种情况： (1) 因为技术问题或计算错误，造成纳税人多缴或税务机关多征的税款； (2) 正常的税收征管情况下造成的多缴税款	(1) 有欠税的，抵顶欠缴的税款和滞纳金； (2) 无欠税的，可以按纳税人的要求留抵下期应纳税款
税款追征制度	税务机关的责任造成的未缴或者少缴税款	税务机关可在3年内要求纳税人、扣缴义务人补缴税款，但是不得加收滞纳金
	因纳税人、扣缴义务人的责任造成的未缴或者少缴税款	(1) 一般情况下，追征期为3年； (2) 特殊情况下，追征期为5年； (3) 追征税款的同时，还需追征滞纳金
		对逃避缴纳税款、抗税、骗税的，无限期追征逃避缴纳的税款、抗税的税款、滞纳金和纳税人、扣缴义务人所骗取的税款

练习题

第 2 章　即测即评

第3章
增值税

本章导言

增值税最早起源于法国，1917 年才产生了近代意义的累积税，由于文化传统的不同，法国人将这种累积税称为营业税。涉及货物销售和服务提供的传统累积税因具双重征税的性质，弊端逐渐被人们认识。法国在 1917—1954 年的 30 多年里进行过多次重大的营业税税制改革，改革的动因包含多种因素。1954 年，法国正式实行增值税制度，之后增值税迅速在全球推广，目前已有超过 160 个国家和地区开征增值税。

我国的增值税引入较晚，于 1979 年引进并在极小范围内进行试点，至今已 40 多年，主要经历了试点、确立、转型和扩围四个阶段。2016 年 5 月 1 日，我国全面推开营改增试点，现在营业税全部改征增值税。

3.1 增值税概述

增值税有其固有的优越性，在历史上还没有哪一个税种能像它那样在几十年内遍及世界各地。

我国是双重主体税种为主的复合税制国家，增值税是两个主体税种之一，是我国第一大税种。营改增将营业税彻底并入增值税，2016 年 5 月 1 日，我国实现了增值税全行业的全覆盖，打通税收抵扣链条，解决重复征税难题，是税制改革中的一个重大举措。

3.1.1 增值税的申报时间

具体来讲，增值税的纳税义务发生时间包括但不限于以下时点：

（1）纳税人采取直接收款方式销售货物，不论货物是否发出，均为收到销售款或者取得索取销售款凭据的当天。

（2）纳税人采取赊销方式销售货物，签订了书面合同的，为书面合同约定的收款日期的当天。

（3）纳税人采取赊销方式销售货物，无书面合同的或者书面合同没有约定收款日期的，为货物发出的当天。

（4）纳税人采取分期收款方式销售货物，签订了书面合同的，为书面合同约定的收款日期的当天。

（5）纳税人采取分期收款方式销售货物，无书面合同的或者书面合同没有约定收款日期的，为货物发出的当天。

（6）纳税人采取预收货款方式销售货物（特定货物除外），为货物发出的当天。

（7）纳税人采取预收货款方式，生产销售生产工期超过 12 个月的大型机械设备、船舶、飞机等特定货物，为收到预收款或者书面合同约定的收款日期的当天。

（8）纳税人委托其他纳税人代销货物，为收到代销单位的代销清单或者收到全部或者部分货款的当天。未收到代销清单及货款的，为发出代销货物满 180 天的当天。

（9）纳税人销售加工、修理修配劳务，为提供劳务同时收讫销售款或者取得索取销售款凭据的当天。

（10）纳税人进口货物，为报关进口的当天。

（11）纳税人发生销售服务、无形资产或者不动产的应税行为，为应税行为发生过程中或者完成后收到销售款项的当天。

（12）纳税人销售服务、无形资产或者不动产，签订了书面合同并确定了付款日期的，为书面合同确定的付款日期的当天。

（13）纳税人销售服务、无形资产或者不动产，签订了书面合同但未确定付款日期的，为服务、无形资产转让完成的当天或者不动产权属变更的当天。

（14）纳税人销售服务、无形资产或者不动产，未签订书面合同的，为服务、无形资产转让完成的当天或者不动产权属变更的当天。

（15）纳税人提供（有形动产和不动产）租赁服务采取预收款方式的，为收到预收款的当天。

（16）纳税人提供建筑服务，被工程发包方从应支付的工程款中扣押的质押金、保证金，未开具发票的，为纳税人实际收到质押金、保证金的当天。

特别提醒

增值税纳税义务发生时间的界定，即发生应税销售行为的，为收讫销售款或者取得索取销售款凭据的当天；先开具发票的，为开具发票的当天。进口货物，为报关进口的当天。就发生应税销售行为而言，确定其增值税纳税义务发生时间的总原则是收讫销售款、取得索取销售款凭据或者发票开具时间三者孰先（谁在前）。

3.1.2 增值税的纳税地点

1. 增值税纳税地点的基本规定

（1）固定业户应当向其机构所在地或者居住地主管税务机关申报纳税。如果固定业户设有分支机构，且不在同一县（市）的，应当分别向各自所在地的主管税务机关申报纳税。经财政部和国家税务总局或者其授权的财政和税务机关批准，可以由总机构汇总向总机构所在地的主管税务机关申报纳税。

具体审批权限为：1）总机构和分支机构不在同一省、自治区、直辖市的，经财政部和国家税务总局批准，可以由总机构汇总向总机构所在地的主管税务机关申报纳税。2）总机构和分支机构不在同一县（市），但在同一省、自治区、直辖市范围内的，经省、自治区、直辖市财政厅（局）、税务局审批同意，可以由总机构汇总向总机构所在地的主管税务机关申报纳税。

（2）非固定业户应当向应税行为发生地的主管税务机关申报纳税；未申报纳税的，由其机构所在地或者居住地的主管税务机关补征税款。

（3）其他个人提供建筑服务，销售或者租赁不动产，转让自然资源使用权，应向建筑服务发生地、不动产所在地、自然资源所在地税务机关申报纳税。

（4）扣缴义务人向其机构所在地或者居住地的主管税务机关申报缴纳其扣缴的税款。

2. 建筑业的纳税地点

自 2017 年 7 月 1 日起，建筑服务增值税预缴地点为：

（1）纳税人跨地级行政区范围提供建筑服务取得预收款的，应在收到预收款时，向建筑服务发生地主管税务机关预缴税款。

（2）纳税人在同一地级行政区范围（含在同一地级行政区范围内跨县、市、区）内提供建筑服务取得预收款的，应在收到预收款时，向机构所在地主管税务机关预缴税款。

3.1.3 增值税的纳税期限

增值税的纳税期限分别为 1 日、3 日、5 日、10 日、15 日、1 个月或者 1 个季度。纳税人的具体纳税期限由主管税务机关根据纳税人应纳税额的大小分别核定。以 1 个季度为纳税期限的规定适用于小规模纳税人、银行、财务公司、信托投资公司、信用社，以及财政部和国家税务总局规定的其他纳税人。不能按照固定期限纳税的，可以按次纳税。

纳税人以 1 个月或者 1 个季度为一个纳税期的，自期满之日起 15 日内申报纳税；以 1 日、3 日、5 日、10 日或者 15 日为一个纳税期的，自期满之日起 5 日内预缴税款，于次月1日起15日内申报纳税并结清上月应纳税款。

特别提醒

国家税务总局规定，自2018年5月1日起，进一步加强和规范增值税纳税申报比对（简称申报比对）管理。

申报比对管理是指税务机关以信息化为依托，通过优化整合现有征管信息资源，对增值税纳税申报信息进行票表税比对，并对比对结果进行相应处理。申报比对信息范围不仅包括增值税一般纳税人开具的增值税发票信息、取得的进项抵扣凭证信息、优惠备案信息等，而且包括小规模纳税人开具的增值税发票信息等。

3.2 增值税的纳税人和扣缴义务人

3.2.1 增值税的纳税人

增值税纳税人是指税法规定负有缴纳增值税义务的单位和个人。在我国境内销售、进口货物或者提供加工、修理修配劳务以及应税服务的单位和个人，为增值税纳税人。

销售服务、无形资产或者不动产，具体包括销售交通运输服务、邮政服务、电信服务、建筑服务、金融服务、现代服务、生活服务、无形资产或者不动产。

单位包括企业、行政单位、事业单位、军事单位、社会团体及其他单位。个人包括个体工商户和其他个人。其他个人是指除了个体工商户外的自然人。

进口货物的收货人或办理报关手续的单位和个人为进口增值税的纳税人。

3.2.2 增值税的扣缴义务人

境外单位或者个人在境内发生应税行为，在境内未设有经营机构的，以购买方为增值税扣缴义务人。在境内发生应税行为，是指应税行为销售方或者购买方在境内。

特别提醒

如果境外单位或者个人在境内设立了经营机构，应以其经营机构为增值税纳税人。

3.2.3 一般纳税人和小规模纳税人的划分标准

按照经营规模的大小和会计核算健全与否等标准，增值税纳税人可分为一般纳税人和小规模纳税人，其具体划分标准见表3-1。

表 3-1 一般纳税人和小规模纳税人的划分标准

要点		具体规定
基本划分标准	年应税销售额	年应税销售额的规模： 增值税纳税人年应税销售额超过财政部、国家税务总局规定的小规模纳税人年应征增值税销售额 500 万元及以下标准的，应当向主管税务机关办理一般纳税人登记
		年应税销售额的范围： 年应税销售额包括纳税申报销售额、稽查查补销售额、纳税评估调整销售额、税务代开发票销售额和免税销售额
	资格条件	小规模纳税人可主动申请办理一般纳税人资格登记： (1) 有固定的生产经营场所； (2) 能够按照国家统一的会计制度规定设置账簿，根据合法、有效的凭证核算，能够提供准确的税务资料
特殊划分标准		(1) 年应税销售额超过小规模纳税人标准的其他个人按小规模纳税人纳税； (2) 不经常发生应税行为的非企业性单位、企业可选择按小规模纳税人纳税，另外，兼有销售货物、提供加工修理修配劳务以及应税行为，且不经常发生应税行为的单位和个体工商户也可选择按小规模纳税人纳税
下列纳税人不办理一般纳税人资格登记		(1) 个体工商户以外的其他个人（指自然人）； (2) 选择按照小规模纳税人纳税的非企业性单位指行政单位、事业单位、军事单位、社会团体和其他单位； (3) 选择按照小规模纳税人纳税的不经常发生应税行为的企业（指偶然发生增值税应税行为的非增值税纳税人）
资格登记程序		纳税人办理一般纳税人登记的程序为： (1) 纳税人向主管税务机关填报《增值税一般纳税人登记表》； (2) 如实填写固定生产经营场所等信息； (3) 提供税务登记证件

解释

年应税销售额，是指纳税人在连续不超过 12 个月或 4 个季度的经营期内累计应征增值税销售额，包括纳税申报销售额、稽查查补销售额、纳税评估调整销售额等。

特别提醒

纳税人填报内容与税务登记信息一致的，主管税务机关当场登记。纳税人填报内容与税务登记信息不一致，或者不符合填列要求的，税务机关应当场告知纳税人需要补正的内容。

3.2.4 增值税一般纳税人的登记

自 2015 年 4 月 1 日起，增值税一般纳税人资格正式告别审核认定，实行登记制，登记事项由增值税纳税人向其主管税务机关办理。《增值税一般纳税人登记表》见表 3－2。

表 3－2　增值税一般纳税人登记表

纳税人名称			社会信用代码（纳税人识别号）		
法定代表人（负责人、业主）		证件名称及号码		联系电话	
财务负责人		证件名称及号码		联系电话	
办税人员		证件名称及号码		联系电话	
税务登记日期					
生产经营地址					
注册地址					
纳税人类别：企业□　非企业性单位□　个体工商户□　其他□					
主营业务类别：工业□　商业□　服务业□　其他□					
会计核算健全：是□					
一般纳税人生效之日：当月 1 日□　　次月 1 日□					
纳税人（代理人）承诺： 会计核算健全，能够提供准确税务资料，上述各项内容真实、可靠、完整。如有虚假，愿意承担相关法律责任。 经办人：　法定代表人：　代理人：　（签章） 年　月　日					
以下由税务机关填写					
税务机关受理情况	受理人：　受理税务机关（章） 年　月　日				

特别提醒

（1）增值税一般纳税人登记，需要提供的材料为：《增值税一般纳税人登记表》2 份，加载统一社会信用代码的营业执照（或税务登记证、组织机构代码证等）原件 1 份（查验后退回）。（2）税务机关核对后退还纳税人留存的《增值税一般纳税人登记表》可以作为纳税人成为增值税一般纳税人的凭据。

1. 应该作为一般纳税人登记的纳税人

年应税销售额超过财政部、国家税务总局规定的小规模纳税人标准的纳税人，不论其是否愿意，都必须向其企业所在地（县、市、区）主管税务机关办理一般纳税人登记手续，否则按照一般纳税人的应纳税额计算，不得抵扣进项税额，也不得使用增值税专用发票。从事成品油销售的加油站、航空运输企业、电信企业总机构及其分支机构，一律由主管税务机关登记为增值税一般纳税人。

2. 可以作为一般纳税人登记的纳税人

年应税销售额未超过财政部、国家税务总局规定的小规模纳税人标准的纳税人和新开业的纳税人，也可以向其企业所在地（县、市、区）主管税务机关办理一般纳税人登记手续。

3. 登记为一般纳税人的条件

对提出登记并且同时符合下列条件的纳税人，主管税务机关应当为其办理一般纳税人资格：

（1）有固定的生产经营场所；

（2）能够按照国家统一的会计制度规定设置账簿，根据合法、有效凭证核算，能够提供准确的税务资料。

纳税人登记为一般纳税人后，不得转为小规模纳税人，国家税务总局另有规定的除外。

3.2.5　增值税小规模纳税人的情况说明

纳税人新办理一般纳税人登记的程序中，纳税人年应税销售额超过财政部、国家税务总局规定标准，可以选择按小规模纳税人纳税，但应当向主管税务机关提交书面说明。选择按小规模纳税人纳税的情况说明见表3-3。

表3-3　选择按小规模纳税人纳税的情况说明

<table>
<tr><td>纳税人名称</td><td></td><td>社会信用代码</td><td></td></tr>
<tr><td colspan="2" rowspan="2">连续不超过12个月的经营期内累计应税销售额</td><td colspan="2">货物劳务：　年　月至　年　月共　　元。</td></tr>
<tr><td colspan="2">应税服务：　年　月至　年　月共　　元。</td></tr>
<tr><td>情况说明</td><td colspan="3"></td></tr>
<tr><td colspan="4">纳税人（代理人）承诺：
上述各项内容真实、可靠、完整。如有虚假，愿意承担相关法律责任。
经办人：　法定代表人：　代理人：　（签章）
年　月　日</td></tr>
<tr><td colspan="4">以下由税务机关填写</td></tr>
<tr><td>主管税务机关受理情况</td><td colspan="3">受理人：　主管税务机关（章）
年　月　日</td></tr>
</table>

选择按小规模纳税人纳税的情形包括：

（1）个体工商户以外的其他个人；

（2）不经常发生应税行为的非企业性单位；

（3）不经常发生应税行为的企业。

特别提醒

个体工商户以外的其他个人年应税销售额超过规定标准的，不需要向主管税务机关提交书面说明。

3.3 增值税的征税范围

3.3.1 增值税的征税范围

由于增值税是以商品在流转过程中产生的增值额作为计税依据而征收的一种流转税，从计税原理上说，增值税是对商品生产、流通、劳务服务中多个环节的新增价值或商品的附加值征收的一种流转税。

增值税的征收范围为：

1. 销售或者进口货物

货物是指有形动产，包括电力、热力和气体在内。销售货物是指有偿转让货物的所有权。“有偿”不仅指从购买方取得货币，还包括取得货物或其他经济利益。进口货物则是指从境外输入有形动产。

2. 销售劳务

销售劳务是指纳税人提供加工和修理修配劳务。加工是指受托加工货物，即由委托方提供原料及主要材料，受托方按照委托方的要求制造货物并收取加工费的业务。修理修配是指受托对损伤和丧失功能的货物进行修复，使其恢复原状和功能的业务。销售劳务指的是有偿提供加工和修理修配劳务，单位或个体工商户聘用的员工为本单位或雇主提供加工、修理修配劳务不包括在内。

3. 销售服务

销售服务是指纳税人提供交通运输服务、邮政服务、电信服务、建筑服务、金融服务、现代服务、生活服务等。具体内容为：

（1）交通运输服务，是指使用运输工具将货物或者旅客送达目的地，使其空间位置得到转移的业务活动，包括陆路运输服务、水路运输服务、航空运输服务和管道运输服务 4 个二级子税目。

（2）邮政服务，是指中国邮政集团公司及其所属邮政企业提供邮件寄递、邮政汇兑和机要通信等邮政基本服务的业务活动，包括邮政普遍服务、邮政特殊服务和其他邮政服务。

（3）电信服务，是指利用有线、无线的电磁系统或者光电系统等各种通信网络资源，提供语音通话服务，传送、发射、接收或者应用图像、短信等电子数据和信息的业务活动，包括基础电信服务和增值电信服务。

（4）建筑服务，是指各类建筑物、构筑物及其附属设施的建造、修缮、装饰，线路、管道、设备、设施等的安装以及其他工程作业的业务活动，包括工程服务、安装服务、修缮服务、装饰服务和其他建筑服务。

（5）金融服务，是指经营金融保险的业务活动，包括贷款服务、直接收费金融服务、保险服务和金融商品转让。

（6）现代服务，是指围绕制造业、文化产业、现代物流产业等提供技术性、知识性服务的业务活动，包括研发和技术服务、信息技术服务、文化创意服务、物流辅助服务、租赁服务、鉴证咨询服务、广播影视服务、商务辅助服务和其他现代服务。

（7）生活服务，是指为满足城乡居民日常生活需求提供的各类服务活动，包括文化体育服务、教育医疗服务、旅游娱乐服务、餐饮住宿服务、居民日常服务和其他生活服务。

4. 销售无形资产

销售无形资产，是指有偿转让无形资产所有权或者使用权的业务活动。无形资产是指不具有实物形态但能带来经济利益的资产，包括技术、商标、著作权、商誉、自然资源使用权和其他权益性无形资产。技术，包括专利技术和非专利技术。自然资源使用权，包括土地使用权、海域使用权、探矿权、采矿权、取水权和其他自然资源使用权。其他权益性无形资产，包括基础设施资产经营权、公共事业特许权、配额经营权（包括特许经营权、连锁经营权、其他经营权）、经销权、分销权、代理权、会员权、席位权、网络游戏虚拟道具、域名、名称权、肖像权、冠名权、转会费等。

5. 销售不动产

销售不动产，是指有偿转让不动产所有权的业务活动。不动产，是指不能移动或者移动后会引起性质、形状改变的财产，包括建筑物、构筑物等。建筑物，包括住宅、商业营业用房、办公楼等可供居住、工作或者进行其他活动的建造物。构筑物，包括道路、桥梁、隧道、水坝等建造物。转让建筑物有限产权或者永久使用权的，转让在建的建筑物或者构筑物所有权的，以及在转让建筑物或者构筑物时一并转让其所占土地的使用权的，按照销售不动产缴纳增值税。

3.3.2 增值税特殊的征税范围

1. 折扣销售

（1）商业折扣。商业折扣是企业为了促销而在标价上给予的价格扣除。企业销售商品涉及商业折扣的，应当按照扣除商业折扣后的金额（即净额）确定收入，会计处理上要求按照净额法核算。

（2）现金折扣。现金折扣是为了鼓励购货方尽快付款而提供的债务扣除。一般现金折扣的表示方法为“2/10，1/20，n/30”（10天内付款给予2%的折扣，20天内付款给予1%的折扣，20天以后付款没有现金折扣，最迟的付款期为30天），会计处理上要求按照总额法核算。

特别提醒

销售额和折扣额必须在同一张发票上的金额栏分别注明。未在同一张发票金额栏注明折扣额，而仅在发票的备注栏注明折扣额或另外开具一张发票注明折扣额的，折扣额不得从销售额中减除。

2. 视同销售

（1）老增值税的视同销售。

1）将货物交付其他单位或者个人代销；

2）销售代销货物；

3）设有两个以上机构并实行统一核算的纳税人将货物从一个机构移送其他机构用于销售，但相关机构设在同一县（市）的除外；

4）将自产、委托加工的货物用于集体福利或者个人消费；

5）将自产、委托加工或者购进的货物作为投资，提供给其他单位或者个体工商户；

6）将自产、委托加工或者购进的货物分配给股东或者投资者；

7）将自产、委托加工或者购进的货物无偿赠送其他单位或者个人。

（2）营改增企业的视同销售。

1）单位或者个体工商户向其他单位或者个人无偿提供服务，但用于公益事业或者以社会公众为对象的除外；

2）单位或者个人向其他单位或者个人无偿转让无形资产或者不动产，但用于公益事业或者以社会公众为对象的除外；

3）财政部和国家税务总局规定的其他情形。

特别提醒

酒店业在提供酒店住宿的同时免费提供餐饮服务（以早餐居多），是酒店的一种营销模式，消费者已统一支付对价，且适用税率相同，不视为视同销售。

特别提醒

（1）只要是经过加工的产品（如自产、委托加工的产品），无论用于企业内部（如用于集体福利）还是企业外部（如捐赠），都视同销售计入销项税额。

（2）未经加工的货物（如购入的货物）只有用于企业外部（如捐赠、对外投资、分配给股东等）才视同销售，用于企业内部（如用于集体福利、在建工程、个人消费等）则计入进项税额转出。

（3）视同销售的货物如果属于免税货物，不得开具增值税专用发票。

（4）向消费者个人销售视同销售的货物，不得开具增值税专用发票。

3. 混合销售行为和兼营行为

（1）混合销售行为。一项销售行为如果既涉及服务又涉及货物，为混合销售。从事货物的生产、批发或者零售的单位和个体工商户的混合销售行为，按照销售货物（税率为13%，9%，3%或0）缴纳增值税；其他单位和个体工商户的混合销售行为，按照销售服务（税率为9%，6%，5%或3%）缴纳增值税。

特别提醒

(1) 界定混合销售行为的标准有两个：一是其销售行为必须是一项；二是该项行为必须既涉及服务又涉及货物。其中，货物是指增值税条例中规定的有形动产，包括电力、热力和气体；服务是指属于全面营改增范围的交通运输服务、建筑服务、金融服务、邮政服务、电信服务、现代服务、生活服务等。

(2) 如果一项销售行为只涉及销售服务，不涉及货物，这种行为就不是混合销售行为；反之，如果涉及销售服务和涉及货物的行为，不是在一项销售行为中，也不是混合销售行为。

例如，某整体橱柜厂销售橱柜给客户的同时给客户提供设计、安装服务，该业务按照13%的增值税税率计算。

(2) 兼营行为。兼营行为有两种情况。

1) 纳税人兼营销售货物、劳务、服务、无形资产或者不动产，适用不同税率或者征收率的，应当分别核算适用不同税率或者征收率的销售额。

2) 未分别核算的，从高适用税率。纳税人兼营免税、减税项目的，应当分别核算免税、减税项目的销售额；未分别核算的，不得免税、减税。

例如，既有设计资质也有建筑资质的企业与发包方签订承包合同，有一份承包合同为设计服务，适用6%的增值税税率，另一份承包合同为建筑服务，适用9%的增值税税率，则可作为兼营行为，分别按照不同税率计算增值税。

特别提醒

兼营行为中的销售业务和兼营业务是两项销售行为，两者是独立的业务。

混合销售和兼营行为的判定标准主要是看其销售货物行为与提供劳务行为是否同时发生在同一业务中。如果是，则为混合销售行为；如果不是，则为兼营行为。

实际工作中，签订一份合同即认定为一项销售行为，签订两份合同则认定为两项销售行为。如果一份合同中分别注明销售货物和销售服务的价格，也认为是一份销售合同，认定为混合销售行为。

【例3-1】 (1) 某酒店提供住宿餐饮服务（适用生活服务6%的增值税税率），内设商店销售货物（适用13%的增值税税率），同时经营停车场收费业务（适用不动产经营租赁9%的增值税税率）。

(2) 汽车美容店提供汽车打蜡服务（适用生活服务6%的增值税税率），同时销售车蜡（适用13%的增值税税率）。

(3) 某旅行社举行抽奖活动，为中奖者提供免费的旅游服务。

【解析】

(1) 属于兼营行为。适用不同税率或者征收率的，应当分别核算适用不同税率或者征收率的销售额；未分别核算的，从高适用税率。

（2）属于混合销售行为。按照销售服务6%的增值税税率缴纳增值税。

（3）属于视同销售。提供免费旅行应确认收入，按照视同销售的相关规定确定计税价格，计算缴纳增值税。

3.4 增值税的税目税率和征收率

增值税的税目税率和征收率见表3-4，各行业增值税税率一览表（2022年）见表3-5，增值税税率的特殊规定见表3-6。

表3-4 增值税税目税率和征收率表

<table>
<tr><th colspan="4">具体范围</th><th>增值税
税率/征收率</th></tr>
<tr><td colspan="5">一、一般纳税人的税目税率</td></tr>
<tr><td colspan="5">（一）一般纳税人一般计征方式的税目税率</td></tr>
<tr><td rowspan="6">销售或者进口货物、销售劳务</td><td colspan="3">销售或者进口货物（另有列举的货物除外）；提供加工、修理修配劳务</td><td>13%</td></tr>
<tr><td colspan="3">1. 农产品（含粮食）、食用植物油、食用盐</td><td rowspan="4">9%</td></tr>
<tr><td colspan="3">2. 自来水、暖气、冷气、石油液化气、天然气、热水、煤气、居民用煤炭制品、沼气、二甲醚</td></tr>
<tr><td colspan="3">3. 农机、饲料、农药、农膜、化肥</td></tr>
<tr><td colspan="3">4. 图书、报纸、杂志、音像制品、电子出版物</td></tr>
<tr><td colspan="3">出口货物</td><td>0</td></tr>
<tr><td rowspan="24">销售服务</td><td rowspan="6">交通运输服务</td><td rowspan="2">陆路运输服务</td><td>铁路运输服务</td><td rowspan="6">9%</td></tr>
<tr><td>其他陆路运输服务</td></tr>
<tr><td rowspan="2">水路运输服务</td><td>程租业务</td></tr>
<tr><td>期租业务</td></tr>
<tr><td>航空运输服务</td><td>包含航空运输的湿租业务</td></tr>
<tr><td>管道运输服务</td><td>包含无运输工具承运业务</td></tr>
<tr><td rowspan="4">邮政服务</td><td rowspan="2">邮政普遍服务</td><td>函件、包裹等的寄送</td><td rowspan="4">9%</td></tr>
<tr><td>邮票、报刊发行，邮政汇兑</td></tr>
<tr><td>邮政特殊服务</td><td></td></tr>
<tr><td>其他邮政服务</td><td>邮册等邮品销售、邮政代理</td></tr>
<tr><td rowspan="2">电信服务</td><td>基础电信服务</td><td></td><td>9%</td></tr>
<tr><td>增值电信服务</td><td></td><td>6%</td></tr>
<tr><td rowspan="5">建筑服务</td><td>工程服务</td><td></td><td rowspan="5">9%</td></tr>
<tr><td>安装服务</td><td></td></tr>
<tr><td>修缮服务</td><td></td></tr>
<tr><td>装饰服务</td><td></td></tr>
<tr><td>其他建筑服务</td><td></td></tr>
<tr><td rowspan="7">金融服务</td><td rowspan="2">贷款服务</td><td>贷款</td><td rowspan="7">6%</td></tr>
<tr><td>融资性售后回租</td></tr>
<tr><td>直接收费金融服务</td><td></td></tr>
<tr><td rowspan="2">保险服务</td><td>人身保险服务</td></tr>
<tr><td>财产保险服务</td></tr>
<tr><td rowspan="2">金融商品转让</td><td>金融商品转让</td></tr>
<tr><td>其他金融商品转让</td></tr>
</table>

续表

具体范围					增值税税率/征收率
销售服务	现代服务	研发和技术服务	研发服务		6%
			合同能源管理服务		
			工程勘察勘探服务		
			专业技术服务		
		信息技术服务	软件服务		6%
			电路设计及测试服务		
			信息系统服务		
			业务流程管理服务		
			信息系统增值服务		
		文化创意服务	设计服务		6%
			知识产权服务		
			广告服务		
			会议展览服务		
		物流辅助服务	航空服务	航空地面服务	6%
				通用航空服务	
			港口码头服务		
			货运客运场站服务		
			打捞救助服务		
			装卸搬运服务		
			仓储服务		
			收派服务	收件服务	
				分拣服务	
				派送服务	
		租赁服务	有形动产租赁服务		13%
			不动产租赁服务		9%
		鉴证咨询服务	认证服务		6%
			鉴证服务		
			咨询服务		
		广播影视服务	广播影视节目（作品）制作服务		6%
			广播影视节目（作品）发行服务		
			广播影视节目（作品）播映服务		
		商务辅助服务	企业管理服务		
			经纪代理服务	经纪服务、中介服务	
				代理服务	6%
			人力资源服务		
		其他现代服务	安全保护服务		

续表

具体范围				增值税税率/征收率
销售服务	生活服务	文化体育服务	文化服务	6%
			体育服务	
		教育医疗服务	教育服务	
			医疗服务	6%
		旅游娱乐服务	旅游服务	6%
			娱乐服务	
		餐饮住宿服务	餐饮服务	
			住宿服务	
		居民日常服务		
		其他生活服务		
销售无形资产	技术	专利技术		6%
		非专利技术		
	商标			
	著作权			
	商誉			
	自然资源使用权	海域使用权		
		探矿权		
		采矿权		
		取水权		
		其他自然资源使用权		
		土地使用权		9%
	其他权益性无形资产			6%
销售不动产	建筑物			9%
	构建物			
（二）一般纳税人简易计征方式的税目税率				
建筑业的清包工、甲供工程、老项目				3%
生活服务业中的旅游服务业				3%
销售试点前取得的不动产				5%
房地产企业销售自行开发的房地产老项目				5%
二、小规模纳税人的税目征收率				
动产销售和租赁行为				5%
除动产销售和租赁外的销售				3%

表 3-5　各行业增值税税率一览表（2022 年）

<table>
<tr><th>增值税
税率/征收率</th><th colspan="2">项目</th></tr>
<tr><td colspan="3">一般纳税人</td></tr>
<tr><td rowspan="3">13%</td><td>销售或者进口货物（另有列举的货物除外）</td><td>1. 以粮食为原料加工的速冻食品、方便面、副食品和各种熟食品，玉米浆、玉米皮、玉米纤维（又称喷浆玉米皮）和玉米蛋白粉；
2. 各种蔬菜罐头；
3. 专业复烤厂烤制的复烤烟叶；
4. 农业生产者用自产的茶青再经筛分、风选、拣剔、碎块、干燥、匀堆等工序精制而成的精制茶、边销茶及掺兑各种药物的茶和茶饮料；
5. 各种水果罐头、果脯、蜜饯、炒制的果仁、坚果、碾磨后的园艺植物（如胡椒粉、花椒粉等）；
6. 中成药；
7. 锯材、竹笋罐头；
8. 熟制的水产品和各类水产品的罐头；
9. 各种肉类罐头、肉类熟制品；
10. 各种蛋类的罐头；
11. 酸奶、奶酪、奶油，调制乳；
12. 洗净毛、洗净绒；
13. 饲料添加剂；
14. 用于人类日常生活的各种类型包装的日用卫生用药（如卫生杀虫剂、驱虫剂、驱蚊剂、蚊香等）；
15. 以农副产品为原料加工工业产品的机械、农用汽车、三轮运货车、机动渔船、森林砍伐机械、集材机械、农机零部件</td></tr>
<tr><td colspan="2">销售劳务</td></tr>
<tr><td colspan="2">有形动产租赁服务（属于现代服务）</td></tr>
<tr><td rowspan="12">9%</td><td colspan="2">粮食等农产品、食用植物油、食用盐</td></tr>
<tr><td colspan="2">饲料、化肥、农药、农机、农膜</td></tr>
<tr><td colspan="2">图书、报纸、杂志、音像制品、电子出版物</td></tr>
<tr><td colspan="2">自来水、暖气、冷气、热水、煤气、石油液化气、天然气、二甲醚、沼气、居民用煤炭制品</td></tr>
<tr><td colspan="2">国务院规定的其他货物</td></tr>
<tr><td colspan="2">不动产租赁服务（属于现代服务）</td></tr>
<tr><td colspan="2">交通运输服务（陆路、水路、航空运输服务和管道运输服务）</td></tr>
<tr><td colspan="2">销售不动产（建筑物、构建物等）</td></tr>
<tr><td colspan="2">建筑服务（工程服务、安装服务、修缮服务、装饰服务和其他建筑服务）</td></tr>
<tr><td colspan="2">转让土地使用权</td></tr>
<tr><td colspan="2">邮政服务（邮政普通服务、邮政特殊服务和其他邮政服务）</td></tr>
<tr><td colspan="2">基础电信服务</td></tr>
<tr><td rowspan="4">6%</td><td colspan="2">销售无形资产（转让补充耕地指标、技术、商标、著作权、商誉、自然资源、其他权益性无形资产使用权或所有权）</td></tr>
<tr><td colspan="2">增值电信服务</td></tr>
<tr><td colspan="2">金融服务（贷款服务、直接收费金融服务、保险服务和金融商品转让）</td></tr>
<tr><td colspan="2">现代服务（研发和技术服务、信息技术服务、文化创意服务、物流辅助服务、鉴证咨询服务、广播影视服务、商务辅助服务、其他现代服务）</td></tr>
</table>

续表

增值税税率/征收率	项目
6%	生活服务（文化体育服务、教育医疗服务、旅游娱乐服务、餐饮住宿服务、居民日常服务、其他生活服务）
0	纳税人出口货物（国务院另有规定的除外）
	境内单位和个人跨境销售国务院规定范围内的服务、无形资产
	销售货物、劳务，提供的跨境应税行为，符合免税条件的，免税；境内的单位和个人销售适用增值税零税率的服务或无形资产的，可以放弃适用增值税零税率，选择免税或按规定缴纳增值税。放弃适用增值税零税率后，36 个月内不得再申请适用增值税零税率

表 3-6　增值税税率的特殊规定

增值税税率/征收率	项目
一般纳税人购进农产品进项税额扣除率	
9%	购进农产品（生产或者委托加工除外）
10%	购进用于生产或者委托加工 13%税率货物的农产品，按照 10%扣除率计算进项税额
小规模纳税人/允许适用简易计税方式计税的一般纳税人	
3%	小规模纳税人销售货物或者加工、修理修配劳务，销售应税服务、无形资产
	1. 一般纳税人发生按规定适用或者可以选择适用简易计税方法计税的特定应税行为，但适用 5%征收率的除外 2. 从事再生资源回收的增值税一般纳税人销售其收购的再生资源，可以选择适用简易计税方法依照 3%征收率计算缴纳增值税，或适用一般计税方法计算缴纳增值税。政策依据：财税〔2021〕40 号 3. 自 2022 年 4 月 1 日至 2022 年 12 月 31 日，增值税小规模纳税人适用 3%征收率的应税销售收入，免征增值税；适用 3%预征率的预缴增值税项目，暂停预缴增值税。政策依据：财政部 税务总局公告 2022 年第 15 号
3%减按 2%	小规模纳税人（不含其他个人）以及符合规定情形的一般纳税人销售自己使用过的固定资产。政策依据：财税〔2009〕9 号
	纳税人销售旧货（含旧汽车、旧摩托车和旧游艇，不包括自己使用过的物品）。政策依据：财税〔2009〕9 号、财税〔2014〕57 号
3%减按 0.5%	自 2020 年 5 月 1 日至 2023 年 12 月 31 日，从事二手车经销的纳税人销售其收购的二手车。政策依据：国家税务总局公告 2020 年第 9 号、财税〔2020〕17 号
5%	销售不动产。政策依据：财税〔2016〕36 号
	小规模纳税人中的单位和个体工商户销售不动产，应按其纳税期，以及其他现行政策规定确定是否预缴增值税；其他个人销售不动产，继续按照现行规定征免增值税。政策依据：国家税务总局公告 2021 年第 5 号
	转让营改增前取得的土地使用权。政策依据：财税〔2016〕36 号
	房地产开发企业销售、出租自行开发的房地产老项目。政策依据：财税〔2016〕368 号、财税〔2016〕68 号
	符合条件的不动产融资租赁。政策依据：财税〔2016〕47 号
	一般纳税人提供的人力资源外包服务。政策依据：财税〔2016〕47 号
	选择差额纳税的劳务派遣、安全保护服务。政策依据：财税〔2016〕47 号

续表

增值税 税率/征收率	项目
5%减按 1.5%	1. 个人出租住房 个体工商户和其他个人出租住房减按 1.5%计算应纳税额。政策依据：国家税务总局公告 2016 年第 16 号 其中，《中华人民共和国增值税暂行条例实施细则》第九条所称的其他个人，采取一次性收取租金形式出租不动产取得的租金收入，可在对应的租赁期内平均分摊，分摊后的月租金收入未超过 15 万元的，免征增值税。政策依据：国家税务总局公告 2021 年第 5 号
	2. 住房租赁企业 （1）增值税一般纳税人向个人出租住房取得的全部出租收入。政策依据：财政部 税务总局 住房城乡建设部公告 2021 年第 24 号 （2）增值税小规模纳税人向个人出租住房。政策依据：财政部 税务总局住房城乡建设部公告 2021 年第 24 号
允许适用简易计税方式计税的一般纳税人	
可选择按征收率 5%计税的应税行为	1. 销售不动产 （1）一般纳税人销售其 2016 年 4 月 30 日前取得（不含自建）的不动产以取得的全部价款和价外费用减去该项不动产购置原价或者取得不动产时的作价后的余额为销售额，按照简易计税方法计算应纳税额； （2）一般纳税人销售其 2016 年 4 月 30 日前自建的不动产，以取得的全部价款和价外费用为销售额按照简易计税方法计算应纳税额； （3）房地产开发企业中的一般纳税人销售自行开发的房地产老项目。政策依据：《营业税改征增值税试点有关事项的规定》财税〔2016〕36 号附件 2
	2. 不动产经营租赁服务 （1）一般纳税人出租其 2016 年 4 月 30 日前取得的不动产，纳税人以经营租赁方式将土地出租给他人使用，按照不动产经营租赁服务缴纳增值税； （2）房地产开发企业中的一般纳税人出租自行开发的房地产老项目。
	3. 转让土地使用权 一般纳税人转让 2016 年 4 月 30 日前取得的土地使用权，以取得的全部价款和价外费用减去取得该土地使用权的原价后的余额为销售额，按照简易计税方法计算应纳税额。政策依据：财税〔2016〕47 号
	4. 劳务派遣服务 提供劳务派遣服务，以取得的全部价款和价外费用，扣除代用工单位支付给劳务派遣员工的工资、福利和为其办理社会保险及住房公积金后的余额为销售额（差额纳税），按照简易计税方法计算缴纳增值税。纳税人提供安全保护服务比照劳务派遣服务政策执行。纳税人提供武装守护押运服务按照“安全保护服务”缴纳增值税。政策依据：财税〔2016〕47 号、财税〔2016〕68 号
	5. 不动产融资租赁 2016 年 4 月 30 日前签订的不动产融资租赁合同，或以 2016 年 4 月 30 日前取得的不动产提供的融资租赁服务。政策依据：财税〔2016〕47 号
	6. 人力资源外包服务 政策依据：财税〔2016〕47 号
	7. 公路收费 一般纳税人收取试点前（施工许可证注明的合同开工日期在 2016 年 4 月 30 日前）开工的一级公路、二级公路、桥、闸通行费。政策依据：财税〔2016〕47 号
	8. 中外合作油（气）田开采的原油、天然气 按实物征收增值税，征收率为 5%。政策依据：国税发〔1994〕114 号

续表

增值税 税率/征收率	项目
可选择按征收率 3%计税的应税行为	1. 公路收费 （1）公路经营企业中的一般纳税人收取试点前开工的高速公路的车辆通行费，可以选择适用简易计税方法，减按 3%的征收率计算应纳税额；选择一般计税方法，收取试点后开工的高速公路的车辆通行费，按照不动产经营租赁服务缴纳增值税，税率为 9%。公路经营企业中的小规模纳税人，按照 3%的征收率计算应纳税额。政策依据：财税〔2016〕36 号附件 2 （2）公共交通运输服务，包括轮客渡、公交客运、地铁、城市轻轨、出租车、长途客运、班车。政策依据：《营业税改征增值税试点有关事项的规定》财税〔2016〕36 号附件 2
	2. 建筑服务 （1）以清包工方式提供的建筑服务，以取得的全部价款和价外费用扣除支付的分包款后的余额为销售额，按照简易计税方法计算应纳税额。 （2）为建筑工程老项目提供的建筑服务，以取得的全部价款和价外费用扣除支付的分包款后的余额为销售额，按照简易计税方法计算应纳税额。 为甲供工程提供的建筑服务以取得的全部价款和价外费用扣除支付的分包款后的余额为销售额，按照简易计税方法计算应纳税额。政策依据：《营业税改征增值税试点有关事项的规定》财税〔2016〕36 号附件 2 建筑工程总承包单位为房屋建筑的地基与基础、主体结构提供工程服务，建设单位自行采购全部或部分钢材、混凝土、砌体材料、预制构件的，适用简易计税方法计税。政策依据：财税〔2017〕58 号
	3. 物业收取自来水费 提供物业管理服务的纳税人，向服务接受方收取的自来水水费，以扣除其对外支付的自来水水费后的余额为销售额，按照简易计税方法依 3%的征收率计算缴纳增值税。政策依据：国家税务总局公告 2016 年第 54 号
	4. 非学历教育服务 一般纳税人提供非学历教育服务，可以选择适用简易计税方法按照 3%征收率计算应纳税额。政策依据：财税〔2016〕68 号
	5. 公共交通运输服务 政策依据：《营业税改征增值税试点有关事项的规定》财税〔2016〕36 号附件 2
	6. 动漫企业、电影放映服务、仓储服务、装卸搬运服务、收派服务、文化体育服务（含纳税人在游览场所经营索道、摆渡车、电瓶车、游船等取得的收入） 政策依据：《营业税改征增值税试点有关事项的规定》财税〔2016〕36 号附件 2
	7. 以纳入营改增试点之日前取得的有形动产为标的物提供的经营租赁服务，在纳入营改增试点之日前签订的尚未执行完毕的有形动产租赁合同 政策依据：《营业税改征增值税试点有关事项的规定》财税〔2016〕36 号附件 2
	8. 非企业性单位 非企业性单位中的一般纳税人提供的研发和技术服务、信息技术服务、鉴证咨询服务，以及销售技术、著作权等无形资产，可以选择简易计税方法按照 3%征收率计算缴纳增值税。政策依据：财税〔2016〕140 号
	9. 金融服务 （1）资管产品管理人运营资管产品过程中发生的增值税应税行为，暂适用简易计税方法，按照 3%的征收率缴纳增值税。政策依据：财税〔2017〕56 号 （2）农村信用社、村镇银行、农村资金互助社、由银行业机构全资发起设立的贷款公司、法人机构在县（县级市、区、旗）及县以下地区的农村合作银行和农村商业银行提供金融服务收入。政策依据：财税〔2016〕46 号

续表

增值税 税率/征收率	项目
可选择按征收率3%计税的应税行为	10. 销售生物制品 属于增值税一般纳税人的药品经营企业销售生物制品，可以选择简易办法按照生物制品销售额和3%的征收率计算缴纳增值税。政策依据：国家税务总局公告2012年第20号
	11. 销售兽用生物制品 属于增值税一般纳税人的兽用药品经营企业销售兽用生物制品，可以选择简易办法按照兽用生物制品销售额和3%的征收率计算缴纳增值税。政策依据：国家税务总局公告2016年第8号
	12. 销售光伏发电产品 光伏发电项目发电户销售电力产品，按照税法规定应缴纳增值税的，可由国家电网公司所属企业按照增值税简易计税办法计算并代征增值税税款，同时开具普通发票；按照税法规定可享受免征增值税政策的，可由国家电网公司所属企业直接开具普通发票。政策依据：国家税务总局公告2014年第32号
	13. 寄售商店代销寄售物品（含居民个人寄售的物品） 一般纳税人寄售商店代销寄售物品（包括居民个人寄售的物品在内），按简易办法依照3%征收率计算缴纳增值税。政策依据：财税〔2014〕57号、财税〔2009〕9号
	14. 典当业销售死当物品 典当业销售死当物品，依照3%征收率计算缴纳增值税。政策依据：财税〔2014〕57号、财税〔2009〕9号
	15. 县级及县级以下小型水力发电单位生产的电力。小型水力发电单位，是指各类投资主体建设的装机容量为5万千瓦以下（含5万千瓦）的小型水力发电单位 16. 建筑用和生产建筑材料所用的砂、土、石料 17. 以自己采掘的砂、土、石料或其他矿物连续生产的砖、瓦、石灰（不含粘土实心砖、瓦） 18. 用微生物、微生物代谢产物、动物毒素、人或动物的血液或组织制成的生物制品 19. 自来水 20. 商品混凝土（仅限于以水泥为原料生产的水泥混凝土） 政策依据：财税〔2009〕9号、财税〔2014〕57号
	21. 销售非临床用人体血液 政策依据：国税函〔2009〕456号
	22. 自2019年3月1日起，增值税一般纳税人生产销售和批发零售罕见病药品，可选择按照简易办法依照3%征收率计算缴纳增值税。上述纳税人选择简易办法计算缴纳增值税后，36个月内不得变更 政策依据：财税〔2019〕24号
	23. 自2018年5月1日起，增值税一般纳税人生产销售和批发、零售抗癌药品，可选择按照简易办法依照3%征收率计算缴纳增值税 政策依据：财税〔2018〕47号
	24. 纳税人销售活动板房、机器设备、钢结构件等自产货物的同时提供建筑、安装服务，应分别核算货物和建筑服务的销售额，分别适用不同的税率或者征收率 政策依据：国家税务总局公告2017年11号
	25. 提供教育辅助服务 政策依据：财税〔2016〕140号
	26. 再生资源回收 从事再生资源回收的增值税一般纳税人销售其收购的再生资源，可以选择适用简易计税方法依照3%征收率计算缴纳增值税，或适用一般计税方法计算缴纳增值税。政策依据：财税〔2021〕40号

续表

增值税 税率/征收率	项目
3%征收率减按2%的应税行为	1. 一般纳税人销售自己使用过的属于条例第十条规定不得抵扣且未抵扣进项税额的固定资产 （1）一般纳税人销售自己使用过的属于《中华人民共和国增值税暂行条例》（国务院第 191 次常务会议通过）第十条规定不得抵扣且未抵扣进项税额的固定资产，按简易办法依 3%征收率减按 2%征收增值税。 （2）一般纳税人销售自己使用过的 2009 年 1 月 1 日以后购进或者自制的固定资产，按照销售货物适用税率 13%征收增值税。 政策依据：财税〔2014〕57 号、财税〔2009〕9 号
	（3）纳税人销售自己使用过的固定资产，适用简易办法依照 3%征收率减按 2%征收增值税政策的，可以放弃减税，按照简易办法依照 3%征收率缴纳增值税，并可以开具增值税专用发票。政策依据：国家税务总局公告 2015 年第 90 号
	2. 一般纳税人销售自己使用过的其他固定资产 应区分不同情形征收增值税： （1）销售自己使用过的 2009 年 1 月 1 日以后购进或者自制的固定资产，按照适用税率征收增值税。 （2）2008 年 12 月 31 日以前未纳入扩大增值税抵扣范围试点的纳税人，销售自己使用过的 2008 年 12 月 31 日以前购进或者自制的固定资产，按照 3%征收率减按 2%征收增值税。 （3）2008 年 12 月 31 日以前已纳入扩大增值税抵扣范围试点的纳税人，销售自己使用过的在本地区扩大增值税抵扣范围试点以前购进或者自制的固定资产，按照 3%征收率减按 2%征收增值税；销售自己使用过的在本地区扩大增值税抵扣范围试点以后购进或者自制的固定资产，按照适用税率征收增值税。 政策依据：财税〔2009〕9 号、财税〔2008〕170 号、国家税务总局公告 2012 年第 1 号、财税〔2014〕57 号、国家税务总局公告 2014 年第 36 号
	纳税人购进或者自制固定资产时为小规模纳税人，认定为一般纳税人后销售该固定资产，及增值税一般纳税人发生按简易办法征收增值税应税行为，销售其按照规定不得抵扣且未抵扣进项税额的固定资产的，可按简易办法依 3%征收率减按 2%征收增值税。政策依据：财税〔2009〕9 号、财税〔2008〕170 号、国家税务总局公告 2012 年第 1 号、财税〔2014〕57 号
	纳税人销售旧货。政策依据：财税〔2009〕9 号、财税〔2014〕57 号
按照 5%的征收率减按 1.5%计算的应税行为	1. 住房租赁企业中的增值税一般纳税人向个人出租住房取得的全部出租收入 政策依据：财政部 税务总局 住房城乡建设部公告 2021 年第 24 号
	2. 住房租赁企业中的增值税小规模纳税人向个人出租住房 政策依据：财政部 税务总局 住房城乡建设部公告 2021 年第 24 号
免征增值税	除纳税人聘用的员工为本单位或者雇主提供的再生资源回收不征收增值税外，纳税人发生的再生资源回收并销售的业务，均应按照规定征免增值税。政策依据：财政部 税务总局公告 2021 年第 40 号，自 2022 年 3 月 1 日起执行
增值税即征即退	增值税一般纳税人销售自产的资源综合利用产品和提供资源综合利用劳务，可享受增值税即征即退政策。政策依据：财政部 税务总局公告 2021 年第 40 号，自 2022 年 3 月 1 日起执行

3.5 增值税的优惠和起征点

3.5.1 增值税的减免

增值税的减免由国务院规定，任何地区或部门不得规定减免税项目。

1. 免征增值税项目

(1) 老增值税的免征增值税项目。

1) 农业生产者销售的自产农业产品。

2) 避孕药品和用具。

3) 古旧图书。

4) 直接用于科学研究、科学试验和教学的进口仪器、设备。

5) 外国政府、国际组织无偿援助的进口物资和设备。

6) 来料加工、来件装配和补偿贸易所需进口的设备。

7) 由残疾人组织直接进口供残疾人专用的物品。

8) 销售自己使用过的物品。

(2) 营改增的免征增值税项目。营改增后，有40个项目免征增值税，下面列示其中主要的17项：

1) 托儿所、幼儿园提供的保育和教育服务。

2) 养老机构提供的养老服务。

3) 残疾人福利机构提供的育养服务。

4) 婚姻介绍服务。

5) 殡葬服务。

6) 残疾人员本人为社会提供的服务。

7) 医疗机构提供的医疗服务。

8) 从事学历教育的学校提供的教育服务。

9) 学生勤工俭学提供的服务。

10) 农业机耕、排灌、病虫害防治、植物保护、农牧保险以及相关技术培训业务，家禽、牲畜、水生动物的配种和疾病防治。

11) 纪念馆、博物馆、文化馆、文物保护单位管理机构、美术馆、展览馆、书画院、图书馆在自己的场所提供文化体育服务取得的第一道门票收入。

12) 寺院、宫观、清真寺和教堂举办文化、宗教活动的门票收入。

13) 行政单位之外的其他单位收取的政府性基金和行政事业性收费。

14) 个人转让著作权。

15) 个人销售自建自用住房。

16) 自2019年2月1日至2020年12月31日，对企业集团内单位（含企业集团）之间的资金无偿借贷行为，免征增值税。

17）自2023年1月1日至2023年12月31日，对月销售额10万元以下（含本数）的增值税小规模纳税人，免征增值税。

2. 增值税的留抵退税

（1）留抵退税的特点。

1）小微企业留抵退税政策。对所有行业符合条件的小微企业，一次性退还存量留抵税额，并按月退还增量留抵税额。

2）制造业等行业留抵退税政策。对制造业，科学研究和技术服务业，电力、热力、燃气及水生产和供应业，交通运输、仓储和邮政业，软件和信息技术服务业，生态保护和环境治理业六个行业符合条件的企业，一次性退还存量留抵税额，并按月全额退还增量留抵税额。

（2）留抵退税的基本条件。增值税的留抵退税需要同时满足以下四项条件：

1）纳税信用等级为A级或者B级；

2）申请退税前36个月未发生骗取留抵退税、骗取出口退税或虚开增值税专用发票情形；

3）申请退税前36个月未因偷税被税务机关处罚两次及以上；

4）2019年4月1日起未享受即征即退、先征后返（退）政策。

（3）留抵退税的企业类型。

1）符合条件的小微企业，可以自2022年4月纳税申报期起向主管税务机关申请退还增量留抵税额。

2）符合条件的微型企业，可以自2022年4月纳税申报期起向主管税务机关申请一次性退还存量留抵税额；符合条件的小型企业，可以自2022年5月纳税申报期起向主管税务机关申请一次性退还存量留抵税额。

3）符合条件的制造业等行业企业，可以自2022年4月纳税申报期起向主管税务机关申请退还增量留抵税额。

4）符合条件的制造业等行业中型企业，可以自2022年7月纳税申报期起向主管税务机关申请一次性退还存量留抵税额；符合条件的制造业等行业大型企业，可以自2022年10月纳税申报期起向主管税务机关申请一次性退还存量留抵税额。

5）符合条件的批发零售业等行业企业，可以自2022年7月纳税申报期起向主管税务机关申请退还增量留抵税额；符合条件的批发零售业等行业企业，可以自2022年7月纳税申报期起向主管税务机关申请一次性退还存量留抵税额。

特别提醒

同时符合小微企业和制造业等行业相关留抵退税政策的纳税人，可任意选择申请适用其中一项留抵退税政策。

（4）留抵退税的方式。

1）增量留抵税额区分以下情形确定：纳税人获得一次性存量留抵退税前，增量留抵税额为当期期末留抵税额与2019年3月31日相比新增加的留抵税额。纳税人获得一次性存量留抵退税后，增量留抵税额为当期期末留抵税额。

2）存量留抵税额区分以下情形确定：纳税人获得一次性存量留抵退税前，当期期末留抵税额大于或等于2019年3月31日期末留抵税额的，存量留抵税额为2019年3月31日期末留抵税额；当期期末留抵税额小于2019年3月31日期末留抵税额的，存量留抵税额为当期期末留抵税额。纳税人获得一次性存量留抵退税后，存量留抵税额为零。

特别提醒

纳税人可通过办税服务厅、电子税务局办理该业务。具体办税地点和联系方式可从各个主管税务局网站“办税地图”栏目或者手机税税通 App 的“办税地图”栏目查询。纳税人可以在规定期限内同时申请增量留抵退税和存量留抵退税。

（5）留抵退税的计算。允许退还的留抵税额按下列公式计算确定：

允许退还的增量留抵税额＝增量留抵税额×进项构成比例×100%

允许退还的存量留抵税额＝存量留抵税额×进项构成比例×100%

进项构成比例，为2019年4月至申请退税前一税款所属期已抵扣的增值税专用发票（含带有“增值税专用发票”字样全面数字化的电子发票、税控机动车销售统一发票）、收费公路通行费增值税电子普通发票、海关进口增值税专用缴款书、解缴税款完税凭证注明的增值税税额占同期全部已抵扣进项税额的比重。

在计算允许退还的留抵税额的进项构成比例时，纳税人在2019年4月至申请退税前一税款所属期内按规定转出的进项税额，无需从已抵扣的增值税专用发票（含带有“增值税专用发票”字样全面数字化的电子发票、税控机动车销售统一发票）、收费公路通行费增值税电子普通发票、海关进口增值税专用缴款书、解缴税款完税凭证注明的增值税税额中扣减。

某软件和信息技术服务业微型企业2019年3月31日的期末留抵税额为100万元，2022年4月申请一次性存量留抵退税时，如果当期期末留抵税额为120万元，该纳税人的存量留抵税额为100万元；如果当期期末留抵税额为80万元，该纳税人的存量留抵税额为80万元。该纳税人在4月份获得存量留抵退税后，将再无存量留抵税额。

3.5.2 增值税起征点

个人发生应税行为的销售额未达到增值税起征点的，免征增值税；达到起征点的，全额计算缴纳增值税。增值税起征点不适用于登记为一般纳税人的个体工商户。增值税起征点所称的销售额不包括其应纳税额，即不含税销售额。

增值税起征点幅度为：

（1）按期纳税的，为月销售额5 000～20 000元（含本数）。

（2）按次纳税的，为每次（日）销售额 300～500 元（含本数）。

起征点的调整由财政部和国家税务总局规定。省、自治区、直辖市财政厅（局）和税务局应当在规定的幅度内，根据实际情况确定本地区适用的起征点，并报财政部和国家税务总局备案。

特别提醒

自 2023 年 1 月 1 日至 2023 年 12 月 31 日，对月销售额 10 万元以下（含本数）的增值税小规模纳税人，免征增值税。增值税小规模纳税人适用 3% 征收率的应税销售收入（月销售额 10 万元以上），减按 1%征收率征收增值税。

3.5.3 纳税人放弃免税权的处理

纳税人可以放弃免税权，以书面形式提交放弃免税权声明，报主管税务机关备案。纳税人一经放弃免税权，其生产销售的全部增值税应税货物或劳务均应按照适用税率征税，不得选择某些免税项目放弃免税权，也不得根据不同的销售对象选择部分货物或劳务放弃免税权。纳税人在免税期内购进用于免税项目的货物或者应税劳务所取得的增值税扣税凭证，一律不得抵扣。

特别提醒

放弃免税、减税后，36 个月内不得再申请免税、减税。纳税人发生应税行为同时适用免税和零税率规定的，纳税人可以选择适用免税或者零税率。

3.5.4 房地产业的增值税特殊规定

1. 个人出售房地产项目

（1）个人销售自建自用住房，免征增值税。

（2）北京市、上海市、广州市和深圳市之外的地区的个体工商户和个人销售购买的住房，将购买不足 2 年的住房对外销售的，按照 5%的征收率全额缴纳增值税；将购买 2 年以上（含 2 年）的住房对外销售的，免征增值税。

（3）北京市、上海市、广州市和深圳市的个体工商户和个人销售购买的住房，将购买不足 2 年的住房对外销售的，按照 5%的征收率全额缴纳增值税；将购买 2 年以上（含 2 年）的非普通住房对外销售的，以销售收入减去购买住房价款后的差额按照 5%的征收率缴纳增值税；个人将购买 2 年以上（含 2 年）的普通住房对外销售的，免征增值税。

个体工商户应按照计税结果，在不动产所在地预缴税款后，向机构所在地主管税务机关进行纳税申报。

2. 其他个人销售其取得（不含自建）的不动产（不含其购买的住房）

以全部收入减去该项不动产购置原价或者取得不动产时的作价后的余额，按照5%的征收率申报缴纳增值税。

3. 租赁不动产

（1）一般纳税人出租不动产老项目。

1）一般纳税人出租其2016年4月30日前取得的不动产，可以选择适用简易计税方法，按照5%的征收率计算应纳税额。纳税人出租其2016年4月30日前取得的与机构所在地不在同一县（市）的不动产，应按照上述计税方法在不动产所在地预缴税款后，向机构所在地主管税务机关进行纳税申报。

2）公路经营企业中的一般纳税人收取试点前开工的高速公路的车辆通行费，可以选择适用简易计税方法，减按3%的征收率计算应纳税额。

试点前开工的高速公路，是指相关施工许可证明上注明的合同开工日期在2016年4月30日前的高速公路。

（2）一般纳税人出租不动产新项目。一般纳税人出租其2016年5月1日后取得的与机构所在地不在同一县（市）的不动产，应按照3%的预征率在不动产所在地预缴税款，向机构所在地主管税务机关申报缴纳增值税。

（3）小规模纳税人出租不动产。小规模纳税人出租其取得的不动产（不含个人出租住房），应按照5%的征收率计算应纳税额。纳税人出租与机构所在地不在同一县（市）的不动产，应按照上述计税方法在不动产所在地预缴税款后，向机构所在地主管税务机关进行纳税申报。

（4）个人出租不动产。

1）其他个人出租其取得的不动产（不含住房），应按照5%的征收率计算应纳税额。

2）个人出租住房，按照5%的征收率减按1.5%计算应纳税额。

3.6 增值税的一般计税方法

增值税的计税方法包括一般计税方法和简易计税方法。

一般纳税人原则上必须采用一般计税方法。采用一般计税方法的，不仅包括老增值税企业——工业、商业企业，而且包括所有的营改增企业——交通运输业、现代服务业、邮政业、电信业、建筑业、房地产业、金融业和生活服务业企业。

特别提醒

只有建筑业、房地产业等行业的营改增一般纳税人可以采用简易计税方法。

增值税应纳税额的计算公式如图3-1所示。当期销项税额＜当期进项税额，不足抵扣时，其不足部分可以结转下期继续抵扣。

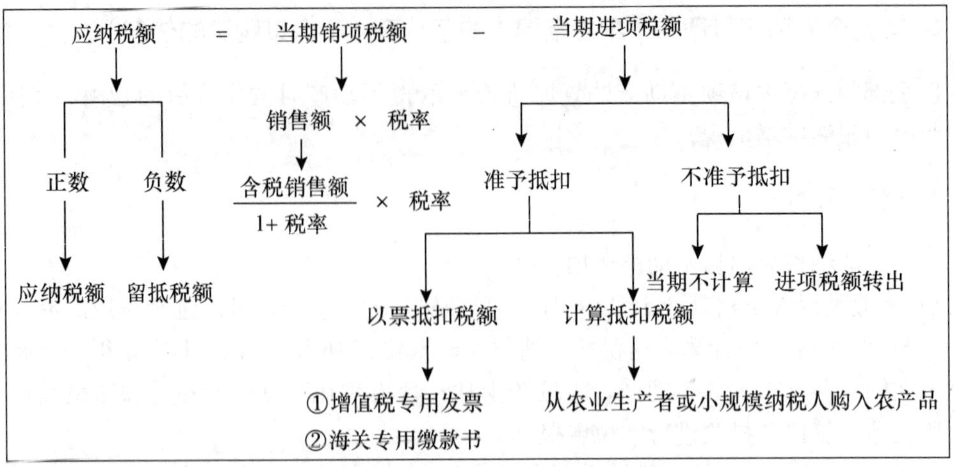

图 3－1　增值税应纳税额计算公式

3.6.1　销项税额的计算

当期销项税额＝销售额×适用税率(13%，9%或 6%)

1. 一般销售方式下的销售额

纳税人销售货物或提供应税劳务以销售额为计税依据，销售额是指纳税人销售货物或提供应税劳务向购买方收取的全部价款和价外费用。

（1）销售额的计算公式为：

销售额＝价款＋价外费用

一般纳税人销售货物或者提供应税劳务开具普通发票或没有开具发票的，按下列公式换算销售额：

$$不含税销售额=\frac{含税销售额}{1+增值税税率}$$

价外费用是指价外向购买方收取的手续费、补贴、基金、集资费、返还利润、奖励费、违约金（延期付款利息）、包装费、包装物租金、储备费、优质费、运输装卸费、代收款项、代垫款项及其他各种性质的价外收费。

凡是价外费用，无论其会计制度如何核算，均应并入销售额计算应纳税额。价外费用及包装物押金，应视为含税收入，计税时应换算成不含税收入。换算公式为：

$$不含税销售额=\frac{含税销售额}{1+增值税税率}$$

（2）销售额中不包括的内容：

1）向购买方收取的销项税额。

2）受托加工应征消费税的消费品所代收代缴的消费税。

3）同时符合以下两个条件的代垫运费：一是承运部门的运费发票开具给购买方的，二是纳税人将该项发票转交给购买方的。

4）同时符合条件的代收政府性基金或者行政事业性收费。

5）销售货物的同时代办保险等而向购买方收取的保险费，以及向购买方收取的代购买方缴纳的车辆购置税、车辆牌照费。

特别提醒

（1）增值税专用发票的销售额是不含税的，不需要换算。

（2）普通发票的销售额是含税的，需要换算。

（3）零售企业的销售额，如果没有特别指明，一般是含税的，需要换算。

（4）价外费用的价格是含税的，需要换算。

【例3-2】 销售农用机械一批，取得不含税销售额430 000元，另收取含税包装费和运输费15 000元。

【解析】

销项税额＝430 000×9%＋15 000÷(1＋9%)×9%

＝39 938.53(元)

（3）折扣折让下销售额的计算见表3-7。

表3-7 折扣折让下销售额的计算

三种折扣折让	税务处理	说明
商业折扣	折扣额可以从销售额中扣减（同一张发票上注明）	目的是促销，如果是实物折扣，应按视同销售中的“无偿赠送”处理，实物款额不能从原销售额中减除
现金折扣	折扣额不得从销售额中减除	发生在销货之后，属于融资行为
销售折让	折让额可以从销售额中减除	目的是保证商业信誉，对已售产品出现品种、质量问题而给予购买方的补偿

【例3-3】 甲企业本月销售给某专卖商店A一批商品，由于货款回笼及时，根据合同规定，给予专卖商店2%的现金折扣，甲企业实际取得不含税销售额245万元。

【解析】

销售额＝245÷98%＝250(万元)

销项税额＝250×13%＝32.5(万元)

【例3-4】 某新华书店批发一批图书，每册标价20元，共计1 000册，由于购买方购买数量多，按七折优惠价格成交，并将折扣部分与销售额开在同一张发票上。10日内付款享受2%的折扣，购买方如期付款。

【解析】

销售额＝20×70%×1 000÷(1＋9%)＝12 844.04(元)

销项税额＝12 844.04×9%＝1 155.96(元)

（4）以旧换新销售。按新货同期销售价格确定销售额，不得扣减旧货收购价格（金银首饰除外）。

【例3-5】 位于某市区的一家百货商场为增值税一般纳税人。2019年4月零售金银首饰取得含税销售额10.17万元，其中包括以旧换新首饰的含税销售额5.65万元。在以旧换新业务中，旧首饰作价的含税金额为3.39万元，百货商场实际收取的含税金额为2.26万元。

【解析】

$$\begin{aligned}销项税额&=(10.17-5.65)\div(1+13\%)\times13\%+2.26\div(1+13\%)\times13\%\\&=0.78(万元)\end{aligned}$$

（5）包装物押金的计算。

1）销售货物收取的包装物押金，如果单独记账核算，时间在1年以内又未过期的，不并入销售额征税。

2）因逾期（1年为限）未收回包装物不再退还的押金，应并入销售额征税。计算公式为：

$$应纳增值税=\frac{逾期押金}{1+增值税税率}\times增值税税率$$

特别提醒

（1）逾期包装物押金为含税收入，需换算成不含税价再并入销售额。

（2）征税税率为所包装货物适用税率。

（3）酒类产品中的啤酒、黄酒按是否逾期处理。啤酒、黄酒以外的其他酒类产品收取的押金，无论是否逾期一律并入销售额征税。

【例3-6】 某啤酒厂为增值税一般纳税人，2019年5月销售啤酒取得销售额800万元，已开具增值税专用发票，收取包装物押金22.6万元，本月逾期未退还包装物押金56.5万元。

【解析】

啤酒包装物押金在逾期时才缴纳增值税。

$$\begin{aligned}销项税额&=800\times13\%+56.5\div(1+13\%)\times13\%\\&=110.5(万元)\end{aligned}$$

【例3-7】 某酒厂为增值税一般纳税人。本月向某小规模纳税人销售白酒，开具普通发票，注明金额93 600元；同时收取单独核算的包装物押金2 000元（尚未逾期），计算酒厂此业务应确认的销项税额。

【解析】

啤酒、黄酒以外的其他酒类产品收取的押金，无论是否逾期一律并入销售额征税。

$$\begin{aligned}销项税额&=(93\,600+2\,000)\div(1+13\%)\times13\%\\&=10\,998.23(元)\end{aligned}$$

2. 房地产企业销项税额的计算

房地产企业中的一般纳税人销售其开发的房地产项目（选择简易计税方法的房地产老项目除外），以取得的全部价款和价外费用扣除当期销售房地产项目对应的土地价款后的余额计算销售额。计算公式为：

$$销售额=\frac{全部价款+价外费用-当期允许扣除的土地价款}{1+增值税税率(9\%)}$$

3. 当期销售额的特殊确定

纳税人有价格明显偏低并无正当理由或者有视同销售货物行为而无销售额的，按下列顺序确定销售额：

（1）按纳税人最近时期同类货物或者同类服务的平均销售价格确定。

（2）按其他纳税人最近时期同类货物或者同类服务的平均销售价格确定。

（3）按组成计税价格确定，计算公式为：

$$组成计税价格=成本\times(1+成本利润率)$$

属于应征消费税的货物，其组成计税价格中应加计消费税额。其公式为：

$$组成计税价格=成本\times(1+成本利润率)+消费税额$$

或

$$=\frac{成本\times(1+成本利润率)}{1-消费税税率}$$

式中，成本是指自产货物的实际生产成本或外购货物的实际采购成本。成本利润率由国家税务总局确定，通常为10%。

【例3-8】 企业职工俱乐部领用本企业生产的空调器5台，生产成本为每台8 000元，售价为每台10 000元。作为职工福利，发给职工抽油烟机400台，生产成本为每台200元，售价为每台250元。

【解析】

将自产的产品作为集体福利，应视同销售。

$$销项税额=5\times10\,000\times13\%+400\times250\times13\%$$
$$=19\,500(元)$$
$$计入固定资产=5\times8\,000+6\,500=46\,500(元)$$
$$计入应付福利费=400\times200+13\,000=93\,000(元)$$

3.6.2 进项税额的计算

1. 准予从销项税额中抵扣的进项税额

（1）以票抵扣。以票抵扣，即取得法定扣税凭证，并符合税法抵扣规定的进项税额。

包括：

1）从销售方取得的增值税专用发票（含税控机动车销售统一发票）上注明的增值税税额。

2）从海关取得的海关进口增值税专用缴款书上注明的增值税税额。

3）从境外单位或者个人购进服务、无形资产或者不动产，自税务机关或者扣缴义务人取得的解缴税款的完税凭证上注明的增值税税额。

4）纳税人购进国内旅客运输服务，其进项税额允许从销项税额中抵扣。纳税人未取得增值税专用发票的，暂按照以下规定确定进项税额：①取得增值税电子普通发票的，为发票上注明的税额。②取得注明旅客身份信息的航空运输电子客票行程单的，为按照下列公式计算的进项税额：航空旅客运输进项税额＝(票价＋燃油附加费)÷(1＋9％)×9％。③取得注明旅客身份信息的铁路车票的，为按照下列公式计算的进项税额：铁路旅客运输进项税额＝票面金额÷(1＋9％)×9％。④取得注明旅客身份信息的公路、水路等其他客票的，为按照下列公式计算进项税额：公路、水路等其他旅客运输进项税额＝票面金额÷(1＋3％)×3％。

特别提醒

纳税人凭完税凭证抵扣进项税额的，应当具备书面合同、付款证明和境外单位的对账单或者发票。资料不全的，其进项税额不得从销项税额中抵扣。

（2）计算抵扣。

1）外购免税农产品的进项税额的计算。取得（开具）农产品销售发票或收购发票的，以农产品销售发票或收购发票上注明的农产品买价和9％的扣除率计算进项税额，纳税人购进用于生产销售或委托加工13％税率货物的农产品，按照10％的扣除率计算进项税额。

在生产领用当期，按10％与9％之间的差额，计算当期可加计扣除的农产品进项税额。计算公式为：

$$\text{加计扣除农产品进项税额}=\frac{\text{当期生产领用农产品已按 9\% 税率(扣除率)抵扣税额}}{9\%}\times(10\%-9\%)$$

买价包括纳税人购进农产品在农产品收购发票或销售发票上注明的价款。

一般情况下的进项税额＝买价×9％

特殊情况下的烟叶收购金额＝收购价款×(1＋10％①)

应纳烟叶税税额＝收购金额×20％

烟叶进项税额＝(收购金额＋烟叶税)×9％

一般纳税人发生财政部和国家税务总局规定的特定应税行为，可选择简易计税方法，

① 10％为价外补贴。

也可选择一般计税方法。但对一项特定应税行为，一般纳税人一经选择适用简易计税方法的，在选定后的36个月内不得再变更计税方法。

特别提醒

农产品收购发票是计算抵扣，不是认证或者勾选抵扣。收购发票的样式同增值税普通发票，特点是发票左上角会打上“收购”两个字。

【例3-9】 某食品加工厂为一般纳税人，购进某农场自产玉米，收购凭证上注明价款为65 830元。

【解析】

进项税额＝65 830×9%＝5 924.7(元)

采购成本＝65 830×(1－9%)＝59 905.3(元)

2）自2019年4月1日起，纳税人取得不动产或者不动产在建工程的进项税额不再分2年抵扣，可以一次性在购入当期抵扣。

已抵扣进项税额的不动产，发生非正常损失，或者改变用途，专用于简易计税方法计税项目、免征增值税项目、集体福利或者个人消费的，按照下列公式计算不得抵扣的进项税额，并从当期进项税额中扣减：

$$\text{不得抵扣的进项税额}=\text{已抵扣进项税额}\times\text{不动产净值率}$$

$$\text{不动产净值率}=\frac{\text{不动产净值}}{\text{不动产原值}}\times 100\%$$

按照规定不得抵扣进项税额的不动产，发生用途改变，用于允许抵扣进项税额项目的，按照下列公式在改变用途的次月计算可抵扣进项税额：

$$\text{可抵扣进项税额}=\text{增值税扣税凭证注明或计算的进项税额}\times\text{不动产净值率}$$

2. 一般纳税人可以抵扣进项税额的注意事项

在实际工作中，一般纳税人的增值税进项税额抵扣需要注意下列事项：

(1) 需注意纳税人的身份。增值税一般纳税人取得增值税专用发票，可进行进项税额抵扣，而小规模纳税人只能取得增值税普通发票，不得抵扣进项税额。

(2) 需注意增值税计税方法。如果增值税一般纳税人的单位或者项目采用简易计税方法，不得抵扣进项税额。

特别提醒

增值税一般纳税人采用一般计税方法，或采用一般计税方法同时采用简易计税方法计税的，都可以抵扣进项税额。

(3) 需注意增值税扣税凭证是否符合规定。符合抵扣条件的增值税一般纳税人，取得符合条件的增值税扣税凭证，才能抵扣进项税额。增值税扣税凭证包括增值税专用发票（包括机动车销售统一发票）、海关进口增值税专用缴款书、农产品收购发票、农产品销售发票、税收缴款凭证、道路桥闸通行费发票。

特别提醒

2018年7月27日起，财政部和国家税务总局联合下发通知，对实行增值税期末留抵退税的纳税人，允许其从城市维护建设税、教育费附加和地方教育附加的计税（征）依据中扣除退还的增值税税额。

（4）需注意增值税票面的开票信息符合开具要求。如果是下列不符合要求的不能进行抵扣：专用章未按规定加盖，加盖多次，发票专用章样式错误，货物或应税劳务名称不符合开票规定，备注栏填写信息不符合开票规定等。

（5）需注意购买的货物或应税劳务有部分不允许进行抵扣。属于不能抵扣的项目，如用于集体福利或者个人消费；属于免税项目、简易计税项目；购进贷款服务、餐饮服务等，即便取得增值税专用发票等扣税凭证，也不能作为进项税额抵扣。

（6）自2019年4月1日起，纳税人购进国内旅客运输服务的进项税额允许抵扣。现行政策未对除增值税专用发票以外的国内旅客运输服务凭证设定抵扣期限。

（7）增值税一般纳税人取得2017年1月1日及以后开具的增值税专用发票、海关进口增值税专用缴款书、机动车销售统一发票、收费公路通行费增值税电子普通发票，取消认证确认、稽核比对、申报抵扣的期限。纳税人进行增值税纳税，一般情况下，小规模纳税人申报时，应当通过本省（自治区、直辖市和计划单列市）增值税发票综合服务平台对上述扣税凭证信息进行用途确认。如果取得2016年12月31日及以前开具的增值税专用发票、海关进口增值税专用缴款书、机动车销售统一发票，则超过认证确认、稽核比对、申报抵扣期限，但符合规定条件的可以抵扣。

（8）企业购进农产品，属于以下几种情况的进项税额可抵扣：1）取得一般纳税人开具的增值税发票或海关进口增值税专用缴款书，以票面增值税税额为进项税额。2）取得小规模纳税人开具的增值税专用发票，以增值税专用发票上注明的不含税金额乘以9%为进项税额。3）取得自开或代开农产品收购发票，以农产品收购发票上注明的金额乘以9%为进项税额。4）取得自产农产品销售发票，以农产品发票上注明的金额乘以9%为进项税额。5）按照农产品收购发票或者销售发票上注明的农产品买价和10%或9%的扣除率计算的进项税额（2019年4月1日开始，纳税人购进农产品，原适用10%扣除率的，扣除率调整为9%；纳税人购进用于生产或者委托加工13%税率货物的农产品，按照10%的扣除率计算进项税额）。

特别提醒

纳税人从批发、零售环节购进适用免征增值税政策的蔬菜、部分鲜活肉蛋等取得的普通发票，不得作为计算抵扣进项税额的扣税凭证。

（9）自 2018 年 1 月 1 日起，纳税人租入固定资产、不动产，既用于一般计税方法计税项目，又用于简易计税方法计税项目、免征增值税项目、集体福利或者个人消费的，其进项税额准予从销项税额中全额抵扣。

3.6.3 进项税额转出

1. 不得从销项税额中抵扣的进项税额

纳税人支付的所有进项税额并不是都可以从销项税额中抵扣，具体包括：

（1）纳税人取得的增值税扣税凭证不符合法律、行政法规或者国家税务总局有关规定的。纳税人凭完税凭证抵扣进项税额的，应当具备书面合同、付款证明和境外单位的对账单或者发票。资料不全的，其进项税额不得从销项税额中抵扣。

例如，A 企业为增值税一般纳税人，2016 年 6 月境外 B 企业向其提供咨询服务，A 企业在主管税务机关为 B 企业代扣代缴增值税 6 000 元，但 A 企业不能提供与该业务相关的境外单位的对账单或者发票，其进项税额不得抵扣。

（2）用于简易计税方法项目的购进货物、加工修理修配劳务、服务、无形资产和不动产。一般纳税人发生财政部和国家税务总局规定的特定应税行为时，可选择简易计税方法。适用简易计税方法的一般纳税人，其取得的用于简易计税方法项目的进项税额不得抵扣。例如，房地产开发企业一般纳税人销售自行开发的房地产老项目、一般纳税人为建筑工程老项目提供的建筑服务等。

（3）用于免征增值税项目的购进货物、销售服务、无形资产和不动产。免征增值税项目是指财政部及国家税务总局规定的免征增值税的项目，如养老机构提供的养老服务、婚姻介绍服务、从事学历教育的学校提供的教育服务、农业生产者销售的自产农产品等。

适用一般计税方法的纳税人，兼营简易计税方法计税项目、免征增值税项目而无法划分不得抵扣进项税额的，按照下列公式计算不得抵扣的进项税额：

$$\text{不得抵扣的进项税额}=\text{当期无法划分的全部进项税额}\times\frac{\text{当期简易计税方法计税项目销售额}+\text{免征增值税项目销售额}}{\text{当期全部销售额}}$$

【例 3-10】 某企业为一般纳税人，提供货物运输服务和装卸搬运服务，其中货物运输服务适用一般计税方法，装卸搬运服务适用简易计税方法。该纳税人 2019 年 5 月缴纳当月电费 11.3 万元，取得增值税专用发票并于当月认证抵扣，且该进项税额无法在货物运输服务和装卸搬运服务间划分。该纳税人当月取得货物运输不含税收入 6 万元，装卸搬运服务不含税收入 4 万元。

【解析】

纳税人因兼营简易计税项目而无法划分所取得进项税额的，计算不得抵扣的进项税额，即在会计处理上作进项税额转出。

$$\begin{aligned}\text{进项税额转出}&=113\,000\div(1+13\%)\times40\,000\div(40\,000+60\,000)\\&=40\,000(\text{元})\end{aligned}$$

（4）用于集体福利的购进货物、销售服务、无形资产和不动产。集体福利是指纳税人为内部职工提供的各种内设福利部门所发生的设备、设施等费用，包括职工食堂、职工浴室、理发室、医务所、托儿所、疗养院等集体福利部门的设备、设施及维修保养费用。

【例3-11】 某企业为一般纳税人，2019年5月购进一栋楼用作职工宿舍，购进含税价为1 110万元，已取得增值税专用发票并于当月勾选认证。

【解析】

纳税人取得不动产用于集体福利，一开始将相应的增值税税额列入进项税额，现在需将进项税额转出。同时，即使能抵扣的增值税，本月勾选认证本月的增值税进项税额时也不能抵扣上月的销项税额。

$$\text{进项税额转出}=11\,100\,000\div(1+9\%)\times 9\%=916\,513.76(\text{元})$$

（5）用于个人消费的购进货物、销售劳务、无形资产和不动产。个人消费是指纳税人内部职工个人消费的货物、劳务及服务等所发生的费用，如交际应酬消费、职工个人的车辆加油费等。纳税人的交际应酬消费属于个人消费。

若纳税人取得的进项税额同时用于正常缴纳增值税项目和简易计税方法项目、免征增值税项目、集体福利或者个人消费，则进项税额可以抵扣。

（6）非正常损失的购进货物及销售服务。非正常损失的购进货物是指因管理不善造成货物被盗、丢失、霉烂变质，以及因违反法律法规造成货物被依法没收、销毁、拆除的。

（7）非正常损失的在产品、产成品所耗用的购进货物（不包括固定资产）、加工修理修配劳务和交通运输服务。非正常损失的在产品、产成品所耗用的购进货物、加工修理修配劳务和交通运输服务，即因管理不善造成在产品、产成品被盗、丢失、霉烂变质，以及因违反法律法规造成在产品、产成品被依法没收、销毁、拆除的，该在产品、产成品所耗用的购进货物和服务所对应的进项税额不得抵扣。

【例3-12】 某企业为一般纳税人，生产食品，适用一般计税方法。2019年6月其某批次在产品的60%因违法国家法律法规被依法没收，该批次在产品所耗用的购进货物成本为10万元，发生运费1万元，已于购进当月认证抵扣。

【解析】

$$\text{进项税额转出}=(100\,000\times 13\%+10\,000\times 9\%)\times 60\%=8\,340(\text{元})$$

（8）非正常损失的不动产，以及该不动产所耗用的购进货物、设计服务和建筑服务。非正常损失的不动产，即因管理不善造成不动产被盗、丢失、霉烂变质，以及因违反法律法规造成不动产被依法没收、销毁、拆除的，该不动产以及该不动产所耗用的购进货物、设计服务和建筑服务所对应的进项税额不得抵扣。

（9）非正常损失的不动产在建工程所耗用的购进货物、设计服务和建筑服务。纳税人新建、改建、扩建、修缮、装饰不动产，均属于不动产在建工程。因管理不善造成不动产在建工程被盗、丢失、霉烂变质，以及因违反法律法规造成不动产在建工程被依法没收、销毁、拆除的，该不动产在建工程所耗用的购进货物、设计服务和建筑服务所对应的进项税额不得抵扣。

（10）购进的旅客运输服务。旅客运输服务是指客运服务，包括通过陆路运输、水路运输、航空运输为旅客个人提供的客运服务。纳税人取得的旅客运输服务的进项税额不得抵扣。

（11）购进的贷款服务。贷款服务是指将资金贷与他人使用而取得利息收入的业务活动。例如银行提供的贷款服务、金融商品持有期间的利息收入、信用卡透支的利息收入、买入返售金融商品的利息收入、融资融券收取的利息收入，以及融资性售后回租、押汇、罚息、票据贴现、转贷等业务取得的利息及利息性质的收入。纳税人取得的贷款服务的进项税额不得抵扣。

（12）购进的餐饮服务。餐饮服务是指通过同时提供饮食和饮食场所的方式为消费者提供饮食消费服务的业务活动。纳税人取得的餐饮服务的进项税额不得抵扣。

（13）购进的居民日常服务。居民日常服务是指主要为满足居民个人及其家庭日常生活需求提供的服务，包括市容市政管理、家政、婚庆、养老、殡葬、照料和护理、救助救济、美容美发、按摩、桑拿、氧吧、足疗、沐浴、洗染、摄影扩印等服务。纳税人取得的居民日常服务的进项税额不得抵扣。

（14）购进的娱乐服务。娱乐服务是指为娱乐活动同时提供场所和服务的业务，具体包括歌厅、舞厅、夜总会、酒吧、台球、高尔夫球、保龄球、游艺（包括射击、狩猎、跑马、游戏机、蹦极、卡丁车、热气球、动力伞、射箭、飞镖）。纳税人取得的娱乐服务的进项税额不得抵扣。

2. 不可抵扣进项税额的具体项目

不可抵扣进项税额的项目一般只能得到增值税普通发票或者定额发票。退一步说，即便得到增值税专用发票，也不得抵扣。不可抵扣增值税进项税额的项目见表3-8。

表3-8　不可抵扣增值税进项税额的项目

序号	常见报销事项	得到发票类型	能否抵扣进项税额
1	招待费	增值税普通发票	不能抵扣进项税额
2	差旅费中的餐饮、交通费		
3	会议费中的餐饮费		
4	职工福利费		
5	鲜活肉产品、鲜活蛋产品		
6	停车费	增值税定额发票	
7	ETC充值	增值税普通发票	

【例3-13】 下列选项中不得从销项税额中抵扣进项税额的有（　　）。

A. 购进的餐饮服务

B. 非正常损失的购进货物

C. 个人消费的购进货物

D. 购进作为固定资产自用的摩托车

【解析】

答案：ABC

【例 3-14】 某企业是增值税一般纳税人，适用一般税率13%，2019年6月有关生产经营业务如下：

（1）月初外购货物一批，支付增值税进项税额24万元，中下旬因管理不善造成该批货物一部分发生霉烂变质，经核实造成25%的损失。

（2）外购的动力燃料支付增值税进项税额20万元，一部分用于应税项目，一部分用于免税项目，无法分开核算。

（3）销售应税货物取得不含增值税销售额700万元，销售免税货物取得销售额300万元。

【解析】

(1)外购货物可抵扣的进项税额＝24－24×25%＝24－6＝18(万元)

(2)销售货物可抵扣的进项税额＝20－20×300÷(700＋300)＝14(万元)

(3)当月可抵扣的进项税额＝18＋14＝32(万元)

【例 3-15】 某广告公司为增值税一般纳税人，1月10日与客户签订了一份广告代理合同，合同含税价为1 060万元，该广告公司又与某电视台签订了广告发布合同，合同金额为636万元。现代服务业税率为6%。

【解析】

不含税价＝1 060÷(1＋6%)＝1 000(万元)

销项税额＝1 000×6%＝60(万元)

【例 3-16】 某运输企业为增值税一般纳税人，2019年5月取得运输收入163.5万元（含税），当月发生联运支出，取得的货物运费增值税专用发票上注明的价款为50万元，增值税为4.5万元；当月购入运输车辆，取得的机动车销售统一发票上注明的增值税为3.4万元；当月因管理不善造成上月购入的汽油（已抵扣过进项税额）丢失，账面成本为10万元。

【解析】

应纳增值税＝163.5÷(1＋9%)×9%－(4.5＋3.4)＋10×13%

＝6.9(万元)

【例 3-17】 某客运站5月提供客运服务收入和价外费用共计106万元，其中支付给运输公司84.8万元。

【解析】

不含税价＝(106－84.8)÷(1＋6%)＝20(万元)

销项税额＝20×6%＝1.2(万元)

【例 3-18】 某建筑企业为增值税一般纳税人，在本区提供建筑修缮服务，采用一般计税方法，给对方开具了增值税普通发票，销售额为109万元。

【解析】

不含税价＝109÷(1＋9%)＝100(万元)

销项税额＝100×9%＝9(万元)

【例 3-19】 某餐饮连锁企业为增值税一般纳税人，10月营业额为200万元，该月购买适用9%税率的面粉、油、自来水等原材料17.699万元，增值税税额为1.593万元；购买适用13%税率的酒水、饮料等原材料8.547万元，增值税税额为1.111万元，均取得增值税专用发票。

【解析】

销项税额＝200÷(1＋6%)×6%＝11.321(万元)

进项税额＝1.593＋1.111＝2.704(万元)

应纳增值税＝11.321－2.704＝8.617(万元)

3.6.4 差额纳税计算

根据国家税务总局陆续发布的营改增的有关规定，共有13种情况涉及增值税差额征税，其业务主要是：金融商品转让、经纪代理服务、航空运输服务、客运场站服务、旅游服务、建筑服务、房地产企业销售商品房、劳务派遣服务、人力资源外包服务、转让营改增前取得的土地使用权、融资租赁和融资性售后回租、物业公司水费的差额征收、安保服务等。

以下主要介绍其中几种业务的差额纳税计算。

1. 金融商品转让

金融商品转让，按照卖出价扣除买入价后的余额为销售额。若相抵后出现负差，可结转下一纳税期与下期转让金融商品销售额相抵，但年末时仍出现负差的，不得转入下一个会计年度。金融商品的买入价，可以选择按照加权平均法或者移动加权平均法进行核算，选择后36个月内不得变更。

【例3-20】 某增值税一般纳税人2016年5月买入国债，买入价为30万元，2016年12月卖出，卖出价为35万元。

【解析】

不含税销售额＝(35－30)÷(1＋6%)＝4.72(万元)

应纳增值税＝4.72×6%＝0.28(万元)

2. 经纪代理服务

经纪代理服务，以取得的全部价款和价外费用，扣除向委托方收取并代为支付的政府性基金或者行政事业性收费后的余额为销售额。向委托方收取的政府性基金或者行政事业性收费，不得开具增值税专用发票。

特别提醒

如果经纪代理业务中代收的政府性基金或者行政事业性收费，政府相关职能部门直接开具行政事业性收费专用票据给客户，经纪代理公司无需确认收入，无需自行就代收部分开具发票，只需要将政府票据转交即可。

如果政府将票据开给经纪代理公司，代理公司必须确认全部收入，同时享受差额征税政策。

3. 航空运输服务

航空运输服务的销售额不包括代收的机场建设费和代售其他航空运输企业客票而代收转付的价款。

特别提醒

实际上，这两种代收费用均属于代收性质，因此不包含在销售额中，不应该作为收入处理。

特别提醒

旅客运输服务取得发票方不能抵扣进项税额。

4. 客运场站服务

一般纳税人提供客运场站服务，以其取得的全部价款和价外费用，扣除支付给承运方运费后的余额为销售额。

特别提醒

一般纳税人的客运场站服务属于物流辅助服务，税率为 6%，而交通运输服务税率为 10%，客运服务运费进项税额不能抵扣，因此允许作为差额扣除。小规模纳税人提供客运场站服务不能差额征税。

5. 旅游服务

一般纳税人提供旅游服务，可以选择以取得的全部价款和价外费用，扣除向旅游服务购买方收取并支付给其他单位或者个人的住宿费、餐饮费、交通费、签证费、门票费和支付给其他接团旅游企业的旅游费用后的余额为销售额。

6. 建筑服务

一般纳税人提供建筑服务适用简易计税方法的，以取得的全部价款和价外费用扣除支付的分包款后的余额为销售额。

（1）一般纳税人老项目（2016 年 4 月 30 日以前的项目）选择简易计税。

（2）小规模纳税人采用简易计税，也可以差额征税。

7. 房地产企业销售商品房

房地产企业中的一般纳税人销售其开发的房地产项目（选择简易计税方法的房地产老项目除外），以取得的全部价款和价外费用，扣除受让土地时向政府部门支付的土地价款后的余额为销售额。

特别提醒

土地价款扣除包括出让金和折迁补偿款。

【例3-21】 A建筑公司为增值税一般纳税人，采用简易计税方法。收取B公司工程款100万元，支付C公司分包款80万元，开具增值税专用发票。

【解析】

差额纳税申报税额＝(1 000 000－800 000)÷(1＋3%)×3%

＝5 825.24(元)

票面增值税＝1 000 000÷(1＋3%)×3%＝29 126.21(元)

不含税价＝1 000 000－29 126.21＝970 873.79(元)

纳税人以契税计税金额进行差额扣除的，按照下列公式计算增值税应纳税额：

(1) 2016年4月30日及以前缴纳契税的。

$$\text{应纳税额}=\left[\begin{matrix}\text{全部交易价格}\\\text{（含增值税）}\end{matrix}-\begin{matrix}\text{契税计税金额}\\\text{（含营业税）}\end{matrix}\right]\div(1+5\%)\times5\%$$

(2) 2016年5月1日及以后缴纳契税的。

$$\text{应纳税额}=\left[\begin{matrix}\text{全部交易价格}\\\text{（含增值税）}\end{matrix}\div(1+5\%)-\begin{matrix}\text{契税计税金额}\\\text{（不含增值税）}\end{matrix}\right]\times5\%$$

纳税人同时保留取得不动产时的发票和其他能证明契税计税金额的完税凭证等资料的，应当凭发票进行差额扣除。

8. 劳务派遣服务

劳务派遣服务是指劳务派遣公司为了满足用工单位对于各类灵活用工的需求，将员工派遣至用工单位，接受用工单位管理并为其工作的服务。

一般纳税人提供劳务派遣服务，可以取得的全部价款和价外费用为销售额，按照一般计税方法计算缴纳增值税；也可以选择差额纳税，以取得的全部价款和价外费用，扣除代用工单位支付给劳务派遣员工的工资、福利和为其办理的社会保险及住房公积金后的余额为销售额，按照简易计税方法依5%的征收率计算缴纳增值税。

小规模纳税人提供劳务派遣服务，可以取得的全部价款和价外费用为销售额，按照简易计税方法依3%的征收率计算缴纳增值税；也可以选择差额纳税，以取得的全部价款和价外费用，扣除代用工单位支付给劳务派遣员工的工资、福利和为其办理社会保险及住房公积金后的余额为销售额，按照简易计税方法依5%的征收率计算缴纳增值税。

特别提醒

选择差额纳税的纳税人，向用工单位收取用于支付给劳务派遣员工工资、福利和为其办理社会保险及住房公积金的费用，不得开具增值税专用发票，可以开具普通发票。

【例3-22】 A公司为劳务派遣公司，5月份向B公司派遣劳务人员提供劳务服务，收取服务费10 500元，其中支付给劳务派遣员工的工资、福利和为其办理的社会保险及住房公积金为6 300元。

【解析】

销售额＝10 500－6 300＝4 200(元)

应纳增值税＝4 200÷(1＋5%)×5%＝200(元)

9. 人力资源外包服务

纳税人提供人力资源外包服务，按照经纪代理服务缴纳增值税，其销售额不包括受客户单位委托代为向客户单位员工发放的工资和代理缴纳的社会保险、住房公积金。向委托方收取并代为发放的工资和代理缴纳的社会保险、住房公积金，不得开具增值税专用发票，可以开具普通发票。

一般纳税人提供人力资源外包服务，可以选择适用简易计税方法，按照5%的征收率计算缴纳增值税。

特别提醒

无论是一般计税方法还是简易计税方法，人力资源外包均可享受差额征税政策。

3.6.5 一般纳税人销售自己使用过的固定资产和物品的计算

1. 一般纳税人销售自己使用过的固定资产

(1) 销售抵扣过进项税额且在2009年1月1日后购进的固定资产，按适用税率13%征税。

(2) 销售属于按规定不得抵扣进项税额，并在2009年1月1日后购进应抵扣而未抵扣的固定资产，按照简易办法依3%征收率减按2%征收增值税。

(3) 销售2009年1月1日前购进的固定资产，按照简易办法依3%征收率减按2%征收增值税。

特别提醒

一般纳税人销售自己使用过的固定资产，如果属于按简易办法依2%征收率征收增值税政策的，应开具普通发票，不得开具增值税专用发票。

2. 一般纳税人销售自己使用过除固定资产外的其他物品

一般纳税人销售自己使用过除固定资产外的其他物品，按适用税率13%征税。

【例3-23】 东部地区某公司2×19年5月出售A型和B型两台使用过的用于生产应税货物的机器。

(1) A机器于2×12年8月购入，原值100 000元，预计残值5%，采用直线法计提折旧，已提折旧66 500元，以价税合计40 000元出售。

(2) B机器于2×13年2月购入，进项税额已抵扣，已提折旧61 750元，预计残值5%，以价税合计45 000元出售。

支持疫情防控和经济社会发展的货物劳务税（进出口税收）政策有关问题及解答

【解析】

(1) 出售A机器按简易办法依征税率3%减按2%征收增值税。

应纳增值税＝40 000÷(1＋3%)×2%＝776.70(元)

(2) 出售B机器按一般计税方法依适用税率计算。

销项税额＝45 000÷(1＋13%)×13%＝5 176.99(元)

3.6.6 进口增值税的计算

1. 自行申报进口的增值税

凡是申报进入我国海关境内的货物，均应缴纳进口环节增值税，由我国海关代征。

纳税人进口货物，按照组成计税价格与国内货物13%或9%的税率计算应纳税额，其计算公式为：

应纳进口增值税＝组成计税价格×增值税税率

组成计税价格＝关税完税价格＋关税

或 ＝关税完税价格＋关税＋消费税

$$\text{消费税}=\frac{\text{关税完税价格}+\text{关税}}{1-\text{消费税税率}}\times\text{消费税税率}$$

关税＝关税完税价格×关税税率

进口货物的关税完税价格是以该货物运抵我国的到岸价格为依据的，包括买价、货物运抵我国关境内输入地点起卸前的包装费、运费、保险费和其他劳务费等。

【例3-24】 某外贸公司某月从美国进口一批货物，当地购买价为10万美元，运抵我国上海口岸支付包装费1 500美元、运费9 000美元、保险费150美元、有关手续费500美元。该进口货物的关税税率为50%，消费税税率为5%，增值税税率为13%（假定外汇牌价为USD100＝CNY700）。

【解析】

关税完税价格＝(100 000＋1 500＋9 000＋150＋500)×7＝778 050(元)

进口关税＝778 050×50%＝389 025(元)

$$进口消费税=\frac{778\ 050+389\ 025}{1-5\%}\times 5\%=61\ 425(元)$$

组成计税价格＝778 050＋389 025＋61 425＝1 228 500(元)

进口增值税＝1 228 500×13%＝159 705(元)

2. 在境内未设有经营机构的增值税

境外单位或个人在境内发生应税行为，在境内未设有经营机构的，以购买方为增值税扣缴义务人。

【例3-25】 设立于中国香港的B公司将K品牌授权给设立于中国内地的增值税一般纳税人A公司使用，按照约定，A公司按照销售额的3%支付特许权使用费给B公司，扣除相关税费后按季支付。2013年第四季度A公司的销售额为1 000万元，应付税前特许权使用费30万元。假设增值税适用税率为6%，预提所得税税率为10%，附加税费合计为增值税税额的12%（城市维护建设税7%，教育费附加3%，地方教育附加2%）。

【解析】

(1) 代扣代缴增值税的计算。

$$代扣代缴增值税=\frac{接受方支付的价款}{1+增值税税率}\times 增值税税率$$

$$=\frac{300\ 000}{1+6\%}\times 6\%=16\ 981.13(元)$$

(2) 代扣代缴附加税费的计算。

代扣代缴附加税费＝16 981.13×12%＝2 037.74(元)

(3) 代扣代缴预提所得税的计算。计算企业所得税时，应以不含增值税的收入全额作为应纳税所得额。

代扣代缴预提所得税＝300 000÷(1＋6%)×10%＝28 301.89(元)

3.7 增值税的简易计税

3.7.1 一般纳税人的简易计税

1. 简易计税方法需要报送的资料

(1)《增值税一般纳税人简易征收备案表》2份。

（2）一般纳税人选择简易办法征收备案事项说明。

（3）选择简易征收的产品、服务符合条件的证明材料，或者企业符合条件的证明材料。

上述复印件应注明“与原件相符”字样并由纳税人签章。如果报送资料齐全，符合法定形式，填写内容完整，主管税务机关受理后即时办结。

2. 简易计税方法下的增值税计算

简易计税方法下的应纳税额，是指按照销售额和增值税征收率计算的增值税税额。计算公式为：

$$应纳税额=销售额\times征收率$$

式中，销售额不包括其应纳税额。

纳税人采用销售额和应纳税额合并定价方法的（即含税价），计算公式为：

$$销售额=\frac{含税销售额}{1+征收率}$$

特别提醒

纳税人适用简易计税方法的，因销售折让、中止或者退回而退还给购买方的销售额，应当从当期销售额中扣减。扣减当期销售额后仍有余额，造成多缴的税款，可从以后的应纳税额中扣减。

营改增一般纳税人的简易计税项目明细表见表3-9。

表3-9　营改增一般纳税人的简易计税项目明细表

税目	基本税率	简易计税项目		销售额差额计算项目
		一般纳税人可选择简易计税项目	征收率	
交通运输服务	9%	公共交通运输服务	3%	航空运输企业代收的机场建设费和代收转付的客票价款可差额扣除
现代服务	6%	经认定的动漫企业为开发动漫产品提供服务、电影放映、仓储、装卸搬运、收派服务	3%	客运场站服务（仅一般纳税人）； 经纪代理服务
不动产租赁	9%	试点前取得的不动产经营租赁	5%	融资租赁
		公路经营企业中的一般纳税人收取试点前开工的高速公路的车辆通行费	5% （减按3%）	
		个人出租住房	5% （减按1.5%）	

续表

税目	基本税率	简易计税项目		销售额差额计算项目
		一般纳税人可选择简易计税项目	征收率	
有形动产租赁	13%	2012年9月30日前取得的有形动产为标的物提供的经营租赁； 2012年9月30日前签订的尚未执行完毕的有形动产租赁合同	3%	融资租赁
电信服务	基础电信9% 增值电信6%	—	3%	—
邮政服务	9%	—	3%	—
建筑服务	9%	清包工、甲供工程、老项目	3%	简易计税项目的总包方
金融服务	6%	2012年9月30日前签订的尚未执行完毕的有形动产租赁合同（融资性售后回租）	3%	金融商品转让、融资性售后回租
生活服务	6%	文化体育服务	3%	旅游服务
销售无形资产	6%	境内转让动漫版权	3%	—
其中：转让土地使用权	9%	—	3%	—
销售不动产	9%	销售试点前取得的不动产； 房地产企业销售自行开发的房地产老项目	5%	销售试点前取得（非自建）的不动产； 房地产开发项目（限一般计税方法）

特别提醒

自2018年5月1日起，增值税一般纳税人生产销售和批发、零售抗癌药品，可选择按照简易办法依照3%征收率计算缴纳增值税。上述纳税人选择简易办法计算缴纳增值税后，36个月内不得变更。自2018年5月1日起，对进口抗癌药品，减按3%征收进口环节增值税。

【例3-26】 A演艺公司为增值税一般纳税人，2019年5月举办文艺表演5场，取得门票收入106万元，A演艺公司5月购买背景布、音响道具、钢构舞台等取得的增值税专用发票上注明税额合计3万元。

【解析】

增值税一般纳税人提供文化体育服务可选择简易计税方法。

（1）按一般计税方法。

销项税额＝106÷(1＋6%)×6%＝6(万元)

应纳增值税=6－3=3(万元)

(2) 按简易计税方法。

应纳增值税=106÷(1+3%)×3%=3.09(万元)

【例3-27】 某会计培训学校为一般纳税人，5月提供非学历教育服务获得含税服务收入26万元，该培训学校选择适用简易计税方法。

【解析】

一般纳税人提供非学历教育服务、教育辅导服务，可以选择适用简易计税方法按照3%征收率计算应纳税额。

应纳增值税=260 000÷(1+3%)×3%=7 572.82(元)

3. 建筑服务业选择简易计税方法应纳税额的计算

(1) 建筑服务业选择简易计税的方式。

1) 一般纳税人以清包工方式提供的建筑服务。

2) 一般纳税人为甲供工程提供的建筑服务。

3) 一般纳税人为建筑工程老项目提供的建筑服务。

4) 总承包单位为房屋建筑提供部分工程服务。

解释

(1) 以清包工方式提供建筑服务，是指施工方不采购建筑工程所需的材料或只采购辅助材料，并收取人工费、管理费或者其他费用的建筑服务。

(2) 甲供工程，是指全部或部分设备、材料、动力由工程发包方自行采购的建筑工程。

(3) 建筑工程老项目，是指：1) 建筑工程施工许可证注明的合同开工日期在2016年4月30日前的建筑工程项目；2) 未取得建筑工程施工许可证的，建筑工程承包合同注明的开工日期在2016年4月30日前的建筑工程项目。

(4) 建筑工程总承包单位为房屋建筑的地基与基础、主体结构提供工程服务，是指建设单位自行采购全部或部分钢材、混凝土、砌体材料、预制构件。

特别提醒

建筑服务业可以选择其中一个项目实行简易计税方法。

(2) 建筑服务业采用简易计税方法的增值税计算。

销售额为以取得的全部价款和价外费用扣除支付的分包款后的余额。

销售额=全部价款+价外费用－分包款

应纳税额=销售额×3%

特别提醒

从2019年10月1日起，取消建筑服务简易计税项目备案：提供建筑服务的一般纳税人按规定适用或选择适用简易计税方法计税的，不再实行备案制。

以下证明材料无需向税务机关报送，改为自行留存备查：

（1）为建筑工程老项目提供的建筑服务，留存《建筑工程施工许可证》或建筑工程承包合同；

（2）为甲供工程提供的建筑服务、以清包工方式提供的建筑服务，留存建筑工程承包合同。

解释

可以扣除分包款的合法有效凭证是：（1）从分包方取得的2018年4月30日前开具的建筑业营业税发票。（2）从分包方取得的2016年5月1日后开具的，备注栏注明建筑服务发生地所在县（市、区）、项目名称的增值税发票。（3）国家税务总局规定的其他凭证。

【例3-28】 某企业在异地洱源县提供工程服务，属于甲供方式，该企业选择简易计税方法，含税销售额为103万元，给对方开具了增值税普通发票。

【解析】

由于是在异地洱源县提供工程服务，需要向洱源县税务局预缴税款。

预缴税款＝103÷(1＋3%)×3%＝3(万元)

销售额＝103÷(1＋3%)＝100(万元)

销项税额＝100×3%＝3(万元)

【例3-29】 甲建筑公司为增值税一般纳税人，2018年5月1日以清包工方式承接A工程项目（或为甲供工程提供建筑服务），5月30日发包方按工程进度支付工程价款222万元，该项目当月发生工程成本100万元，其中购买材料、动力、机械等取得的增值税专用发票上注明的金额为50万元。甲建筑公司对A工程项目选用简易计税方法计算应纳税额。

【解析】

企业以清包工方式提供建筑服务或为甲供工程提供建筑服务，可选用简易计税方法，其进项税额不能抵扣。

应纳增值税＝222÷(1＋3%)×3%＝6.47(万元)

表3-10归纳了建筑业营改增的政策要点。

表3-10 建筑业营改增政策要点明细表

<table>
<tr><th colspan="2" rowspan="2">纳税人资格类型</th><th rowspan="2">施工类型</th><th rowspan="2">计税方法</th><th colspan="2">发票开具</th><th rowspan="2">申报</th><th rowspan="2">预缴</th></tr>
<tr><th>普通发票</th><th>专用发票</th></tr>
<tr><td colspan="2" rowspan="4">一般纳税人</td><td rowspan="2">总包方</td><td>一般计税</td><td rowspan="2">自行开具</td><td rowspan="2">自行开具</td><td>全额申报，9%税率，扣减预缴</td><td>扣除支付的分包款后的余额，按照2%的预征率计算应预缴税款：
预缴税款=(含税价-支付的分包款)÷(1+9%)×2%</td></tr>
<tr><td>简易计税</td><td>差额申报，3%征收率，扣减预缴</td><td>扣除支付的分包款后的余额，按照3%的征收率计算应预缴税款：
预缴税款=(含税价-支付的分包款)÷(1+3%)×3%</td></tr>
<tr><td rowspan="2">分包方(不再分包)</td><td>一般计税</td><td rowspan="2">自行开具</td><td rowspan="2">自行开具</td><td>全额申报，9%税率，扣减预缴</td><td>取得的全部价款与价外费用按照2%的预征率计算应预缴税款：
预缴税款=含税价÷(1+9%)×2%</td></tr>
<tr><td>简易计税</td><td>全额申报，3%征收率，扣减预缴</td><td>取得的全部价款与价外费用按照3%的预征率计算应预缴税款：
预缴税款=含税价÷(1+3%)×3%</td></tr>
<tr><td rowspan="3">小规模纳税人</td><td rowspan="2">单位和个体工商户</td><td>总包方</td><td>简易计税</td><td rowspan="2">自行开具</td><td rowspan="2">服务发生地税务机关代开</td><td>差额申报，3%征收率，扣减预缴</td><td>扣除支付的分包款后的余额，按照3%的征收率计算应预缴税款：
预缴税款=(含税价-支付的分包款)÷(1+3%)×3%</td></tr>
<tr><td>分包方(不再分包)</td><td>简易计税</td><td>全额申报，3%征收率，扣减预缴</td><td>取得的全部价款与价外费用按照3%的预征率计算应预缴税款：
预缴税款=含税价÷(1+3%)×3%</td></tr>
<tr><td>自然人</td><td>—</td><td>简易计税</td><td>服务发生地税务机关代开</td><td>—</td><td>在建筑服务发生地申报纳税，3%征收率</td><td>—</td></tr>
</table>

说明：自2023年1月1日至2023年12月31日，增值税小规模纳税人适用3%预征率的预缴增值税项目，减按1%预征率预缴增值税。

4. 房地产业选择简易计税方法应纳税额的计算

（1）房地产企业选择简易计征的项目。房地产开发企业中的一般纳税人销售自行开发的房地产老项目，可选择简易计税方法按照5%的征收率计税。

房地产老项目是指：1）建筑工程施工许可证注明的合同开工日期在2016年4月30日前的房地产项目。2）建筑工程施工许可证未注明合同开工日期或者未取得建筑工程施工许可证，但建筑工程承包合同注明的开工日期在2016年4月30日前的房地产项目。

（2）房地产业采用简易计税方法的增值税计算。简易计税方法的应纳税额，是指按照销售额和增值税征收率计算的增值税税额，不得抵扣进项税额。计算公式为：

应纳税额=销售额×征收率

纳税人采用销售额和应纳税额合并定价方法的，需要换算为不含税价。计算公式为：

$$销售额=\frac{含税销售额}{1+征收率}$$

【例3-30】 某房地产企业销售建筑工程施工许可证日期在2016年4月30日之前的住宅，办理入住并收款4 200万元。

【解析】

建筑工程施工许可证注明的合同开工日期在2016年4月30日前的房地产项目是房地产老项目。一般纳税人销售自行开发的房地产老项目，可以选择适用简易计税方法按照5%的征收率计税。

应纳增值税＝4 200÷(1＋5%)×5%＝200(万元)

3.7.2 小规模纳税人增值税的计算

1. 一般情况下小规模纳税人的增值税计算

目前，小规模纳税人可以开具增值税普通发票和增值税专用发票，但在开具增值税普通发票时，需要将发票上的含税价换算为不含税价。

$$不含税价=\frac{含税价}{1+征收率}$$

应纳税额＝不含税价×征收率

特别提醒

小规模纳税人中的小微企业如果月销售额在10万元以下（含本数），可以享受免征增值税和附加税的优惠。

2. 开具增值税专用发票的小规模纳税人增值税计算

小规模纳税人自行开具和申请代开的增值税专用发票，其增值税专用发票上的价款为不含税价，不需要进行换算。

【例3-31】 乙宾馆为增值税小规模纳税人，2019年5月取得住宿服务收入106万元。甲宾馆5月需缴纳多少增值税？

【解析】

应纳增值税＝106÷(1＋3%)×3%＝3.09(万元)

3. 建筑业小规模纳税人的增值税计算

小规模纳税人跨县（市、区）提供建筑服务，均应以取得的全部价款和价外费用扣除支付的分包款后的余额为销售额，按照3%的征收率计算应纳增值税。计算公式为：

$$应预缴税款=\frac{全部价款+价外费用-支付的分包款}{1+3\%}\times 3\%$$

纳税人应在建筑服务发生地预缴税款后，向机构所在地主管税务机关进行纳税申报。

【例3-32】 甲建筑公司为增值税小规模纳税人，机构所在地为大理市。某年5月1日到洱源县承接A工程项目，并将A工程项目中的部分施工项目分包给乙公司，5月30日发包方按进度支付工程价款222万元。5月甲公司支付给乙公司工程分包款50万元。甲建筑公司需缴纳多少增值税？（暂不考虑2023年减按1%预征率预缴增值税的规定。）

【解析】

应纳税额=(222−50)÷(1+3%)×3%=5.01(万元)

在洱源县预缴增值税=5.01(万元)

在大理市全额申报，则

应纳税额=5.01−5.01=0

4. 房地产业小规模纳税人增值税的计算

（1）小规模纳税人销售其取得（不含自建）的不动产（不含个体工商户销售购买的住房和其他个人销售不动产）。

$$应纳税额=\left[(全部价款+价外费用)-\frac{不动产购置原价}{或取得不动产时的作价}\right]\times 5\%$$

纳税人应按照计税结果，在不动产所在地预缴税款后，向机构所在地主管税务机关进行纳税申报。

（2）小规模纳税人销售其自建的不动产。

应纳税额=(全部价款+价外费用)×5%

纳税人应按照计税结果，在不动产所在地预缴税款后，向机构所在地主管税务机关进行纳税申报。

（3）房地产开发企业中的小规模纳税人，销售自行开发的房地产项目。

应纳税额=(全部价款+价外费用)×5%

3.7.3 预缴增值税

1. 需要预缴增值税的情形

（1）提供建筑服务。包括：跨县（市、区）提供建筑服务；提供建筑服务取得预收款。

（2）不动产经营租赁。

（3）转让不动产。

（4）销售房地产。包括：房地产开发企业采取预收款方式销售所开发的房地产项目；房地产开发企业销售自行开发的房地产项目。

2. 办理材料

预缴增值税可通过办税服务厅（场所）、电子税务局办理，具体地点和网址可从各省税务局网站“纳税服务”栏目查询。预缴增值税需提供的资料示例如表3-11所示。

表3-11 预缴增值税提供资料示例

序号	材料名称	数量	备注
1	《增值税及附加税费预缴表》	2份	
有以下情形的，还应出示相应材料			
适用情形	材料名称	数量	备注
跨县（市、区）提供建筑服务的纳税人	（1）与发包方签订的建筑合同复印件（加盖纳税人公章）	1份	
	（2）与分包方签订的分包合同复印件（加盖纳税人公章）		
	（3）从分包方取得的发票复印件（加盖纳税人公章）		

特别提醒

纳税人使用《增值税及附加税费预缴表》在异地办理预缴税款时，应填报注册地纳税人识别号。

3. 提供建筑服务

（1）跨县（市、区）提供建筑服务。

1）具体情形。一般纳税人或小规模纳税人跨县（市、区）提供建筑服务，根据适用的计税方法，按照2%或3%的预征率预缴增值税。

特别提醒

纳税人在同一地级行政区范围内跨县（市、区）提供建筑服务不需预缴增值税。其中，2023年减按1%预征率预缴增值税。

2）预缴税款的计算。

适用一般计税方法：

$$应预缴税款=\frac{全部价款+价外费用-支付的分包款}{1+9\%}\times 2\%$$

适用简易计税方法：

$$应预缴税款=\frac{全部价款+价外费用-支付的分包款}{1+3\%}\times 3\%$$

3）纳税地点。向建筑服务发生地主管税务机关预缴税款，向机构所在地主管税务机关申报纳税。

（2）提供建筑服务取得预收款。

1）具体情形。在收到预收款时，以取得的预收款扣除支付的分包款后的余额，按照2%或3%的预征率预缴增值税。

2）预缴税款的计算。

适用一般计税方法：

$$应预缴税款=\frac{取得的预收款-支付的分包款}{1+9\%}\times 2\%$$

适用简易计税方法：

$$应预缴税款=\frac{取得的预收款-支付的分包款}{1+3\%}\times 3\%$$

3）纳税地点。按现行规定应在建筑服务发生地预缴增值税的项目，纳税人在建筑服务发生地预缴增值税；按现行规定无需在建筑服务发生地预缴增值税的项目，纳税人在机构所在地预缴增值税。

4. 不动产经营租赁

（1）具体情形。纳税人出租的不动产的所在地与机构所在地不在同一县（市、区）的，根据适用的计税方法，按照规定的征收率或预征率预缴增值税。

（2）预缴税款的计算。

1）适用一般计税方法按照3%的预征率预缴：

$$应预缴税款=\frac{含税销售额}{1+9\%}\times 3\%$$

2）适用简易计税方法按照5%的征收率预缴（除个人出租住房外）：

$$应预缴税款=\frac{含税销售额}{1+5\%}\times 5\%$$

3）个体工商户出租住房征收率减按1.5%预缴：

$$应预缴税款=\frac{含税销售额}{1+5\%}\times 1.5\%$$

（3）纳税地点。向不动产所在地主管税务机关预缴税款，向机构所在地主管税务机关申报纳税。

5. 转让不动产

（1）具体情形。

1）一般纳税人和小规模纳税人转让其取得的不动产（不含自建），以取得的全部价款和价外费用扣除不动产购置原价或者取得不动产时的作价后的余额为销售额，转让其自建的不动产以取得的全部价款和价外费用为销售额，按照5%的征收率或预征率预缴税款。

2）个体工商户转让其购买的住房，按照规定全额缴纳增值税的，以取得的全部价款和价外费用为销售额；按照规定差额缴纳增值税的，以取得的全部价款和价外费用扣除购买住房价款后的余额为销售额，按照5%的征收率计算应纳税额。

特别提醒

房地产开发企业销售自行开发的房地产项目不适用。

（2）预缴税款的计算。

1）以全部价款和价外费用作为预缴税款的计算依据：

$$应预缴税款=\frac{全部价款和价外费用}{1+5\%}\times 5\%$$

2）以扣除不动产购置原价或取得不动产时的作价后的余额作为预缴税款计算依据：

$$应预缴税款=\frac{\begin{matrix}全部价款\\和价外费用\end{matrix}-\begin{matrix}不动产购置原价\\或取得不动产时的作价\end{matrix}}{(1+5\%)}\times 5\%$$

（3）纳税地点。向不动产所在地主管税务机关预缴税款，向机构所在地主管税务机关申报纳税。

6. 房地产企业销售房地产项目

（1）房地产开发企业采取预收款方式销售所开发的房地产项目。

1）具体情形。房地产开发企业采取预收款方式销售自行开发的房地产项目，应在收到预收款时按照3%的预征率预缴增值税。

2）预缴税款的计算。

适用一般计税方法：

$$应预缴税款=\frac{预收款}{1+9\%}\times 3\%$$

适用简易计税方法：

$$应预缴税款=\frac{预收款}{1+5\%}\times 3\%$$

3）纳税地点。一般纳税人应在取得预收款的次月纳税申报期向主管税务机关预缴税款；小规模纳税人应在取得预收款的次月纳税申报期或主管税务机关核定的纳税期限向主管税务机关预缴税款。

（2）房地产开发企业销售自行开发的房地产项目。

1）具体情形。房地产开发企业中的一般纳税人销售房地产老项目，适用一般计税方法计税的，应以取得的全部价款和价外费用，按照3%的预征率预缴税款。

2）预缴税款计算：

$$应预缴税款=\frac{全部价款+价外费用}{1+9\%}\times 3\%$$

3）纳税地点。向不动产所在地主管税务机关预缴税款，向机构所在地主管税务机关申报纳税。

特别提醒

（1）向不动产所在地主管税务机关预缴的增值税税款，可以在当期增值税应纳税额中抵减，抵减不完的转下期继续抵减。纳税人以预缴税款抵减应纳税额应以完税凭证作为合法有效凭证。

（2）小规模纳税人转让其取得的不动产，不能自行开具增值税发票的，可向不动产所在地主管税务机关申请代开。

【例3-33】 丙公司为房地产开发企业，为增值税一般纳税人，机构所在地为A区，开发的房地产项目也在A区。该项目建筑工程施工许可证上登记的开工日期在2016年4月30日前，计税方法选择简易征收。2016年5月5日预售，取得预收款1 000 000元。

【解析】

由于丙公司采取预收款的方式销售自行开发的房地产项目，取得收入1 000 000元，应在收到预收款时按照3%的预征率预缴增值税。

$$预缴增值税=1\,000\,000\div(1+5\%)\times 3\%=28\,571.43(元)$$

3.7.4 小规模纳税人销售自己使用过的固定资产和物品

1. 小规模纳税人销售自己使用过的固定资产和物品

（1）小规模纳税人销售自己使用过的固定资产，按2%的征收率征收增值税。销售行为发生在2009年1月1日以后，不区分购进年限，不适用于其他个人。

（2）小规模纳税人销售自己使用过的除固定资产外的其他物品，按3%的征收率征收增值税。

特别提醒

小规模纳税人销售自己使用过的固定资产和旧货，如果按简易办法依3%征收率减按现在的1%或者以后的3%征收增值税的，应开具普通发票，不得自行开具或者由税务机关代开增值税专用发票。纳税人销售自己使用过的固定资产，如果放弃减税，可以开具增值税专用发票。

【例3-34】 某小规模纳税人企业销售使用过的一项固定资产，确认收入10 712元。

【解析】

销项税额=10 712÷(1+3%)×2%=208(元)

2. 个人销售自己使用过的固定资产和物品

这里的个人仅指其他个人。

(1) 个人销售自己使用过的固定资产。

1) 个人销售购买不足 2 年的不动产（除住房外），按照 5%的增值税税率计算增值税。个人销售购买超过 2 年的不动产，免征增值税。

2) 销售动产类固定资产，免征增值税。

(2) 个人销售自己使用过的物品，免征增值税。

3.8 出口退税

3.8.1 出口企业或其他单位办理出口退（免）税的基本规定

出口退税是指对出口货物退还其在国内生产和流通环节实际缴纳的增值税和消费税。各地的税务局网站上都有出口退税的生产企业出口退税申报系统和外贸企业出口退税申报系统。

1. 办理出口退（免）税备案

2022 年 4 月 20 日，税务总局、公安部和财政部等十部门联合发布《税务总局等十部门关于进一步加大出口退税支持力度 促进外贸平稳发展的通知》（以下简称《加大出口退税支持力度的通知》）。

出口企业或其他单位办理出口退（免）税备案手续时，应按规定向主管税务机关填报修改后的《出口退（免）税备案表》（见表 3-12）。

表 3-12 出口退（免）税备案表

以下信息由备案企业填写	
统一社会信用代码/纳税人识别号	
纳税人名称	
海关企业代码	
对外贸易经营者备案登记表编号	
企业类型	内资生产企业（ ） 外商投资企业（ ） 外贸企业（ ） 其他单位（ ）
退税开户银行	
退税开户银行账号	

办理退（免）税人员	姓名		电话	
	身份证号			
	姓名		电话	
	身份证号			
退（免）税计算方法		免抵退税（ ）免退税（ ）免税（ ）其他（ ）		
是否提供零税率应税服务		是（ ） 否（ ）	提供零税率应税服务代码	
享受增值税优惠政策		先征后退（ ） 即征即退（ ） 超税负返还（ ） 其他（ ）		
出口退（免）税管理类型				
附送资料				
本表是根据国家税收法律法规及相关规定填报的，我单位确定它是真实的、可靠的、完整的。 经办人： 财务负责人： 法定代表人： （印 章） 年 月 日				

以下信息由主管税务机关从税务登记信息中提取					
工商登记	证照号码		法定代表人（个体工商户负责人）	姓名	
	开业（设立）日期			身份证号	
	营业期限止			电话	
	注册资本				
注册地址					
生产经营地址					
联系电话					
纳税人类型		增值税一般纳税人（ ）增值税小规模纳税人（ ）其他（ ）			
登记注册类型			行业		
纳税信用级别			纳税人状态		
以下信息由主管税务机关填写					
主管税务机关代码			主管税务机关名称		
退税机关代码			退税机关名称		
企业分组			分类管理类别		
备案状态					
撤回标识			撤回时间		
其他扩展信息					

2. 申报出口退（免）税不再进行退（免）税预申报的基本规定

出口企业和其他单位申报出口退（免）税时，不再进行退（免）税预申报。主管税务机关确认申报凭证的内容与对应的管理部门电子信息无误后方可受理出口退（免）税申报。取消的出口退（免）税事项和表证单书具体规定为：

（1）取消出口退（免）税预申报。出口企业和其他单位申报出口退（免）税时，主管税务机关确认申报凭证的内容与海关总署等相关管理部门的电子信息无误后方可受理。

（2）取消报送《增值税纳税申报表》。实行免抵退税办法的出口企业或其他单位在申报办理出口退（免）税时，不再报送当期《增值税纳税申报表》。

（3）取消报送进口货物报关单（加工贸易专用）。出口企业按规定申请开具代理进口货物证明时，不再提供进口货物报关单（加工贸易专用）。

（4）取消报送《出口退税进货分批申报单》。外贸企业购进货物需分批申报退（免）税的以及生产企业购进非自产应税消费品需分批申报消费税退税的，出口企业不再向主管税务机关填报《出口退税进货分批申报单》，由主管税务机关通过出口税收管理系统对进货凭证进行核对。

（5）取消报送无相关电子信息申报凭证及资料。出口企业或其他单位在出口退（免）税申报期限截止之日前，申报出口退（免）税的出口报关单、代理出口货物证明、委托出口货物证明、增值税进货凭证仍没有对应管理部门电子信息或凭证的内容与电子信息比对不符的，应在出口退（免）税申报期限截止之日前，向主管税务机关报送《出口退（免）税凭证无相关电子信息申报表》（见表3-13）。相关退（免）税申报凭证及资料留存企业备查，不再报送。

表3-13　出口退（免）税凭证无相关电子信息申报表

统一社会信用代码/纳税人识别号：
纳税人名称：

序号	关联号	出口报关单/代理出口货物证明号码/委托出口货物证明号码	是否无出口报关单或代理出口货物证明电子信息	对应进货凭证号码	出口（开具）日期	备注
	1	2	3	4	5	6

兹声明，本企业已取得以上凭证的原始单证，以上申报无讹并愿意承担一切法律责任。

经办人：（印章）
年　　月　　日

3. 出口退（免）税分类管理评定申请

（1）申请条件。出口退（免）税分类管理评定申请事项是指符合一类出口企业评定条件的纳税人，应于企业纳税信用级别评价结果确定的当月向主管税务机关报送相关资料，申请评定为一类出口企业；出口企业因纳税信用级别、海关企业信用管理类别、外汇管理的分类管理等级等发生变化，或者对分类管理类别评定结果有异议的，可以书面向负责评定出口企业管理类别的税务机关提出重新评定出口退（免）税分类管理类别。

（2）办理材料。

1）一类出口企业评定申请提供的资料（见表3－14）。

表3－14　一类出口企业评定申请提供的资料

序号	材料名称	数量	备注
1	《出口退（免）税企业内部风险控制体系建设情况报告》	1份	
有以下情形的，还应提供相应材料			
适用情形	材料名称	数量	备注
申请评定为一类出口企业的生产企业	《生产型出口企业生产能力情况报告》	1份	

2）出口退（免）税分类管理复评提供的资料（见表3－15）。

表3－15　出口退（免）税分类管理复评提供的资料

序号	材料名称	数量	备注
1	重新评定管理类别书面申请	1份	
有以下情形的，还应提供相应材料			
适用情形	材料名称	数量	备注
申请复评为一类出口企业的外贸企业	《出口退（免）税企业内部风险控制体系建设情况报告》	1份	
申请复评为一类出口企业的生产企业	《出口退（免）税企业内部风险控制体系建设情况报告》	1份	
	《生产型出口企业生产能力情况报告》	1份	

（3）办理地点。可通过办税服务厅（场所）、电子税务局办理，具体地点和网址可从各省税务局网站“纳税服务”栏目查询。

特别提醒

纳税人发生纳税信用修复情形的，可以书面向税务机关提出重新评定管理类别。因纳税信用修复原因重新评定的纳税人，不受《出口退（免）税企业分类管理办法》（国家税务总局公告2016年第46号发布，2018年第31号修改）第十四条中“四类出口企业自评定之日起，12个月内不得评定为其他管理类别”的规定限制。

4. 加大出口退税支持力度的规定

《加大出口退税支持力度的通知》规定：

（1）强化出口信用保险与出口退税政策衔接。企业申报退税的出口业务，因无法收汇而取得出口信用保险赔款的，将出口信用保险赔款视为收汇，予以办理出口退税。

（2）完善加工贸易出口退税政策。为支持加工贸易企业发展，进一步减轻企业负担，对出口产品征退税率一致后，因征退税率不一致等原因而多转出的增值税进项税额，允许企业转入进项税额予以抵扣。

（3）挖掘离境退税政策潜力。进一步扩大境外旅客购物离境退税政策覆盖地域范围。优化退税商店布局，推动更多优质商户成为退税商店，形成更大规模集聚效应。积极推行离境退税便捷支付、“即买即退”等便利措施，促进境外旅客在华旅游购物消费，推动离境退税规范发展。

5. 进一步提升退税办理便利程度

（1）大力推广出口业务“非接触”办理。优化推广国际贸易“单一窗口”、电子税务局等信息系统，积极支持引导出口企业采用“非接触”方式办理口岸和跨境贸易领域相关业务。原则上出口企业通过网上渠道提交申报电子数据后，即可申请办理出口退税申报等事项，无需提交纸质资料。税务等部门审核电子数据无问题的，即可办结业务，并通过网上反馈办理结果。

（2）持续精简出口退税环节报送资料。强化海关、税务等部门间数据共享与衔接管理，进一步精简委托出口货物退税申报、融资租赁货物出口退税申报、来料加工免税核销申报环节的报送资料。

（3）积极推行出口退税备案单证电子化。支持出口企业根据自身实际，灵活选择电子化或者纸质化的方式留存保管出口货物提单等出口退税备案单证，提高单证收集整理效率。进一步优化完善税务信息系统功能，为电子化方式核查备案单证积极创造条件。

（4）大幅提升出口退税智能申报水平。进一步提升出口退税申报便利水平，实现企业通过税务信息系统申报出口退税时自动调用本企业出口报关单信息，通过国际贸易“单一窗口”申报出口退税时自动调用本企业购进的出口货物的发票信息。持续扩大出口退税申报“免填报”范围，为企业高效申报退税创造便利条件，进一步提升申报效率。

（5）不断提高出口退税办理质效。在 2021 年正常出口退税平均 7 个工作日办结的基础上，进一步压缩出口退税办理时间，2022 年进一步压缩至 6 个工作日内。全面实现退库无纸化，进一步提高税款退付效率。

（6）进一步提高出口货物退运通关效率。深化海关、税务部门合作，积极推动《出口货物已补税/未退税证明》信息共享，在办理出口货物退运通关时，凡可查验信息的，不再要求企业报送纸质证明，改为查验共享信息，帮助企业加速办理退运通关。

（7）优化简化出口退税事项办理流程。对于风险可控的出口退税申报，采用“容缺”方式先行办理退税，事后再补办实地核查手续。进一步精简出口退税证明开具申请环节需要报送的资料，积极推动实现出口退税证明全流程无纸化。企业出口货物申报出口退税，受自然灾害、疫情等因素影响无法按期收汇的，取消事前报送举证资料，企业留存备查相关资料即可，同时按照包容审慎、风险可控原则适当放宽举证资料范围。

特别提醒

强化海关、税务、外汇等部门信用评级信息共享，积极引入市场化信用评级机构，提供高质量的评级服务，提升出口退税企业管理类别动态调整的及时性，依法依规深化守信激励和失信惩戒。

3.8.2 出口退税的税率

国家税务总局各年适时发布“出口退税率文库”，文库存储在国家税务总局可控FTP系统“程序发布”目录下，纳税人用手机扫码下载之后安装软件即可查看。国家税务总局要求各地严格执行出口退税率，严禁擅自改变出口退税率。

目前，增值税出口退税的退税率分别为13%，10%，9%，6%和0，共五档。具体为：

(1) 原适用16%税率且出口退税率为16%的出口货物劳务，出口退税率调整为13%。

(2) 原适用10%税率且出口退税率为10%的出口货物、跨境应税行为，出口退税率调整为9%。

(3) 适用13%税率的境外旅客购物离境退税物品，退税率为10%。

(4) 适用9%税率的境外旅客购物离境退税物品，退税率为9%。

3.8.3 出口退税的计算

1. “免、抵、退”的含义

(1) “免”是指生产企业出口自产货物免征生产销售环节的增值税。

(2) “抵”是指以本企业本期出口产品应退税额抵顶内销产品应纳税额。

(3) “退”是指按照上述过程确定的实际应退税额符合一定标准时，即生产企业出口的自产货物在当月内应抵顶的进项税额大于应纳税额时，对未抵顶完成的部分予以退税。

2. “免、抵、退”税的计算

“免、抵、退”税的计算可分为四个步骤。

(1) 计算不得免征和抵扣税额。

$$\text{免抵退税不得免征和抵扣税额}=\text{出口货物离岸价}\times\text{外汇牌价}\times\left(\text{增值税税率}-\text{出口退税率}\right)-\text{免抵退税不得免征和抵扣税额抵减额}$$

$$\text{免抵退税不得免征和抵扣税额抵减额}=\text{免税购进原材料价格}\times\left(\text{出口货物征收率}-\text{出口货物退税率}\right)$$

(2) 计算当期应纳税额。

$$\text{当期应纳税额}=\text{当期内销货物的销项税额}-\left(\text{当期进项税额}-\text{当期免抵退税不得免征和抵扣税额}\right)-\text{上期期末留抵税额}$$

若应纳税额为正数，即没有可退税额（因为没有留抵税额），则仍应缴纳增值税；若应纳税额为负数，即期末有未抵扣税额，则可以申请退税，最终可以退多少税金，需要进行计算比较确定。

（3）计算免抵退税额。

免抵退税额＝出口货物离岸价×外汇牌价×出口货物退税率－免抵退税额抵减额

免抵退税额抵减额＝免税购进原料价格×出口货物退税率

免税购进原料包括从国内购进免税原料和进料加工免税进口料件。其中进料加工免税进口料件的组成计税价格公式为：

进料加工免税进口料件的组成计税价格＝货物到岸价＋海关实征关税和消费税

（4）确定应退税额和免抵税额。

若期末未抵扣税额≤免抵退税额，则当期应退税额＝期末未抵扣税额，当期免抵税额＝免抵退税额－期末未抵扣税额。

若期末未抵扣税额≥免抵退税额，则当期应退税额＝免抵退税额，当期免抵税额＝0。

特别提醒

如果退税率等于征税率，出口商可得到全部出口货物的进项税额的退还。退税率低于征税率的，计算出的差额部分（即不得退税的部分），在会计处理上，是把“应交税费——应交增值税（进项税额转出）”记入“主营业务成本”或者“其他业务成本”。

【例3-35】 增值税一般纳税人甲公司是自营出口的生产企业，享受出口退税的优惠政策。出口货物的增值税税率为13%，退税率为10%。2022年6月购进一批原材料，价值200万元，进项税额26万元。上期期末留抵税额3万元。当月内销货物销售额100万元，销项税额13万元。当月出口货物（FOB）折合人民币200万元。试计算该企业当期免抵退税额、应退税额、免抵税额。

【解析】

当期免抵退税不得免征和抵扣税额＝200×(13%－10%)＝6(万元)

当期应纳增值税税额＝100×13%－(26－6)－3＝13－20－3＝－10(万元)

不需要纳税，而且增加10万元的留抵税额。

当期免抵退税额＝200×10%＝20(万元)

由于留抵税额10万元＜免抵退税额20万元，而当期期末留抵税额10万元＜当期免抵退税额20万元，所以

当期应退税额＝当期期末留抵税额＝10(万元)

当期免抵税额＝当期免抵退税额－当期应退税额＝20－10＝10(万元)

3.9　增值税的纳税申报

3.9.1　一般纳税人的纳税申报

1. 申请条件

增值税一般纳税人依照税收法律、法规、规章及其他有关规定，在规定的纳税期限内填报《增值税及附加税费申报表（一般纳税人适用）》、附列资料及其他相关资料，向税务机关进行纳税申报。

2. 办理材料

一般纳税人申报需提供的材料如表 3-16 所示。

表 3-16　一般纳税人申报需提供的材料

序号	材料名称	数量	备注
1	《增值税及附加税费申报表（一般纳税人适用）》及其附列资料	2 份	
有以下情形的，还应提供相应材料			
适用情形	材料名称	数量	备注
2015 年 4 月 1 日起使用增值税发票系统升级版的，按照有关规定不使用网络办税或不具备网络条件的特定纳税人	金税盘、税控盘或 Ukey		
中国铁路总公司的铁路建设基金增值税纳税申报	《铁路建设基金纳税申报表》	1 份	
海关回函结果为“有一致的入库信息”的海关缴款书	《海关缴款书核查结果通知书》	1 份	
辅导期一般纳税人	《稽核结果比对通知书》	1 份	
各类汇总纳税企业	《分支机构增值税汇总纳税信息传递单》	1 份	
采用预缴方式缴纳增值税的发、供电企业	《电力企业增值税销项税额和进项税额传递单》	1 份	
增值税一般纳税人发生代扣代缴事项	《代扣代缴税收通用缴款书抵扣清单》	1 份	
增值税一般纳税人在资产重组过程中，将全部资产、负债和劳动力一并转让给其他增值税一般纳税人，原纳税人在办理注销登记前尚未抵扣的进项税额可结转至新纳税人处继续抵扣	《增值税一般纳税人资产重组进项留抵税额转移单》	1 份	

续表

适用情形	材料名称	数量	备注
部分行业试行农产品增值税进项税额核定扣除办法的一般纳税人	《农产品核定扣除增值税进项税额计算表（汇总表）》	1份	
	《投入产出法核定农产品增值税进项税额计算表》		
	《成本法核定农产品增值税进项税额计算表》		
	《购进农产品直接销售核定农产品增值税进项税额计算表》		
	《购进农产品用于生产经营且不构成货物实体核定农产品增值税进项税额计算表》		

3.9.2　小规模纳税人的纳税申报

1. 申请条件

增值税小规模纳税人依照税收法律、法规、规章及其他有关规定，在规定的纳税期限内填报《增值税及附加税费申报表（小规模纳税人适用）》、附列资料和其他相关资料，向税务机关进行纳税申报。

2. 办理材料

小规模纳税人申报需提供的材料如表3-17所示。

表3-17　小规模纳税人申报需提供的材料

序号	材料名称	数量	备注
1	《增值税及附加税费申报表（小规模纳税人适用）》及其附列资料	2份	
有以下情形的，还应提供相应材料			
适用情形	材料名称	数量	备注
实行预缴方式缴纳增值税的电力产品增值税纳税人	《电力企业增值税销项税额和进项税额传递单》	1份	

按固定期限纳税的小规模纳税人可以选择以1个月或1个季度为纳税期限，一经选择，一个会计年度内不得变更。增值税小规模纳税人缴纳增值税、消费税、文化事业建设费，以及随增值税、消费税附征的城市维护建设税、教育费附加等税费，原则上实行按季申报。

特别提醒

自2021年8月1日起，附加税费与增值税进行整合申报。

3.9.3 增值税的预缴申报

1. 申请条件

纳税人（不含其他个人）跨地（市、州）提供建筑服务、房地产开发企业预售自行开发的房地产项目、纳税人（不含其他个人）出租与机构所在地不在同一县（市）的不动产等按规定需要在项目所在地或不动产所在地主管税务机关预缴税款的，填报《增值税及附加税费预缴表》及其他相关资料，向税务机关进行纳税申报。

2. 办理材料

增值税预缴申报需提供的材料如表3-18所示。

表3-18 增值税预缴申报需提供的材料

序号	材料名称	数量	备注
1	《增值税及附加税费预缴表》	2份	
有以下情形的，还应出示相应材料			
适用情形	材料名称	数量	备注
跨县（市、区）提供建筑服务的纳税人	与发包方签订的建筑合同复印件（加盖纳税人公章）	1份	
	与分包方签订的分包合同复印件（加盖纳税人公章）		
	从分包方取得的发票复印件（加盖纳税人公章）		

特别提醒

（1）按照现行规定应当预缴增值税税款的小规模纳税人，凡在预缴地实现的月销售额未超过10万元（以1个季度为1个纳税期的，季度销售额未超过30万元）的，当期无需预缴税款。（2）自2023年1月1日至2023年12月31日，增值税小规模纳税人适用3%预征率的预缴增值税项目，减按1%预征率预缴增值税。

练习题

1. 甲公司为增值税一般纳税人，主要提供餐饮、住宿服务。2021年6月甲公司经营情况如下：

（1）提供餐饮、住宿服务取得含增值税收入1 431万元。

（2）出租餐饮设备取得含增值税收入28.25万元，出租房屋取得含增值税收入5.45万元。

（3）提供车辆停放服务取得含增值税收入10.9万元。

（4）支付技术咨询服务费，取得增值税专用发票，注明税额1.2万元。

（5）购进卫生用具一批，取得增值税专用发票，注明税额1.7万元。

（6）从农业合作社购进蔬菜，取得农产品销售发票，注明买价100万元。

已知：有形动产租赁服务增值税税率为13%，不动产租赁服务增值税税率为9%，生活服务、现代服务（除有形动产租赁服务和不动产租赁服务外）增值税税率为6%，交通运输服务业增值税税率为9%，农产品扣除率为9%，取得的扣税凭证均已通过税务机关认证。

要求：根据上述资料回答下列问题。

（1）下列计算甲公司当月增值税销项税额的算式中，正确的是（　　）。

A. 车辆停放收入的销项税额＝10.9÷(1＋9%)×9%＝0.9(万元)

B. 房屋出租收入的销项税额＝5.45÷(1＋9%)×9%＝0.45(万元)

C. 餐饮设备出租收入的销项税额＝28.25÷(1＋13%)×13%＝3.25(万元)

D. 餐饮、住宿收入的销项税额＝1 431÷(1＋6%)×6%＝81(万元)

（2）下列计算甲公司当月准予抵扣增值税进项税额的算式中，正确的是（　　）。

A. 1.2＋1.7＝2.9(万元)

B. 1.2＋1.7＋100×9%＝11.9(万元)

C. 100×9%＋1.2＝10.2(万元)

D. 1.7＋100×9%＝10.7(万元)

2. 某自行车厂（增值税一般纳税人）生产销售自行车，出厂不含税单价为280元/辆。6月该厂购销情况如下：

（1）向当地百货大楼销售800辆自行车，百货大楼当月付清货款后，自行车厂给予了8%的现金折扣。

（2）向外地特约经销点销售500辆自行车，当期发出包装物收取押金56 500元，本月没收逾期未收回的包装物押金47 460元。

（3）销售本厂2008年购买自用的机器一台，取得含税收入120 000元。

（4）出租位于本市的一幢4年前取得的办公用房，收取4个月的租金价税合计80 000元，选择简易计税方法计税。取得的符合规定的发票均在当月抵扣。

要求：根据上述资料回答下列问题。

（1）计算业务（1）的增值税销项税额。

（2）计算业务（2）的增值税销项税额。

（3）计算业务（3）和业务（4）的应纳增值税合计数。

3. 甲电子设备生产企业（甲企业）与乙商贸公司（乙公司）均为增值税一般纳税人，2021年6月有关经营业务如下：

（1）甲企业年初委托技术公司研发一个项目，支付含税研发费53万元，本月取得增值税专用发票。

（2）乙公司从甲企业购进电脑600台，每台不含税单价为0.45万元，取得甲企业开具的增值税专用发票，注明货款270万元。增值税35.1万元。

（3）乙公司从农民手中购进免税农产品，收购发票上注明支付收购货款30万元，支付丁运输公司的不含税运输费3万元，取得丁公司开具的货运增值税专用发票。入库后，将收购的农产品40%作为职工福利消费，60%零售给消费者并取得含税收入33.79万元。

(4) 乙公司销售电脑和其他物品取得含税销售额288.15万元，均开具普通发票。

(5) 甲企业从乙公司购进生产用原材料和零部件，取得乙公司开具的增值税专用发票，注明货款180万元、增值税23.4万元，货物已验收入库，货款和税款未付。

(6) 甲企业为乙公司制作大型电子显示屏，开具了普通发票，取得含税销售额9.04万元、调试费收入2.26万元。制作过程中委托丙公司进行专业加工，支付加工费2万元、增值税0.26万元，取得丙公司增值税专用发票。

要求：根据上述资料回答下列问题。

(1) 计算甲企业6月应缴纳的增值税。

(2) 计算乙公司6月应缴纳的增值税。

4. 某公司专门从事咨询服务（营改增后被认定为增值税小规模纳税人）。2021年9月15日，向某一般纳税人企业提供资讯信息服务，取得含增值税销售收入8.24万元；9月20日，向某小规模纳税人提供注册信息服务，取得含增值税销售收入3.09万元；9月25日，购进办公用品，支付价款1.06万元，并取得增值税普通发票。已知增值税征收率为3%。

要求：计算该公司当月应纳增值税税额。

5. 某房地产企业（增值税一般纳税人）2021年5月取得房地产项目销售收入1 100万元（含税），对应支付的土地价款为500万元，当月支付基础电信费用10万元（不含税，增值税专用发票上注明的税额为0.9万元），租入不动产租金100万元（不含税，增值税专用发票上注明的税额为9万元）。

要求：计算该企业5月应纳增值税税额。

6. 某生产企业为增值税一般纳税人，2021年3月外购原材料取得增值税专用发票，注明增值税税额97.7万元并已确认抵扣。当月内销货物取得不含税销售额150万元，外销货物取得收入115万美元（美元与人民币的汇率为1∶7），该企业适用的增值税税率为13%，出口退税率为10%。

要求：计算该企业3月免抵的增值税。

7. 某烟草专卖局系增值税一般纳税人，2021年3月向农民收购烟叶，收购凭证上注明收购价款80万元，并向烟叶生产者支付了价外补贴10万元。

要求：计算该纳税人3月收购烟叶可抵扣的进项税额。

8. 2021年5月，某房地产企业出租其2016年4月30日前取得的异地不动产，取得租金收入109万元（含税），当月进项税额为4万元，已知该房地产企业选择一般计税方法。

要求：计算该企业应纳增值税税额。

第3章 即测即评

第4章

增值税普通发票和专用发票

本章导言

2022年10月11日，中共中央办公厅、国务院办公厅印发的《关于进一步深化税收征管改革的意见》指出，深化税收征管制度改革，着力建设以服务纳税人缴费人为中心、以发票电子化改革为突破口、以税收大数据为驱动力的具有高集成功能、高安全性能、高应用效能的智慧税务。

2023年7月20日，中华人民共和国国务院令第764号公布《国务院关于修改和报废止部分行政法规的决定》，再次对《中国人民共和国发票管理办法》进行修改，规定，发票包括纸质发票和电子发票，两种发票具有同等法律效力，国家积极推广使用电子发票。

充分依托国家“互联网+监管”系统多元数据汇聚功能，精准有效打击“假企业”虚开发票、“假出口”骗取退税、“假申报”骗取税费优惠等行为，保障国家税收安全。对重大涉税违法犯罪案件，依法从严查处曝光并按照有关规定纳入企业和个人信用记录，共享至全国信用信息平台。

4.1 增值税发票种类

发票是单位和个人在购销商品、提供或者接受服务以及其他经营活动中，开具、取得的收付款凭证。

目前增值税发票主要包括以下五个票种：

1. 全电发票

全电发票作为一种新发票，与传统电子发票有很大不同。全电发票可以说是一种全新的票种。

2. 增值税专用发票

增值税专用发票包含增值税电子专用发票和增值税纸质专用发票，是增值税纳税人销售货物或者提供应税劳务开具的发票，是购买方支付增值税税额并可按照增值税有关规定据以抵扣增值税进项税额的凭证。

3. 增值税普通发票

增值税普通发票包含电子普通发票、卷票、折叠票，是增值税纳税人销售货物或者提供应税劳务、服务时，通过增值税税控系统开具的普通发票。

4. 机动车销售统一发票

机动车销售统一发票是指凡从事机动车零售业务的单位和个人，从2006年8月1日起，在销售机动车（不包括销售旧机动车）收取款项时开具的发票。

5. 二手车销售统一发票

二手车销售统一发票是指二手车经销企业、经纪机构和拍卖企业，在销售、中介和拍卖二手车收取款项时，通过开票软件开具的发票。

2017年4月21日，国家税务总局专门编写了《增值税发票开具指南》，提供给纳税人参考。本章内容主要根据该指南编写。发票开具可参考图4-1。

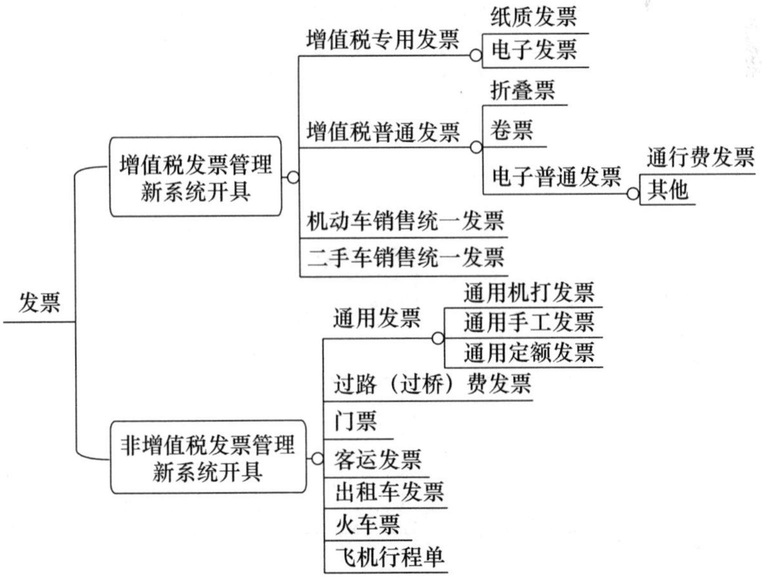

图4-1　发票开具参考

下文将详细介绍增值税专用发票、增值税普通发票和机动车销售统一发票。

4.1.1 增值税专用发票

增值税专用发票由基本联次或者基本联次附加其他联次构成，分为三联版和六联版两种。基本联次为三联：第一联为记账联，是销售方记账凭证；第二联为抵扣联，是购买方扣税凭证；第三联为发票联，是购买方记账凭证。

其他联次用途，由纳税人自行确定。

特别提醒

自 2018 年 3 月 1 日起，所有成品油发票均须通过增值税发票管理新系统中成品油发票开具模块开具。

增值税专用发票票样见图 4－2。

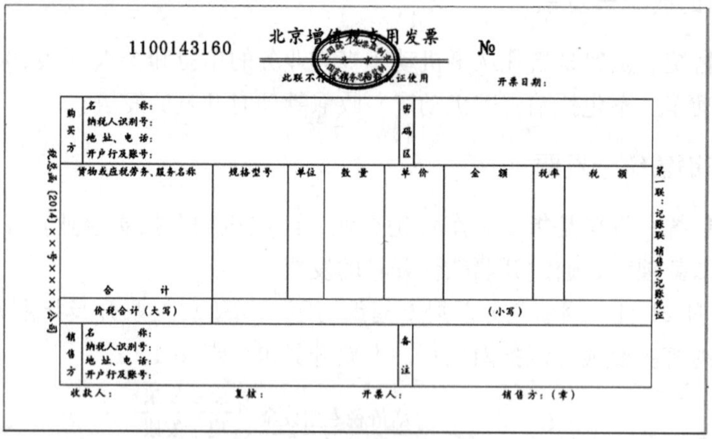
1100143160
北京增值税专用发票
№
此联不作报销、扣税凭证使用
开票日期：
购买方 名称： 纳税人识别号： 地址、电话： 开户行及账号：
密码区
货物或应税劳务、服务名称 | 规格型号 | 单位 | 数量 | 单价 | 金额 | 税率 | 税额
合计
价税合计（大写） （小写）
销售方 名称： 纳税人识别号： 地址、电话： 开户行及账号：
备注
收款人： 复核： 开票人： 销售方：（章）
税总函〔2014〕××号×××××公司
第一联：记账联 销售方记账凭证

图 4－2 增值税专用发票

增值税电子专用发票票样见图 4－3，发票纵向分为票头、购买方、应税明细和合计、销售方和票尾五个部分。

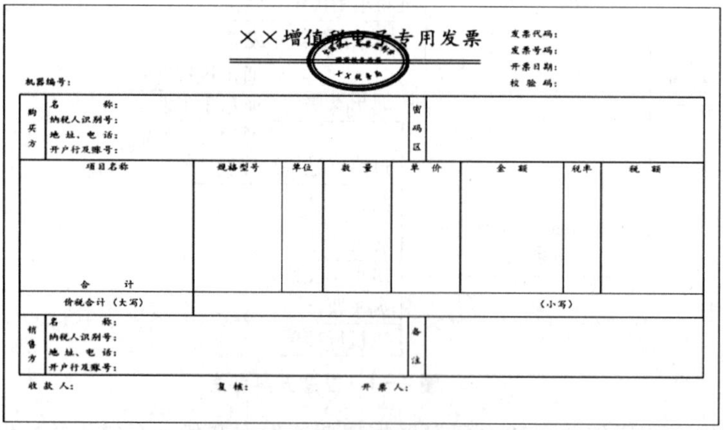
××增值税电子专用发票
发票代码：
发票号码：
开票日期：
校验码：
机器编号：
购买方 名称： 纳税人识别号： 地址、电话： 开户行及账号：
密码区
项目名称 | 规格型号 | 单位 | 数量 | 单价 | 金额 | 税率 | 税额
合计
价税合计（大写） （小写）
销售方 名称： 纳税人识别号： 地址、电话： 开户行及账号：
备注
收款人： 复核： 开票人：

图 4－3 增值税电子专用发票

4.1.2　增值税普通发票

1. 增值税普通发票（折叠票）

增值税普通发票（折叠票）由基本联次或者基本联次附加其他联次构成，分为两联版和五联版两种。

增值税普通发票（折叠票）基本联次为两联：

（1）第一联为记账联（蓝色），是销售方记账凭证；

（2）第二联为发票联（棕色），是购买方记账凭证。

其他联次用途，由纳税人自行确定。第三联为绿色，第四联为紫色，第五联为粉红色。

特别提醒

纳税人办理产权过户手续需要使用发票的，可以使用增值税普通发票第三联。

增值税普通发票（折叠票）票样见图 4－4。

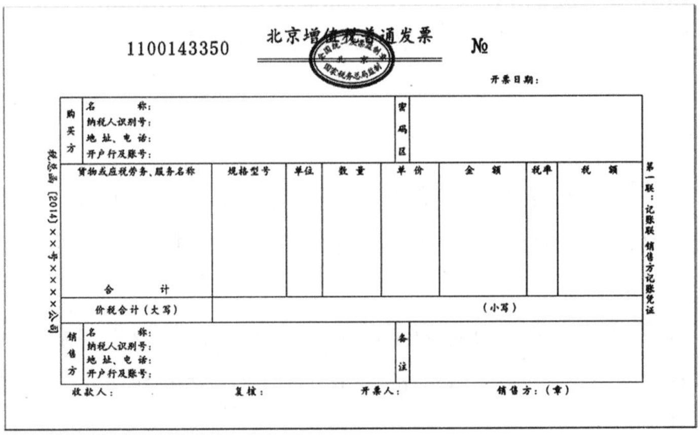

1100143350　北京增值税普通发票　№

开票日期：

购买方	名　　称： 纳税人识别号： 地 址、电 话： 开户行及账号：					密码区		
货物或应税劳务、服务名称	规格型号	单位	数 量	单 价	金　额	税率	税　额	
合　　计								
价税合计（大写）					（小写）			
销售方	名　　称： 纳税人识别号： 地 址、电 话： 开户行及账号：					备注		

收款人：　　复核：　　开票人：　　销售方：（章）

税总函〔2014〕××号××××公司

第一联：记账联　销售方记账凭证

图 4－4　增值税普通发票（折叠票）

2. 增值税普通发票（卷票）

增值税普通发票（卷票）分为两种规格：57mm×177.8mm，76mm×177.8mm，均为单联。

自 2017 年 7 月 1 日起，纳税人可书面向税务局要求使用印有本单位名称的增值税普通发票（卷票），税务局按规定确认印有该单位名称发票的种类和数量。纳税人则可以通过新系统开具印有本单位名称的增值税普通发票（卷票）。

特别提醒

增值税普通发票（卷票）同样需要加印企业发票专用章。

增值税普通发票（卷票）票样见图4-5。

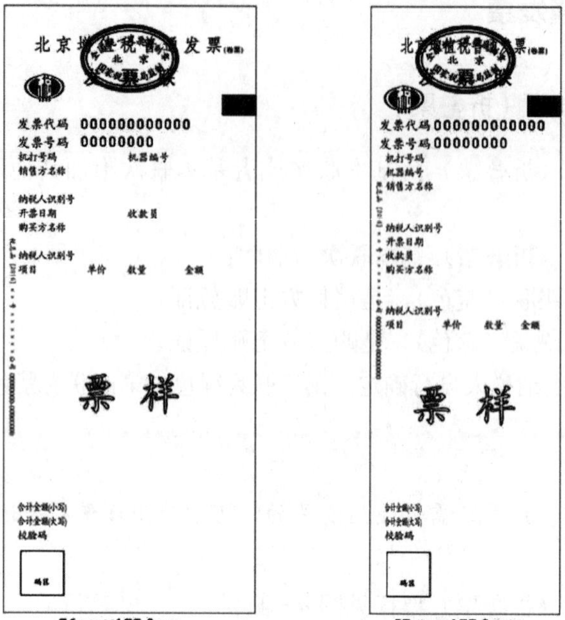

76mm×177.8mm　　57mm×177.8mm

图4-5　增值税普通发票（卷票）

3. 增值税电子普通发票

增值税电子普通发票的开票方和受票方需要纸质发票的，可以自行打印增值税电子普通发票的版式文件，其法律效力、基本用途、基本使用规定等与税务机关监制的增值税普通发票相同。

电子发票服务平台以纳税人自建为主，也可由第三方建设提供服务平台。电子发票服务平台应免费提供电子发票版式文件的生成、打印、查询和交付等基础服务。增值税电子普通发票票样见图4-6。

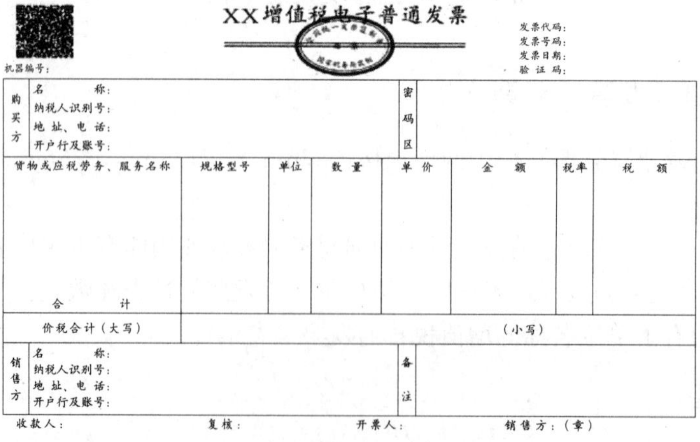
XX增值税电子普通发票

机器编号：　　发票代码：　发票号码：　开票日期：　校验码：

购买方	名称： 纳税人识别号： 地址、电话： 开户行及账号：			密码区			
货物或应税劳务、服务名称	规格型号	单位	数量	单价	金额	税率	税额
合计							
价税合计（大写）				（小写）			
销售方	名称： 纳税人识别号： 地址、电话： 开户行及账号：			备注			

收款人：　　复核：　　开票人：　　销售方：（章）

图4-6　增值税电子普通发票

特别提醒

销售方开具增值税发票时，发票内容应按照实际销售情况如实开具，不得根据购买方要求填开与实际交易不符的内容。销售方开具发票时，通过销售平台系统与增值税发票税控系统后台对接，导入相关信息开票的，系统导入的开票数据内容应与实际交易相符，如不相符应及时修改完善销售平台系统。

4. 增值税专用发票与普通发票的主要区别

（1）使用的主体不同。增值税专用发票一般只能由增值税一般纳税人在增值税发票管理新系统开具，小规模纳税人一般情况下只能开具增值税普通发票。目前除了住宿业、鉴证咨询业和建筑业的小规模纳税人可以自行开具增值税专用发票外，其他小规模纳税人只能由当地的税务机关代开增值税专用发票。

（2）税款是否允许抵扣。增值税专用发票是购销双方收付款的凭证，可用作购买方（增值税一般纳税人）扣除增值税的凭证，不仅具有商事凭证的作用，而且具有完税凭证的作用。而增值税普通发票除税法规定的免税农产品收购发票或者免税农产品销售发票可以计算抵扣进项税额外，其他不能抵扣进项税额。

5. 财政票据电子化

2018 年 1 月 1 日起，在税务系统（含税务干部进修学院）安装运行财政票据电子化管理系统，全面实施财政票据电子化管理，使用财政部制发的安全认证设备登录该系统开具机打财政票据，停用手工财政票据。

4.1.3 机动车销售统一发票

从事机动车零售业务的单位和个人，在销售机动车（不包括销售旧机动车）收取款项时，开具机动车销售统一发票。

机动车销售统一发票为电脑六联式发票：

（1）第一联为发票联，是购货单位付款凭证；

（2）第二联为抵扣联，是购货单位扣税凭证；

（3）第三联为报税联，由车购税征收单位留存；

（4）第四联为注册登记联，由车辆登记单位留存；

（5）第五联为记账联，是销货单位记账凭证；

（6）第六联为存根联，由销货单位留存。

特别提醒

自 2021 年 5 月 1 日起适用新版机动车销售统一发票，机动车企业在 2021 年 12 月 31 日前仍可继续开具旧版机动车销售统一发票。

机动车销售统一发票票样见图 4-7。

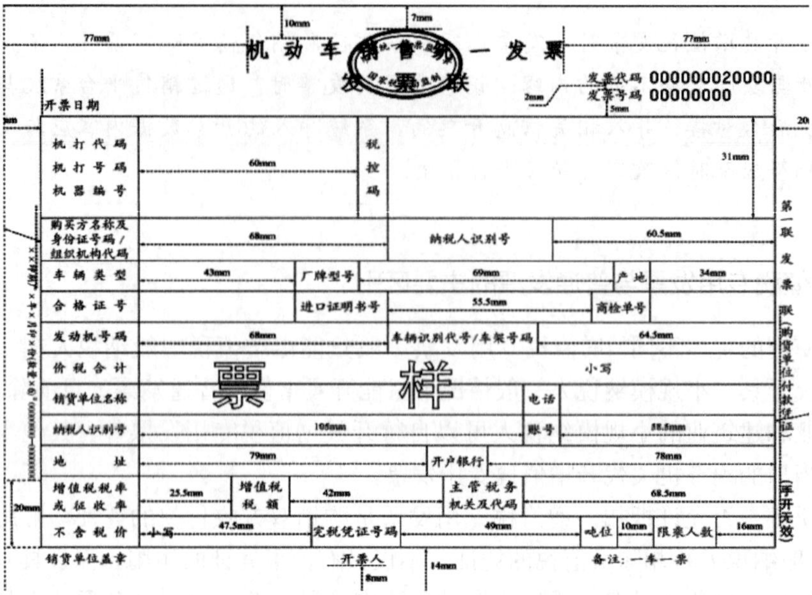

图 4-7　机动车销售统一发票

4.2　纳税人开具发票基本规定

4.2.1　全电发票

1. 全电发票的概念

全电发票，即全面数字化的电子发票，它不是以前的增值税电子专用发票或者电子普通发票。全电发票的法律效力、基本用途与现有纸质发票相同。其中，带有“增值税专用发票”字样的全电发票，其法律效力、基本用途与现有增值税专用发票相同；带有“普通发票”字样的全电发票，其法律效力、基本用途与现有普通发票相同。

按照国家税务总局对发票电子化改革（金税四期）的部署，2021 年 12 月 1 日起，推行全面数字化的电子发票试点工作。全电发票取消了发票密码区、发票代码、校验码、收款人、复核人、销售方（章），销售方信息从左下角调整至右上角。

全电发票的特点：

（1）没有联次，只有一联。

（2）没有发票代码，只有唯一的号码。

（3）购货方信息栏只有名称和税号，没有过去的银行账号和地址。

（4）无需使用税控专用设备，无需办理发票票种核定，无需领用全电发票，使用电子发票服务平台即可开票。

2. 全电发票的优点

（1）领票流程更简化。开业开票“无缝衔接”。全电发票实现“去介质”，纳税人不再需要预先领取专用税控设备；通过“赋码制”取消特定发票号段申领，发票信息生成后，系统自动分配唯一的发票号码；通过“授信制”自动为纳税人赋予开具金额总额度，实现开票“零前置”。基于此，新办纳税人可实现“开业即可开票”。

（2）发票开具更便捷。1）发票开具渠道更多元。纳税人不仅可以通过电脑网页端开具全电发票，电子发票服务平台全部功能上线后，还可以通过客户端、移动端手机 App 随时随地开具全电发票。2）发票服务“一站式”更便捷。纳税人登录电子发票服务平台后，可进行发票开具、交付、查验以及用途勾选等系列操作，享受“一站式”服务，不再像以前需登录多个平台才能完成相关操作。

（3）发票数据应用更广泛。通过“一户式”“一人式”发票数据归集，加强各税费数据联动，为实现“一表集成”式税费申报预填服务奠定数据基础。

（4）“去版式”满足个性业务需求。全电发票可以选择以数据电文形式交付，减少 PDF、OFD 等特定版式要求，降低发票使用成本，提升纳税人用票的便利度和获得感。全电发票样式可根据不同业务进行差异化展示，为纳税人提供更优质的个性化服务。

（5）纳税服务渠道更畅通。电子发票服务平台提供征纳互动相关功能，如增加智能咨询功能，纳税人在开票、受票等过程中，平台自动接收纳税人业务处理过程中存在的问题并进行智能答疑；增设异议提交功能，纳税人对开具金额总额度有异议时，可以通过平台向税务机关提出。

（6）入账归档一体化。1）通过制发电子发票数据规范、出台电子发票国家标准，实现全电发票全流程数字化流转，进一步推进企业和行政事业单位会计核算、财务管理信息化。2）发布电子发票数据规范和接口标准，开放电子发票服务平台接口方案，鼓励规模较大、信息化程度较高的企业改造 ERP 等财务软件直接对接，实现发票报销、入账、归档一体化操作。

特别提醒

全电发票可直接通过电子税务局开具，其中，有 5 项特定业务，其发票内容中的“备注信息”为必填项（不填开不了票），包括：建筑服务、货物运输服务、不动产销售、不动产经营租赁服务、旅客运输服务。

单位和个人通过电子发票服务平台或全国增值税发票查验平台（https://inv-veri. chinatax. gov. cn），根据提示输入发票号码、开票日期、开具金额（不含税）和验证码后，点击查验按钮，就可以查验全电发票的真伪。也可以点击导入按钮，直接上传文件查验。

3. 全电发票的种类

目前，有电子增值税专用发票、电子普通发票等 15 种全电发票。

（1）电子增值税专用发票（见图 4-8）。

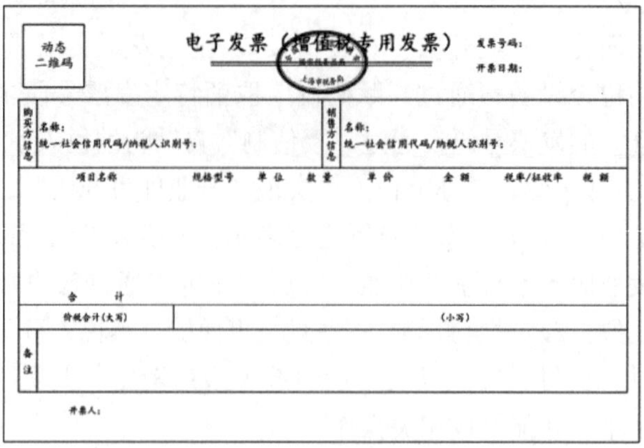

图 4-8　电子增值税专用发票

（2）电子普通发票（见图 4-9）。

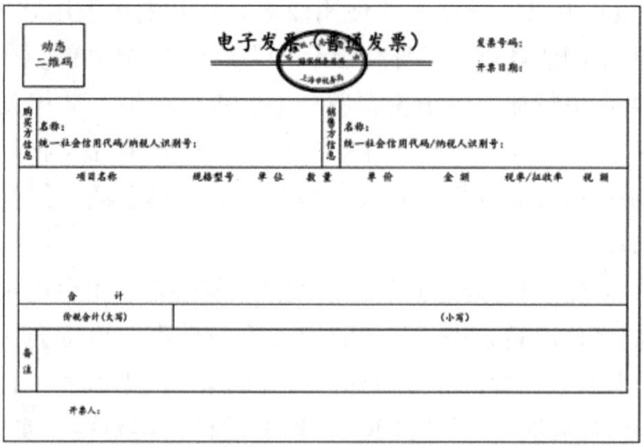

图 4-9　电子普通发票

（3）建筑服务电子发票（见图 4-10）。

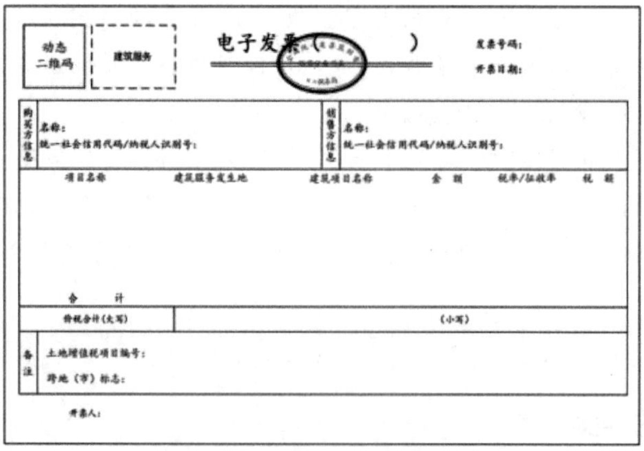

图 4-10　建筑服务电子发票

(4) 旅客运输服务电子发票（见图 4－11）。

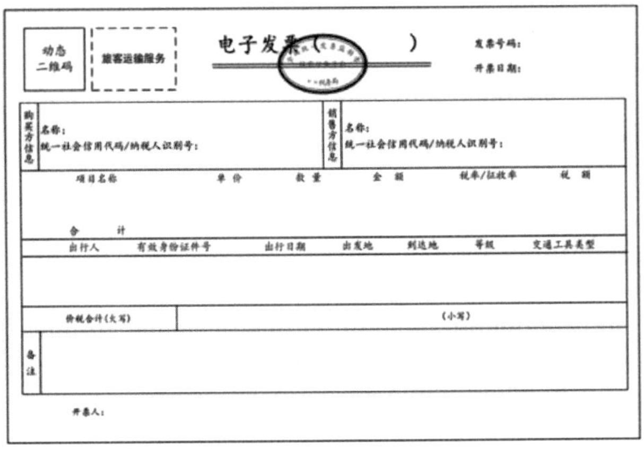

图 4－11　旅客运输服务电子发票

(5) 货物运输服务电子发票（见图 4－12）。

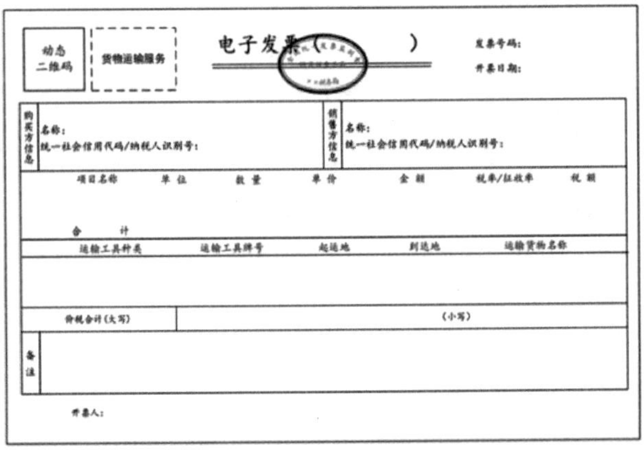

图 4－12　货物运输服务电子发票

(6) 不动产销售电子发票（见图 4－13）。

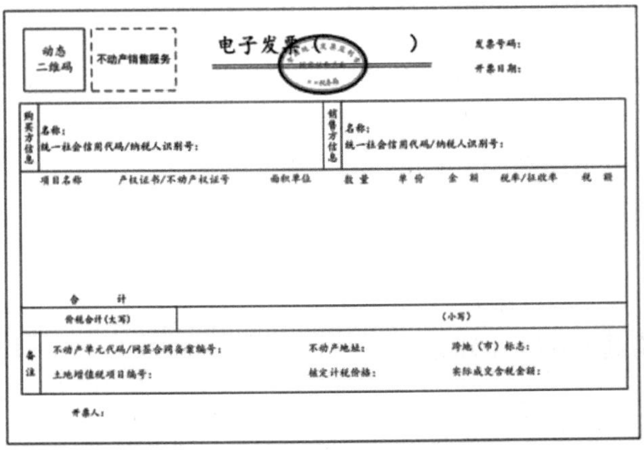

图 4－13　不动产销售电子发票

（7）不动产经营租赁电子发票（见图 4－14）。

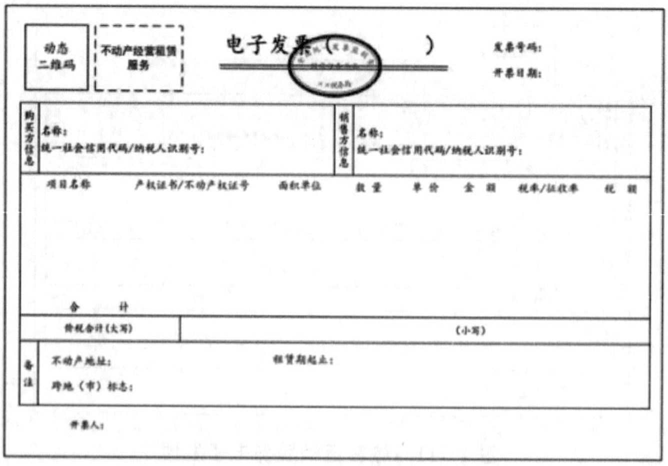
动态二维码
不动产经营租赁服务
电子发票（ ）
发票号码：
开票日期：
购买方信息 名称：
统一社会信用代码/纳税人识别号：
销售方信息 名称：
统一社会信用代码/纳税人识别号：
项目名称 产权证书/不动产权证号 面积单位 数量 单价 金额 税率/征收率 税额
合 计
价税合计（大写） （小写）
备注 不动产地址： 租赁期起止：
跨地（市）标志：
开票人：

图 4－14　不动产经营租赁电子发票

（8）农产品收购电子发票（见图 4－15）。

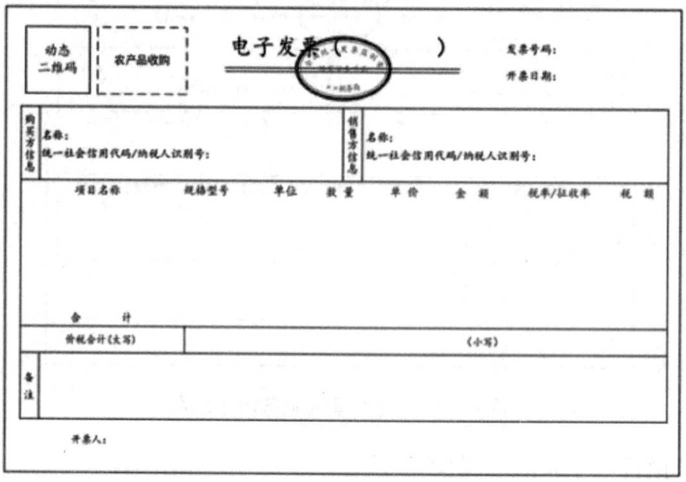
动态二维码
农产品收购
电子发票（ ）
发票号码：
开票日期：
购买方信息 名称：
统一社会信用代码/纳税人识别号：
销售方信息 名称：
统一社会信用代码/纳税人识别号：
项目名称 规格型号 单位 数量 单价 金额 税率/征收率 税额
合 计
价税合计（大写） （小写）
备注
开票人：

图 4－15　农产品收购电子发票

（9）自产农产品销售电子发票（图略）。
（10）代收车船税电子发票（图略）。
（11）差额征税电子发票（差额开票）（图略）。
（12）差额征税电子发票（全额开票）（图略）。
（13）稀土电子发票（图略）。
（14）卷烟电子发票（图略）。
（15）光伏收购电子发票（图略）。

特别提醒

全电发票填写的注意事项：全电发票票面左上角标签处展示该业务类型的字样，特定业务的全电发票票面按照特定内容展示相应信息。特定业务包括：稀土、卷烟、建筑服务、旅客运输服务、货物运输服务、不动产销售、不动产经营租赁服务、农产品收购、光伏收购、代收车船税、自产农产品销售、差额征税等。

4. 纸质电子发票与全电发票的区别

纸质电子发票与全电发票的区别见表 4－1。

表 4－1　纸质电子发票与全电发票的区别

	纸质电子发票	全电发票
专用发票	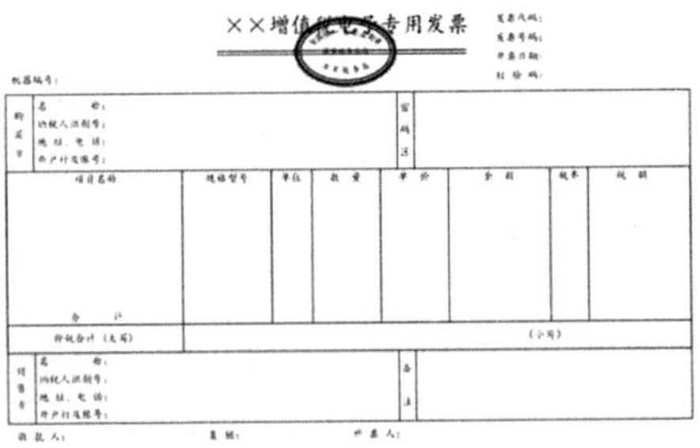	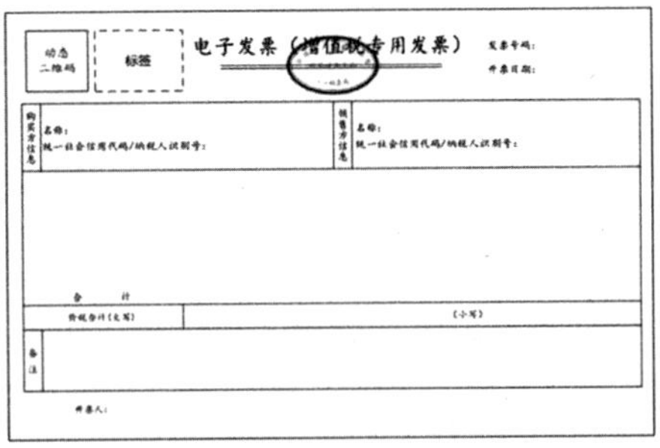
普通发票	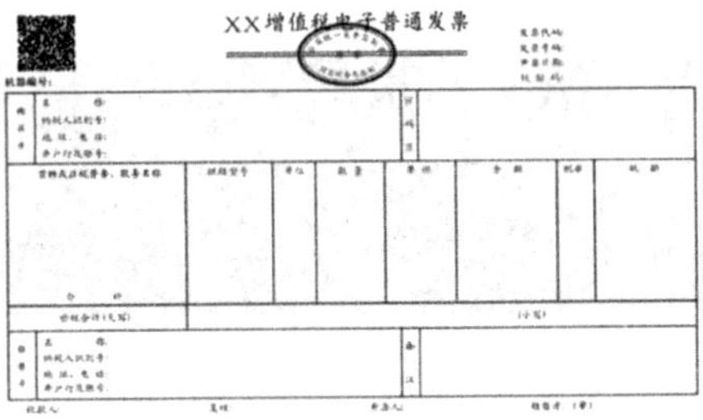	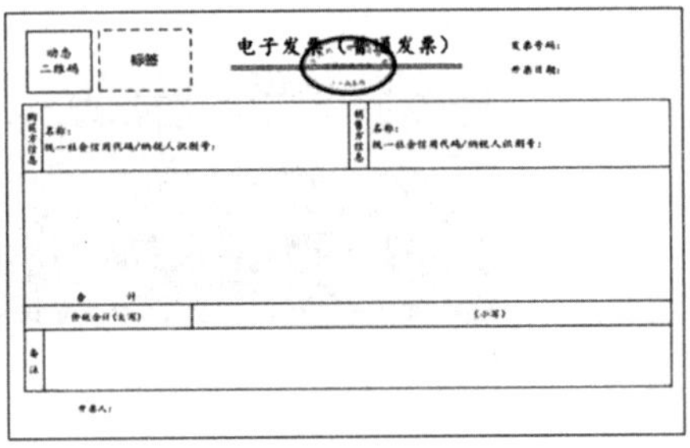
联次	一式三联	无联次
领票流程	纸质电子发票需纳税人开业后，先领取税务 UKey 并核定对应票种，发票数量和票面限额管理同纸质发票一样，纳税人需要申请才能对发票增版增量	纳税人开业后，无需使用税控专用设备，无需办理发票票种核定，无需领用全电发票，信息系统自动赋予开具额度，并根据纳税人行为动态调整发票额度，按照全新管理流程，实现开业即可开票
发票交付	纸质电子发票开具后，需要通过发票版式文件进行交付，即开票方将发票版式文件通过电子邮箱、二维码等方式交付给受票方，受票方人工下载后，仍需对发票的版式文件进行归集、整理、入账等操作	全电发票开具后，发票数据文件自动发送至开票方和受票方的税务数字账户，便利交付入账，减少人工收发。同时，依托电子发票服务平台税务数字账户，纳税人可对各类发票数据进行自动归集，发票数据使用更高效便捷
服务平台	安装增值税发票开具软件（税务 UKey 版），使用各省税务局增值税发票综合服务平台	全国统一的发票服务平台，无需使用税控专用设备，发票开具、交付、查验以及用途勾选“一站式服务”

续表

	纸质电子发票	全电发票
服务平台	税务局对纳税人实行最高开票限额管理，即限制一张发票最高可开具的最高限额从 1 亿元、1 000 万元、10 万元到 1 万元不等，而且需由税务局审批确定	推行“授信总额度管理”方案，依据纳税人的风险评级、纳税信用级别等因素，对授信额度进行动态调整。如开具金额不足，可在电子发票服务平台申请调整增加开具金额总额。如系统调整后金额仍不足，可向税务局提交调整申请
发票章	发票有发票章	发票没有发票章
签章人	有收款人、复核人和开票人	取消收款人和复核人，只保留开票人
买卖双方的信息	需填写“名称”、“纳税人识别号”、“地址、电话”和“开户行及账号”	只需填写“名称”和“纳税人识别号”
购物清单	开一张增值税专用发票，一张开不下，需换张发票开，也可使用清单开票	行数再多，全电发票也可展示出来，全电发票不用后附清单

5. 电子发票的查验

单位和个人可通过全国增值税发票查验平台，对全电发票进行查验。全国统一的发票查验平台包括网页端和小程序，可通过输入网址（https://inv-veri. chinatax. gov. cn/），进入国家税务总局全国增值税发票查验平台网页端（见图 4－16）。全国增值税查验平台仅支持单张发票查验模式，包括手工查验及扫描查验等方式。

图 4－16　国家税务总局全国增值税发票查验平台

（1）可以查验使用增值税发票管理系统开具的发票，包括：

1）增值税专用发票；

2）增值税电子专用发票；
3）增值税普通发票（折叠票）；
4）增值税普通发票（卷票）；
5）增值税电子普通发票（含收费公路通行费增值税电子普通发票）；
6）机动车销售统一发票；
7）二手车销售统一发票。

特别提醒

每张发票每天最多可查验 5 次，已开具的发票存根联保存 5 年。

（2）查验发票的时间范围。
1）查验平台目前可查验开具时间 5 年内使用增值税发票管理系统开具的发票；
2）当日开具的发票当日即可进行查验。

特别提醒

纳税人首次使用国家税务总局全国增值税发票查验平台，可以点击平台页面上的“常见问题”和“操作说明”功能菜单了解该平台，或者点击右下角“手把手教您查发票”链接，观看操作指引小视频。发票查验过程中如遇问题，可拨打 12366 或者进行在线咨询。目前暂时未开通手机端登录平台查验发票功能。

4.2.2　红字全电发票

试点纳税人出现开票有误、销货退回、服务中止、销售折让等情形，需要开具红字全电发票的，按以下规定执行。

（1）受票方未做用途确认及入账确认的，开票方填开《红字发票信息确认单》后全额开具红字全电发票或红字纸质发票，无需受票方确认。原蓝字发票为纸质发票的，开票方应收回原纸质发票并注明“作废”字样或取得受票方的有效证明。

【例 4－1】　2022 年 11 月 10 日，从事食品生产的试点纳税人甲公司发现有一张在 2021 年 12 月 5 日开给从事食品零售的试点纳税人 A 公司的全电发票内容有误，通过电子发票服务平台发现该张发票还未被 A 公司勾选抵扣，也未入账。甲公司财务人员通过电子发票服务平台直接全额开具了对应的红字全电发票。

【解析】

A 公司未做用途确认及入账确认的，甲公司填开《红字发票信息确认单》后全额开具红字全电发票或红字纸质发票，无需 A 公司确认。

【例 4－2】　2022 年 10 月，从事机械加工的试点纳税人乙公司为非试点纳税人 B 公司提供加工劳务。乙公司在 2022 年 4 月 18 日已为 B 公司开具了带有“增值税专用发票”字样的全电发票。4 月 20 日，因客观原因劳务终止，B 公司对该发票未勾选抵扣也未入账，乙公司需全额开具红字全电发票。乙公司财务人员通过电子发票服务平台发起冲红流程，无需B公司确认，系统自动校验通过后生成《红字发票信息确认单》，乙公司财务人员依据核实无误的确认单信息，全额开具红字全电发票。

【解析】

B公司对该发票未勾选抵扣也未入账，乙公司可以全额开具红字全电发票，无需B公司确认。

（2）受票方已进行用途确认或入账确认的，增值税发票综合服务平台为受票方纳税人提供填开、确认《红字发票信息确认单》的功能，开票方或受票方可以填开《红字发票信息确认单》，经对方确认后，开票方可全额或部分开具红字全电发票或红字纸质发票。

受票方已将发票用于增值税申报抵扣的，应暂依《红字发票信息确认单》所列增值税税额从当期进项税额中转出，待取得开票方开具的红字发票后，与《红字发票信息确认单》一并作为记账凭证。

【例4-3】 2022年9月，丙公司（试点纳税人）销售一批服装给试点纳税人C公司，已开具带有“增值税专用发票”字样的全电发票，C公司已勾选抵扣。2022年1月，该批服装发生销货退回。C公司财务人员登录电子发票服务平台，发起冲红流程，选择冲红原因和对应的蓝字发票信息，录入冲红金额和税额。丙公司财务人员完成确认后，系统生成《红字发票信息确认单》，丙公司财务人员据此开具红字全电发票。

【解析】

C公司已勾选抵扣，丙公司财务人员完成确认后，系统生成《红字发票信息确认单》，丙公司财务人员据此开具红字全电发票。

纳税人登录增值税发票综合服务平台后，平台会以弹窗方式提醒纳税人本月（本月1日至当前）取得的各类红字增值税发票信息（即负数发票信息），国家税务总局增值税发票综合服务平台负数发票信息提醒如图4-17所示。

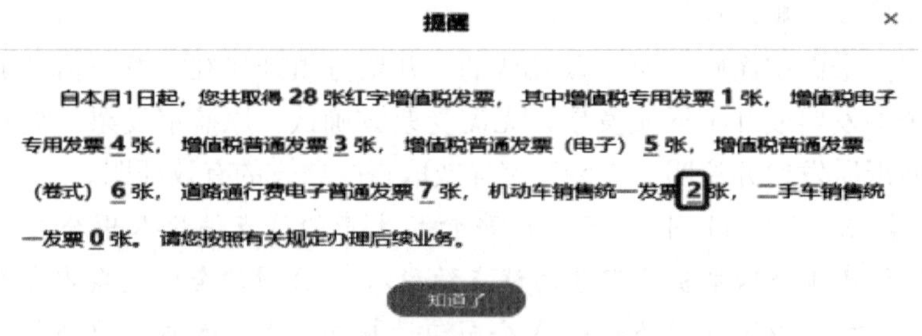

图4-17 国家税务总局增值税发票综合服务平台负数发票信息提醒

4.2.3 使用增值税发票管理新系统开具增值税发票

1. 使用增值税发票管理新系统开具增值税发票的基本规定

增值税一般纳税人销售货物、提供加工修理修配劳务和发生应税行为，可使用增值税发票管理新系统（简称新系统）开具增值税专用发票、增值税普通发票、机动车销售统一发票、增值税电子专用发票、增值税电子普通发票等。一般纳税人只能自行开具增值税专用发票或者普通发票，税务机关不再为其代开。

增值税小规模纳税人销售货物、提供加工修理修配劳务月销售额超过 10 万元（按季纳税 30 万元），或者销售服务、无形资产月销售额超过 10 万元（按季纳税 30 万元），使用新系统开具增值税普通发票、机动车销售统一发票、增值税电子普通发票，或自愿选择自行开具增值税专用发票。

纳税人应在互联网连接状态下在线使用新系统开具增值税发票，新系统可自动上传已开具的发票明细数据。

2. 规范使用编码开具增值税发票

国家税务总局编写了《商品和服务税收分类与编码（试行）》（简称编码），并在新系统中增加了编码相关功能，使用新系统开具增值税发票的纳税人应将增值税税控开票软件升级到最新版本，并规范使用新系统选择相应的编码开具增值税发票。

从 2020 年 2 月 1 日起，小规模纳税人自行开具增值税专用发票的注意事项如下：

（1）所有小规模纳税人（其他个人除外）均可以选择使用增值税发票管理系统自行开具增值税专用发票。

（2）自愿选择自行开具增值税专用发票的小规模纳税人，税务机关不再为其代开。

特别提醒

货物运输业小规模纳税人可以根据自愿原则选择自行开具增值税专用发票；未选择自行开具增值税专用发票的纳税人，按照《国家税务总局关于发布〈货物运输业小规模纳税人申请代开增值税专用发票管理办法〉的公告》（国家税务总局公告 2017 年第 55 号，国家税务总局公告 2018 年第 31 号修改并发布）相关规定，向税务机关申请代开。

（3）自愿选择自行开具增值税专用发票的小规模纳税人销售其取得的不动产，需要开具增值税专用发票的，税务机关不再为其代开。

3. 因网络故障等可以离线开票

纳税人因网络故障等无法在线开票的，在税务机关设定的离线开票时限和离线开具发票总金额范围内仍可开票，超限将无法开具发票。

解释

纳税人已开具未上传的增值税发票为离线发票。离线开票时限是指自第一份离线发票开具时间起开始计算可离线开具的最长时限。离线开票总金额是指可开具离线发票的累计不含税总金额，离线开票总金额按不同票种分别计算。

新办理增值税一般纳税人登记的纳税人，自首次开票之日起 3 个月内不得离线开具发票，按照有关规定不使用网络办税或不具备风险条件的特定纳税人除外。

特别提醒

经税务总局、省税务局大数据分析发现存在涉税风险的纳税人，不得离线开具发票，其开票人员在使用开票软件时，应当按照税务机关指定的方式进行人员身份信息实名验证。

4. 增值税发票综合服务平台

2020年1月8日开始，税务总局将增值税发票选择确认平台升级为增值税发票综合服务平台，为纳税人提供发票用途确认、风险提示、信息下载等服务。主要办理下列事项：

（1）纳税人取得增值税专用发票、机动车销售统一发票、收费公路通行费增值税电子普通发票后，如需用于申报抵扣增值税进项税额或申请出口退税、代办退税，应当登录增值税发票综合服务平台确认发票用途。

特别提醒

增值税发票综合服务平台登录地址由国家税务总局、各省（自治区、直辖市和计划单列市）税务局确定并公布。

（2）纳税人应当按照发票用途确认结果申报抵扣增值税进项税额或申请出口退税、代办退税。纳税人已经申报抵扣的发票，如改用于出口退税或代办退税，应当向主管税务机关提出申请，由主管税务机关核实情况并调整用途。纳税人已经确认用途为申请出口退税或代办退税的发票，如改用于申报抵扣，应当向主管税务机关提出申请，经主管税务机关核实该发票尚未申报出口退税，并将发票电子信息回退后，由纳税人调整用途。

（3）纳税人通过增值税电子发票公共服务平台开具的增值税电子普通发票，属于税务机关监制的发票，采用电子签名代替发票专用章，其法律效力、基本用途、基本使用规定等与增值税普通发票相同。

5. 异常增值税扣税凭证

自2020年2月1日起，下列情形应作为异常增值税扣税凭证（简称异常凭证），由各地税务机关加强管理。

（1）符合相关情形之一的增值税专用发票列入异常凭证范围。

1）纳税人丢失、被盗税控专用设备中未开具或已开具未上传的增值税专用发票。

2）非正常户纳税人未向税务机关申报或未按规定缴纳税款的增值税专用发票。

3）增值税发票管理系统稽核比对发现“比对不符”“缺联”“作废”的增值税专用发票。

4）经税务总局、省税务局大数据分析发现，纳税人开具的增值税专用发票存在涉嫌虚开、未按规定缴纳消费税等情形的。

5）走逃（失联）企业存续经营期间发生下列情形之一的，所对应属期开具的增值税专用发票列入异常凭证范围。

①商贸企业购进、销售货物名称严重背离的；生产企业无实际生产加工能力且无委托加工，或生产能耗与销售情况严重不符，或购进货物并不能直接生产其销售的货物且无委托加工的。

②直接走逃失踪不纳税申报，或虽然申报但通过填列增值税纳税申报表相关栏次，规避税务机关审核比对，进行虚假申报的。

（2）同时符合相关情形的开具的增值税专用发票列入异常凭证范围。增值税一般纳税人申报抵扣异常凭证，同时符合下列情形的，其对应开具的增值税专用发票列入异常凭证范围：

1）异常凭证进项税额累计占同期全部增值税专用发票进项税额 70%（含）以上的。

2）异常凭证进项税额累计超过 5 万元的。

特别提醒

纳税人尚未申报抵扣、尚未申报出口退税或已作进项税额转出的异常凭证，其涉及的进项税额不计入异常凭证进项税额的计算。

（3）列入异常凭证的处理办法。增值税一般纳税人取得的增值税专用发票列入异常凭证范围的，应按照以下规定处理：

1）尚未申报抵扣增值税进项税额的，暂不允许抵扣。已经申报抵扣增值税进项税额的，除另有规定外，一律作进项税额转出处理。

2）尚未申报出口退税或者已申报但尚未办理出口退税的，除另有规定外，暂不允许办理出口退税。适用增值税免抵退税办法的纳税人已经办理出口退税的，应根据列入异常凭证范围的增值税专用发票上注明的增值税税额作进项税额转出处理；适用增值税免退税办法的纳税人已经办理出口退税的，税务机关应按照现行规定对列入异常凭证范围的增值税专用发票对应的已退税款追回。

3）消费税纳税人以外购或委托加工收回的已税消费品为原料连续生产应税消费品，尚未申报扣除原料已纳消费税税款的，暂不允许抵扣；已经申报抵扣的，冲减当期允许抵扣的消费税税款，当期不足冲减的应当补缴税款。

4）纳税信用 A 级纳税人取得异常凭证且已经申报抵扣增值税、办理出口退税或抵扣消费税的，可以自接到税务机关通知之日起 10 个工作日内，向主管税务机关提出核实申请。经税务机关核实，符合现行增值税进项税额抵扣、出口退税或消费税抵扣相关规定的，可不作进项税额转出、追回已退税款、冲减当期允许抵扣的消费税税款等处理。

特别提醒

纳税人对税务机关认定的异常凭证存有异议，可以向主管税务机关提出核实申请。经税务机关核实，符合现行增值税进项税额抵扣或出口退税相关规定的，纳税人可继续申报抵扣或者重新申报出口退税；符合消费税抵扣规定且已缴纳消费税税款的，纳税人可继续申报抵扣消费税税款。

4.2.4 一般情况下销售方开具发票

一般情况下，销售方开具发票的规定为：

（1）销售商品、提供服务以及从事其他经营活动的单位和个人，对外发生经营业务收取款项，收款方应当向付款方开具发票。

（2）特殊情况下，由付款方向收款方开具发票。比如，企业向金融机构支付借款利息和手续费支出时，企业应当向金融机构取得发票。

（3）所有单位和从事生产、经营活动的个人购买商品、接受服务以及从事其他经营活动支付款项，应当向收款方取得发票。取得发票时，不得要求变更品名和金额。

特别提醒

没有财务隶属关系的事业单位等之间发生的往来资金，如科研院所之间、高校之间、科研院所与高校之间发生的科研课题经费等，涉及应税的资金，应使用税务发票；不涉及应税的资金，应凭银行结算凭证入账。如果企业收到政府补贴，相关政府部门应该以银行单据入账。企业收到政府发给的补贴，不属于销售商品、提供服务以及从事其他经营活动取得的增值税应税收入，不需要开具发票，单位只要出具加盖本单位公章的收款收据即可。

4.2.5 购进方索取发票需要提供的信息

企业购进方购买货物、劳务、服务、无形资产或不动产，索取增值税普通发票，需要提供单位名称和纳税人识别号，事业单位如果有纳税人识别号的，也需要提供纳税人识别号。

购买方索取增值税发票的相关信息示例如表4-1所示。

表4-2 企业增值税发票上购买方的相关信息示例

（自2017年7月1日起）

填列项目	填列格式	增值税专用发票	增值税普通发票
客户名称	昆明市龙泉路道路建设工程有限公司	必填	必填
纳税人识别号	53120000615573462P	必填	必填
地址	云南省昆明市龙泉路111号	必填	—
纳税人账户开户银行	建行昆明市龙泉路支行	必填	—
纳税人账户银行账号	53121331114052093291	必填	—
联系电话	0871-651111	必填	—

特别提醒

个人消费者索取增值税普通发票时，不需要向销售方提供纳税人识别号、地址电话、开户行及账号信息，也不需要提供相关证件或其他证明材料。

特别提醒

自 2017 年 7 月 1 日起，如果是企业需要取得普通发票，要注意：（1）请外单位开具普通发票时，需将本单位纳税人识别号或统一社会信用代码告知对方，机打到发票上，否则发票无效。（2）本单位为外单位开具普通发票时，需索要外单位纳税人识别号或统一社会信用代码，并机打到发票上。

4.2.6　各省市税务局为纳税人提供的纳税服务

纳税人需要查询发票流向、发票开具信息、纳税人信用状态和纳税人状态等情况的，可以进入各省市税务局的“纳税服务”中的“公众查询”一栏进行查询。比如在重庆市税务局官方网站中“公众查询”一栏如图 4 - 18 所示。在“发票流向”（见图 4 - 19）中可以查询发票的销售方、购买方和发售日期等有关销售的信息。

图 4 - 18　公众查询

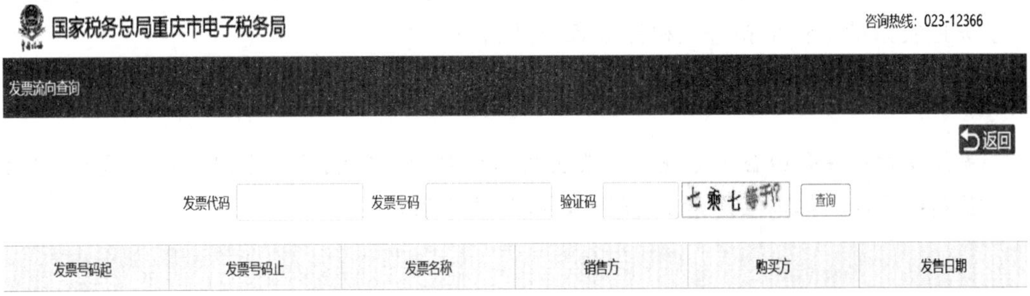

图 4 - 19　发票流向

4.2.7 不得使用增值税专用发票的情形

1. 一般纳税人有下列情形之一的，不得使用增值税专用发票

（1）会计核算不健全，不能向税务机关准确提供增值税销项税额、进项税额、应纳税额数据以及其他有关增值税税务资料的。上述其他有关增值税税务资料的内容，由省、自治区、直辖市和计划单列市税务局确定。

（2）应当办理一般纳税人资格登记而未办理的。

（3）有《税收征收管理法》规定的税收违法行为，拒不接受税务机关处理的。

2. 有下列行为之一，不得使用增值税专用发票，不得抵扣增值税进项税额

（1）虚开增值税专用发票。

（2）不符合进项税额抵扣规定的异常专用发票。

（3）善意取得虚开专用发票但不能重新取得合法、有效的专用发票。

（4）借用他人增值税专用发票。

（5）非客观原因造成的逾期专用发票。

（6）购进货物或应税劳务，票款不一致的增值税专用发票。

（7）没有提供销售货物或提供应税劳务清单的汇总专用发票。

特别提醒

纳税人凭完税凭证抵扣进项税额的，应当具备书面合同、付款证明和境外单位的对账单或发票。资料不全的，其进项税额不得从销项税额中抵扣。

（8）失控发票不得抵扣进项税额，不得办理出口退税。失控发票，指无法控制的发票，通常是防伪税控企业因金税卡被盗而丢失其中未开具的发票，或丢失空白专用发票，以及被列为非正常户（含走逃户）的防伪税控企业未向税务机关申报或未按规定缴纳税款的发票。按照有关规定，未按时抄报税的企业，经税务部门电话联系、实地查找而无下落的，其当月所开具和未开具的防伪税控专用发票将全部上报为失控发票，属于失控发票的不得抵扣进项税额或者办理出口退税。

特别提醒

失控发票往往是由企业走逃或发票丢失而引起的，不能用于办理退税。因此，失控发票虽属于真票，但比假票更具隐蔽性，防范难度也更大。

4.2.8　不得开具增值税专用发票的情形

1. 不得开具增值税专用发票的综合项目

（1）向消费者个人销售货物，提供加工修理修配劳务，销售服务、无形资产或者不动产。

（2）适用免征增值税规定的应税行为、销售货物、提供加工修理修配劳务。

（3）实行增值税退（免）税办法的增值税零税率应税服务。

（4）不征收增值税项目。

2. 营改增特殊应税服务不得开具增值税专用发票

（1）金融商品转让，不得开具增值税专用发票。

（2）试点纳税人提供旅游服务，可以选择以取得的全部价款和价外费用，扣除向旅游服务购买方收取并支付给其他单位或者个人的住宿费、餐饮费、交通费、签证费、门票费和支付给其他接团旅游企业的旅游费用后的余额为销售额。选择上述办法计算销售额的试点纳税人，向旅游服务购买方收取并支付的上述费用，不得开具增值税专用发票，可以开具普通发票。

（3）提供劳务派遣服务选择差额纳税的纳税人，向用工单位收取用于支付给劳务派遣员工工资、福利和为其办理社会保险及住房公积金的费用，不得开具增值税专用发票，可以开具普通发票。

（4）纳税人提供人力资源外包服务，向委托方收取并代为发放的工资和代理缴纳的社会保险、住房公积金，不得开具增值税专用发票，可以开具普通发票。

3. 销售特殊货物不得开具增值税专用发票

（1）一般纳税人销售自己使用过的固定资产，适用简易办法依照 3%征收率减按 2%征收增值税政策的，不得开具增值税专用发票。

（2）小规模纳税人销售自己使用过的固定资产，不得开具增值税专用发票。

（3）纳税人销售旧货，不得自行开具或者代开增值税专用发票。

（4）商业企业一般纳税人零售烟、酒、食品、服装、鞋帽（不包括劳保专用部分）、化妆品等消费品，不得开具增值税专用发票。

特别提醒

纳税人销售自己使用过的固定资产，适用简易办法依照 3%征收率减按 2%征收增值税政策的，可以放弃减税，按照简易办法依照 3%征收率缴纳增值税，并可以开具增值税专用发票。

4. 营改增试点前发生业务不得开具增值税专用发票

（1）纳税人在税务局已申报营业税未开具发票，2016 年 5 月 1 日后需要补开发票的，不得开具增值税专用发票。

（2）一般纳税人销售自行开发的房地产项目，其2016年4月30日前收取并已向主管税务局申报缴纳营业税的预收款，未开具营业税发票的，可以开具增值税普通发票，不得开具增值税专用发票。

5. 管理不规范不得开具增值税专用发票

（1）一般纳税人会计核算不健全，或者不能够提供准确税务资料的，不得开具增值税专用发票。

（2）应当办理一般纳税人资格登记而未办理的，按销售额依照增值税税率计算应纳税额，不得抵扣进项税额，也不得开具增值税专用发票。

4.2.9 纳税人丢失增值税专用发票的处理

购进方取得增值税专用发票丢失的，处理方法为：

（1）一般纳税人同时丢失已开具增值税专用发票或机动车销售统一发票的发票联和抵扣联的，可凭加盖销售方发票专用章的相应发票记账联复印件作为增值税进项税额的抵扣凭证、退税凭证或记账凭证。

（2）一般纳税人丢失已开具增值税专用发票或机动车销售统一发票的抵扣联的，可凭相应发票的发票联复印件，作为增值税进项税额的抵扣凭证或退税凭证。

（3）一般纳税人丢失已开具增值税专用发票或机动车销售统一发票的发票联的，可凭相应发票的抵扣联复印件，作为记账凭证。

4.2.10 红字增值税发票的开具

红字增值税发票的开具，自2016年8月1日起施行。

1. 需要开具红字增值税专用发票的情况

（1）购买方认证相符后，发生销货退回、开票有误、应税服务终止等情形，但不符合发票作废条件，或者因销货部分退回及发生销售折让需要开具红字发票的。

（2）购买方取得专用发票未用于申报抵扣，但发票联或抵扣联无法退回的。

（3）销售方开具专用发票尚未交付购买方，以及购买方未用于申报抵扣并将发票联及抵扣联退回的。

特别提醒

上述（1）和（2）由购买方填开红字信息表，（3）由销售方填开红字信息表。

2. 红字发票的申请流程

红字发票的申请流程分为四步：红字信息表填开、上传信息表至税务局端系统、下载生成编号的信息表、销售方开具负数发票。纳税人可以通过金税盘或税控盘两种开票系统进行申请操作。

（1）购买方取得增值税专用发票和尚未取得增值税专用发票时，具体分为：

1）购买方取得增值税专用发票时，已用于申报抵扣的，购买方可在新系统中填开并上传《开具红字增值税专用发票信息表》（简称《信息表》），见表4-2。在填开《信息表》时不填写相对应的蓝字增值税专用发票信息，应暂根据《信息表》所列增值税税额从当期进项税额中转出，待取得销售方开具的红字增值税专用发票后，与《信息表》一并作为记账凭证。

表4-3　开具红字增值税专用发票信息表

填开日期：　　年　月　日

<table>
<tr><td rowspan="2">销售方</td><td>名称</td><td></td><td rowspan="2">购买方</td><td>名称</td><td colspan="2"></td></tr>
<tr><td>纳税人识别号</td><td></td><td>纳税人识别号</td><td colspan="2"></td></tr>
<tr><td rowspan="6">开具红字专用发票内容</td><td>货物（劳务服务）名称</td><td>数量</td><td>单价</td><td>金额</td><td>税率</td><td>税额</td></tr>
<tr><td></td><td></td><td></td><td></td><td></td><td></td></tr>
<tr><td></td><td></td><td></td><td></td><td></td><td></td></tr>
<tr><td></td><td></td><td></td><td></td><td></td><td></td></tr>
<tr><td>合计</td><td>—</td><td>—</td><td></td><td>—</td><td></td></tr>
<tr><td>说明</td><td colspan="5">一、购买方□
对应蓝字专用发票抵扣增值税销项税额情况：
1. 已抵扣□
2. 未抵扣□
对应蓝字专用发票的代码：　　　号码：________
二、销售方□
对应蓝字专用发票的代码：　　　号码：________</td></tr>
<tr><td>红字专用发票信息表编号</td><td colspan="6"></td></tr>
</table>

2）购买方取得增值税专用发票时，未用于申报抵扣但发票联或抵扣联无法退回的，购买方填开《信息表》时应填写相对应的蓝字增值税专用发票信息。

3）销售方开具增值税专用发票尚未交付购买方，以及购买方未用于申报抵扣并将发票联及抵扣联退回的，销售方可在新系统中填开并上传《信息表》。销售方填开《信息表》时应填写相对应的蓝字增值税专用发票信息。

（2）主管税务机关通过网络接收纳税人上传的《信息表》，系统自动校验通过后，生成带有"红字发票信息表编号"的《信息表》，并将信息同步至纳税人端系统中。

（3）销售方凭税务机关系统校验通过的《信息表》开具红字增值税专用发票，在新系统中以销项负数开具。红字增值税专用发票应与《信息表》一一对应。

（4）纳税人也可凭《信息表》电子信息或纸质资料到税务机关对《信息表》内容进行系统校验。

特别提醒

（1）税务机关为小规模纳税人代开专用发票，需要开具红字专用发票的，按照一般纳税人开具红字专用发票的方法处理。

（2）一张增值税专用发票可以分多次填开对应的红字信息表，即一份蓝字专用发票可以分多次进行红冲。

（3）如果是上年开的增值税专用发票，本年要开红字发票，税控系统数据库中没有上年的发票信息，则在税控系统中输入信息表编号后，如果数据库中无对应蓝字发票，可以进入负数发票填开界面，手动填写发票各项信息。

3. 开具红字增值税普通发票的处理方法

不论是一般纳税人还是小规模纳税人开具红字增值税普通发票，处理方法均为：

（1）纳税人需要开具红字增值税普通发票的，可以在所对应的蓝字发票金额范围内开具多份红字发票。

（2）红字机动车销售统一发票需与原蓝字机动车销售统一发票一一对应。

4.2.11 发票违章处理

1. 违反发票管理办法的处理

（1）发票的开具、使用、缴销、存放、保管的违章处理。违反《中华人民共和国发票管理办法》的规定，有下列情形之一的，由税务机关责令改正，可以处1万元以下的罚款；有违法所得的予以没收。

1）应当开具而未开具发票，或者未按照规定的时限、顺序、栏目，全部联次一次性开具发票，或者未加盖发票专用章的；

2）使用税控装置开具发票，未按期向主管税务机关报送开具发票的数据的；

3）扩大发票使用范围的；

4）以其他凭证代替发票使用的；

5）跨规定区域开具发票的；

6）未按照规定缴销发票的；

7）未按照规定存放和保管发票的。

（2）发票携带、邮寄、运输方法的违章处理。跨规定的使用区域携带、邮寄、运输空白发票，以及携带、邮寄或者运输空白发票出入境的，由税务机关责令改正，可以处1万元以下的罚款；情节严重的，处1万元以上3万元以下的罚款；有违法所得的予以没收。丢失发票或者擅自损毁发票的，依照前款规定处罚。

（3）虚开和非法代开发票的违章处理。违反《中华人民共和国发票管理办法》的规定虚开发票的，由税务机关没收违法所得；虚开金额在1万元以下的，可以并处5万元以下的罚款；虚开金额超过1万元的，并处5万元以上50万元以下的罚款；构成犯罪的，依法追究刑事责任。非法代开发票的，依照前款规定处罚。

（4）转让发票、发票监制章等的违章处理。有下列情形之一的，由税务机关处 1 万元以上 5 万元以下的罚款；情节严重的，处 5 万元以上 50 万元以下的罚款；有违法所得的予以没收：

1）转借、转让、介绍他人转让发票、发票监制章和发票防伪专用品的；

2）知道或者应当知道是私自印制、伪造、变造、非法取得或者废止的发票而受让、开具、存放、携带、邮寄、运输的。

特别提醒

对违反发票管理办法情节严重构成犯罪的，税务机关应当依法移送司法机关处理。

2. 违反发票管理法规的处理

（1）税务机关对违反发票管理法规的行为进行处罚，应当将行政处罚决定书面通知当事人；对违反发票管理法规的案件，应当立案查处。

（2）对违反发票管理法规的行政处罚，由县以上税务机关决定；罚款额在2 000 元以下的，可由税务所决定。

（3）税务机关应当在办税场所或者广播、电视、报纸、期刊、网络等新闻媒体上公告纳税人发票违法的情况。公告内容包括：纳税人名称、纳税人识别号、经营地点、违反发票管理法规的具体情况。

（4）对违反发票管理法规情节严重构成犯罪的，税务机关应当依法移送司法机关处理。

4.3　税务机关代开发票基本规定

由税务机关或者邮政营业网点代开增值税发票的主要是有经营行为的个人和货物运输业小规模纳税人。一般纳税人和小规模纳税人都是通过发票管理系统自行开具增值税专用发票和增值税普通发票，税务机关不再为其代开。

1. 纳入试点的网络平台道路货物运输企业可以为货物运输企业代开增值税专用发票

（1）货物运输业小规模纳税人（简称会员）代开增值税专用发票应具备的条件。自 2020 年 1 月 1 日起，纳入试点的网络平台可以为同时符合以下条件的道路货物运输业小规模纳税人代开增值税专用发票，并代办相关涉税事项：

1）在我国境内提供公路货物运输服务，取得《中华人民共和国道路运输经营许可证》和《中华人民共和国道路运输证》。以 4.5 吨及以下普通货运车辆从事普通道路货物运输经营的，无需取得《中华人民共和国道路运输经营许可证》和《中华人民共和国道路运输证》。

2）以自己的名义对外经营，并办理了税务登记（包括临时税务登记）。

3）未做增值税专用发票票种核定。

4）注册为该平台会员。

特别提醒

会员需要具备与开展业务相适应的相关线上服务能力，包括信息数据交互及处理能力，物流信息全程跟踪、记录、存储、分析能力，实现交易、运输、结算等各环节全过程透明化动态管理，对实际承运驾驶员和车辆的运输轨迹实时展示，并记录含有时间和地理位置信息的实时运输轨迹数据。

（2）网络平台道路货物运输企业代开增值税专用发票的注意事项。使用自有增值税发票税控开票软件，按照3%的征收率代开增值税专用发票，并在发票备注栏注明会员的纳税人名称、纳税人识别号、起运地、到达地、车种车号以及运输货物信息。如内容较多可另附清单。

2. 临时取得收入需要开具增值税普通发票的单位和个人

（1）依法不需要办理税务登记，临时取得收入，需要开具增值税普通发票的单位和个人，按照代开增值税发票的规定，向税务机关或者税务机关确定的辖区内邮政网点申请代开增值税普通发票。

（2）依法不需要办理税务登记的单位或个人出租不动产，不能自行开具增值税发票的，可向不动产所在地主管税务机关申请代开增值税发票。

（3）其他个人，采取一次性收取租金形式出租不动产取得的租金收入，可在对应的租赁期内平均分摊，分摊后的月租金收入未超过10万元的，免征增值税。即自然人以预收款形式收取租金和到期一次性收取租金，均属于采取一次性收取租金形式出租不动产取得的租金，可在对应的租赁期内平均分摊，分摊后的月租金收入未超过10万元的，免征增值税。

特别提醒

个人代开发票（除了其他个人采取一次性收取租金形式）不享受小规模纳税人月销售额不到10万元的税收优惠，需要按照小规模纳税人的增值税征收率缴纳增值税。

练习题

第4章　即测即评

第 5 章

消费税

本章导言

某市酿酒厂主要生产白酒、酒精及饮料，2020 年 10 月，市税务局直属征收分局对其 2020 年 1—9 月的纳税情况进行检查。通过检查主营业务收入明细账，发现酒精产品的销售收入达 2 158 万元，与上年同期相比，增长了 38%。但通过对库存食品账的检查，发现白酒产量比上年同期增长了 11%，酒精产量比上年同期增长了 13.8%，增长幅度不大。企业 1—9 月共结转酒精销售成本 1 098 万元，与酒精销售收入明显不符。由此，检查人员推断，企业存在混淆酒类产品销售与酒精产品销售的问题。问：该酿酒厂逃避缴纳了哪类税金？

5.1 消费税概述

5.1.1 消费税的定义

消费税是指对在我国境内从事生产、委托加工和进口应税消费品的单位和个人，以及国务院确定的销售应税消费品的其他单位和个人征收的一种流转税。

2008 年 11 月 5 日国务院第 34 次常务会议修订通过了《中华人民共和国消费税暂行条例》，2008 年 12 月 15 日财政部和国家税务总局颁布了《中华人民共和国消费税暂行条例实施细则》，自 2009 年 1 月 1 日起施行。

消费税是价内税，主要在应税消费品的生产、委托加工和进口环节缴纳，商业零售业中只有从事金银首饰、铂金饰品、钻石饰品零售业务的单位和个人需要缴纳。

5.1.2 消费税的纳税人

消费税的纳税人包括在中华人民共和国境内生产、委托加工和进口应税消费品的单位和个人，以及国务院确定的销售应税消费品的其他单位和个人。

从2022年11月1日起，电子烟生产和批发环节的纳税人都是消费税的纳税人。包括：（1）取得烟草专卖生产企业许可证，并取得或经许可使用他人电子烟产品注册商标（以下简称持有商标）的企业。（2）通过代加工方式生产电子烟的，由持有商标的企业作为消费税纳税人。而只从事代加工电子烟产品业务的企业不属于电子烟消费税纳税人。（3）通过代加工方式生产电子烟的，由持有商标的企业申报缴纳消费税。

5.1.3 消费税的征税范围

1. 消费税的一般征税范围

（1）生产应税消费品。

1）纳税人生产的应税消费品，于销售时纳税。

2）纳税人自产自用的应税消费品，用于连续生产应税消费品的，不纳税；用于其他方面的，于移送使用时纳税。

（2）委托加工应税消费品。

1）委托加工的应税消费品，是指由委托方提供原料和主要材料，受托方只收取加工费和代垫部分辅助材料加工的应税消费品。

2）对于由受托方提供原材料生产的应税消费品，或者受托方先将原材料卖给委托方，然后再接受加工的应税消费品，以及由受托方以委托方名义购进原材料生产的应税消费品，不论在财务上是否做销售处理，都不得作为委托加工应税消费品，而应当按照销售自制应税消费品缴纳消费税。

3）委托加工的应税消费品，除受托方为个人外，由受托方在向委托方交货时代收代缴消费税。委托个人加工的应税消费品，由委托方收回后缴纳消费税。

4）委托加工的应税消费品，委托方用于连续生产应税消费品的，所纳税款准予按规定抵扣。

5）委托方将收回的应税消费品直接出售的，不再缴纳消费税。

（3）进口应税消费品。单位和个人进口应税消费品，于报关进口时缴纳消费税。

（4）零售金银首饰、铂金首饰、钻石及钻石饰品。

1）金银首饰在零售环节缴纳消费税，生产环节不再缴纳。

2）金银首饰仅限于金、银以及金基、银基合金首饰和金基、银基合金的镶嵌首饰。

特别提醒

不包括镀金首饰和包金首饰。

(5) 批发销售卷烟。烟草批发企业将卷烟销售给零售单位的，再征一道消费税，税率为11%，并按0.005元/支加征从量税。

特别提醒

烟草批发企业将卷烟销售给其他烟草批发企业的，不缴纳消费税。纳税人兼营卷烟批发和零售业务的应当分别核算，未分别核算的，按照全部销售额、销售数量计征批发环节消费税。

2. 加快活跃二手车市场的便利性措施

为了加快活跃二手车市场，商务部等17部门采取了以下便利性措施。

(1) 自2022年10月1日起，对已备案汽车销售企业从自然人处购进二手车的，允许企业反向开具二手车销售统一发票并凭此办理转移登记手续。同时允许汽车销售企业将购进并用于销售的二手车按照“库存商品”科目进行会计核算。已备案汽车销售企业申请办理小型非营运二手车转移登记时，公安机关实行单独签注管理，核发临时号牌。对汽车限购城市，明确汽车销售企业购入并用于销售的二手车不占用号牌指标。

(2) 自2023年1月1日起，对自然人在一个自然年度内出售持有时间少于1年的二手车达到3辆及以上的，汽车销售企业、二手车交易市场、拍卖企业等不得为其开具二手车销售统一发票，不予办理交易登记手续。

政策依据：商务部等17部门发布《关于搞活汽车流通 扩大汽车消费若干措施的通知》(商消费发〔2022〕92号)。

5.1.4 消费税的纳税期限和纳税地点

1. 纳税期限

消费税的纳税期限分别为1日、3日、5日、10日、15日、1个月或1个季度。纳税人的具体纳税期限，由主管税务机关根据纳税人应纳税额的大小分别核定；不能按照固定期限纳税的，可以按次纳税。

纳税人以1个月或者1个季度为1个纳税期的，自期满之日起15日内申报纳税；以1日、3日、5日、10日或者15日为1个纳税期的，自期满之日起5日内预缴税款，于次月1日起15日内申报纳税并结清上月应纳税款。

增值税小规模纳税人缴纳增值税、消费税、文化事业建设费，以及随增值税、消费税附征的城市维护建设税、教育费附加等税费，原则上实行按季申报。

2. 纳税地点

（1）纳税人销售的应税消费品，以及自产自用的应税消费品，除国务院财政、税务主管部门另有规定外，应当向纳税人机构所在地或者居住地的主管税务局申报纳税。

（2）委托加工的应税消费品，由受托方在向委托方交货时代收代缴消费税。委托方收回后直接出售的，不再征收消费税。但对纳税人委托个体经营者加工的应税消费品，一律于委托方收回后在委托方所在地缴纳消费税。

（3）进口的应税消费品，应当向报关地海关申报纳税。

5.1.5 增值税与消费税的区别

（1）征收范围不同。增值税对所有货物（除无形资产和不动产）的生产企业和销售企业普遍征收，同时对所有的劳务征收。消费税只对15种列举的应税消费品征收。增值税的征收范围远大于消费税的征收范围。

（2）与价格的关系不同。增值税是价外税，消费税是价内税。同一货物计征增值税和消费税的价格一般是相同的，包含消费税但不包含增值税。

（3）纳税人的划分不同。增值税纳税人分为一般纳税人和小规模纳税人，对其分别采取不同的征收方式，前者准予抵扣进项税额，而后者不能抵扣进项税额；消费税则无此划分，不管是增值税一般纳税人还是小规模纳税人，在计算消费税时都是相同的。

（4）纳税环节不同。消费税在出厂、委托加工和进口环节缴纳（金银首饰和批发卷烟除外），而且只缴纳一次（卷烟除外），属于单环节征收；增值税则每经过一个流转环节缴纳一次，属于多环节征收。

消费税与增值税征税环节的对比如表5-1所示。

表5-1 消费税与增值税征税环节比较表

征税环节	增值税	消费税
进口应税消费品	缴纳	缴纳（金、银、钻石除外）
生产应税消费品出厂销售	缴纳	缴纳（金、银、钻石除外）
将自产应税消费品用于连续生产应税消费品	无	无
将自产应税消费品用于连续生产非应税货物	无	缴纳
将自产应税消费品用于投资、分红、赠送、职工福利、个人消费、基建工程	缴纳	缴纳
批发应税消费品	缴纳	缴纳（2009年5月起限于卷烟）

特别提醒

（1）消费税与增值税的关系是：消费税与增值税构成对流转额交叉征税（双层征收）的格局，即缴纳消费税的特殊企业同时需要缴纳增值税。不过，消费税属于价内税，而增值税属于价外税。（2）消费税属于中央税，而增值税除了进口环节海关征收的增值税全部属于中央外，其他环节税务机关征收的增值税收入都由中央和地方共享。

【例 5－1】 下列行为中，既缴纳增值税又缴纳消费税的有（　　）。

A. 酒厂将自产的白酒赠送给协作单位

B. 卷烟厂将自产的烟丝移送用于生产卷烟

C. 日化厂将自产的香水精移送用于生产护肤品

D. 汽车厂将自产的应税小汽车赞助给某艺术节组委会

E. 地板厂将生产的新型实木地板奖励给有突出贡献的职工

【解析】

答案：ADE

5.2　消费税的税率

5.2.1　消费税税率的基本规定

消费税的税率有两种形式：一种是比例税率；另一种是定额税率，即单位税额。消费税税率形式主要根据课税对象情况来确定。对一些供求基本平衡、价格差异不大、计量单位规范的消费品，选择计税简单的定额税率，如黄酒、啤酒、成品油等；对一些供求矛盾突出、价格差异较大、计量单位不规范的消费品，选择税价联动的比例税率，如贵重首饰及珠宝玉石、摩托车、小汽车等。

一般情况下，对一种消费品只选择一种税率形式，但为了更好地保全消费税税基，对一些应税消费品如卷烟、白酒，采用了定额税率和比例税率双重征收——复合计税形式。

现行的消费税税目税率表见表 5－2。

表 5－2　消费税税目税率表

（2022 年 11 月修订）

应税消费品名称	比例税率	定额税率	计量单位
一、烟			
1. 卷烟			
（1）工业			
①甲类卷烟（调拨价 70 元（含 70 元，不含增值税）/条以上）	56%	30 元/万支	万支
②乙类卷烟（调拨价 70 元（不含增值税）/条以下）	36%	30 元/万支	
（2）商业批发	11%	50 元/万支	
2. 雪茄烟	36%	—	支
3. 烟丝	30%	—	千克

续表

应税消费品名称	比例税率	定额税率	计量单位
4. 电子烟			
（1）工业	36%	—	盒
（2）商业批发	11%	—	盒
二、酒			
1. 白酒	20%	0.5元/500克（毫升）	500克（毫升）
2. 黄酒	—	240元/吨	吨
3. 啤酒			
（1）甲类啤酒（出厂价格3 000元（含3 000元,不含增值税）/吨以上）	—	250元/吨	吨
（2）乙类啤酒（出厂价格3 000元（不含增值税）/吨以下）	—	220元/吨	
4. 其他酒	10%	—	吨
三、高档化妆品	15%	—	实际使用计量单位
四、贵重首饰及珠宝玉石			
1. 金银首饰、铂金首饰和钻石及钻石饰品	5%	—	实际使用计量单位
2. 其他贵重首饰和珠宝玉石	10%	—	
五、鞭炮、焰火	15%	—	实际使用计量单位
六、成品油			
1. 汽油	—	1.52元/升	升
2. 柴油	—	1.20元/升	
3. 航空煤油	—	1.20元/升	
4. 石脑油	—	1.52元/升	
5. 溶剂油	—	1.52元/升	
6. 润滑油	—	1.52元/升	
7. 燃料油	—	1.20元/升	
七、摩托车			
1. 气缸容量（排气量，下同）=250毫升	3%	—	辆
2. 气缸容量>250毫升	10%	—	
八、小汽车			
1. 乘用车			
（1）气缸容量（排气量，下同）≤1.0升	1%	—	辆
（2）1.0升<气缸容量≤1.5升	3%	—	

续表

应税消费品名称	比例税率	定额税率	计量单位
(3) 1.5升<气缸容量≤2.0升	5%	—	辆
(4) 2.0升<气缸容量≤2.5升	9%	—	
(5) 2.5升<气缸容量≤3.0升	12%	—	
(6) 3.0升<气缸容量≤4.0升	25%	—	
(7) 气缸容量>4.0升	40%	—	
2. 中轻型商用客车	5%	—	
3. 超豪华小汽车	10%	—	
九、高尔夫球及球具	10%	—	实际使用计量单位
十、高档手表	20%	—	只
十一、游艇	10%	—	艘
十二、木制一次性筷子	5%	—	万双
十三、实木地板	5%	—	平方米
十四、电池	4%	—	只
十五、涂料	4%	—	吨

其中，计量单位换算标准为：汽油1吨=1 388升，柴油1吨=1 176升，石脑油1吨=1 385升，溶剂油1吨=1 282升，润滑油1吨=1 126升，燃料油1吨=1 015升，航空煤油1吨=1 246升，黄酒1吨=962升，啤酒1吨=988升。

5.2.2 消费税适用税率的新特殊规定

1. 在“小汽车”税目下增设“超豪华小汽车”子税目

自2016年12月1日起，对我国驻外使领馆工作人员、外国驻华机构及人员、非居民常住人员、政府间协议规定等应税（消费税）进口自用，且完税价格130万元及以上的超豪华小汽车消费税，按照生产（进口）环节税率和零售环节税率（10%）加总计算，由海关代征。

2. 将“化妆品” 税目名称更名为“高档化妆品”

自2016年10月1日起，取消对普通美容、修饰类化妆品征收消费税，征收范围包括高档美容、修饰类化妆品，高档护肤类化妆品和成套化妆品。高档美容、修饰类化妆品和高档护肤类化妆品是指生产（进口）环节销售（完税）价格（不含增值税）在10元/毫升（克）或15元/片（张）及以上的美容、修饰类化妆品和护肤类化妆品。消费税税率调整为15%。

5.3 消费税的计税依据

5.3.1 消费税销售额的确定

1. 应税销售行为的确定

纳税人的销售行为分为销售和视同销售两类。下列情况均应确定为销售或视同销售行为，确定销售额（也包括销售数量），并按规定缴纳消费税。

（1）有偿转让应税消费品所有权的行为。

（2）纳税人自产自用的应税消费品用于其他方面。

（3）委托加工应税消费品。

对于委托加工收回的应税消费品直接出售的，可不计算销售额，不再征收消费税。

2. 销售额的确定

（1）销售额的基本内容。销售额是纳税人销售应税消费品向购买方收取的全部价款和价外费用，包括消费税但不包括增值税。如果纳税人应税消费品的销售额中未扣除增值税税款或者因不得开具增值税专用发票而发生价款和增值税税款合并收取的情况，则需要进行换算，其换算公式为：

$$应税消费品的销售额=\frac{含增值税销售额}{1+增值税税率(或征收率)}$$

价外费用是指价外向购买方收取的手续费、补贴、基金、集资费、返还利润、奖励费、违约金、滞纳金、延期付款利息、赔偿金、代收款项、代垫款项、包装费、包装物租金、储备费、优质费、运输装卸费以及其他各种性质的价外收费。但下列项目不包括在内：

1）同时符合以下条件的代垫运输费用：①承运部门的运输费用发票开具给购买方的；②纳税人将该项发票转交给购买方的。

2）同时符合以下条件的代为收取的政府性基金或者行政事业性收费：①由国务院或者财政部批准设立的政府性基金，由国务院或者省级人民政府及其财政、价格主管部门批准设立的行政事业性收费；②收取时开具省级以上财政部门印制的财政票据；③所收取的款项全额上缴财政。此外，白酒生产企业向商业销售单位收取的“品牌使用费”是随着应税白酒的销售而向购买方收取的，属于应税白酒销售价款的组成部分，因此，不论企业采取何种方式，以何种名义收取价款，均应并入白酒的销售额中缴纳消费税。

价外费用一般也是含税价款，需要进行换算，其换算公式为：

$$应税消费品的不含税价外费用=\frac{价外费用}{1+增值税税率(或征收率)}$$

【例5-2】 甲酒厂为增值税一般纳税人，5月销售果木酒，取得不含增值税销售额

10万元，同时收取包装物租金0.565万元、优质费2.26万元。已知果木酒消费税税率为10%，增值税税率为13%，甲酒厂当月销售果木酒应缴纳的消费税税额是多少？

【解析】

销售果木酒的同时收取的包装物租金和优质费属于消费税的价外费用，应价税分离后并入销售额征收消费税。

$$应纳消费税=\left(10+\frac{0.565+2.26}{1+13\%}\right)\times10\%=1.25(万元)$$

特别提醒

消费税的销售额一般与增值税的销售额一致，包括向购买方收取的全部价款和价外费用，但下列情况除外：

(1) 委托加工应税消费品，征收增值税的销售额为受托方收取的加工费，纳税人为受托方；而征收消费税的销售额为受托方同类货物的售价或组成计税价格，委托方为纳税人，受托方为代收代缴义务人。

(2) 将自产的应税消费品用于投资、抵债、易物时，消费税按同期同类应税消费品的最高售价征收，而增值税仍按当期平均售价征收。

(3) 销售从量定额征收消费税的应税消费品（包括啤酒、黄酒和成品油）收取的包装物押金逾期未退还的，应当征收增值税，不征收消费税。

(2) 纳税人以外购、进口、委托加工收回的应税消费品（简称外购应税消费品）为原料连续生产应税消费品，准予按现行政策规定抵扣外购应税消费品已纳消费税税款。

国家税务总局专门发文规定，自2016年10月1日起，高档化妆品消费税纳税人以外购、进口和委托加工收回的高档化妆品为原料继续生产高档化妆品，准予从应纳税额中扣除外购、进口和委托加工收回的高档化妆品已纳消费税税款。

特别提醒

增值税和消费税的区别如表5-3所示。

表5-3 增值税和消费税的区别

行为	增值税	消费税
将自产应税消费品用于连续生产应税消费品，如自产烟丝连续加工卷烟	不计	不计
将自产应税消费品用于连续生产非应税消费品，如自产香水精连续生产普通护肤护发品	不计	按同类加权平均售价计收入征税
将自产应税消费品用于馈赠、赞助、集资、广告、样品、职工福利、奖励等	按同类加权平均售价计收入征税	按同类加权平均售价计收入征税
将自产应税消费品用于以物易物、投资入股、抵偿债务	按同类加权平均售价计收入征税	按同类最高价计收入征税

特别提醒

只有从工业企业购进并取得增值税专用发票的上述已税消费品才存在扣税问题，从商业企业购进的上述已税消费品不能扣税。

【例 5－3】 某化妆品生产企业为增值税一般纳税人，4 月生产香水精 5 吨，成本为 16 万元，将 0.7 吨移送投入车间连续生产护手霜；2 吨移送用于连续生产调制香水；1 吨对外销售，取得不含税收入 14 万元。企业当期销售护手霜取得不含税收入 20 万元，销售香水取得不含税收入 30 万元，当期发生可抵扣增值税进项税额 6 万元。高档化妆品适用的消费税税率为 15%。请计算该企业应缴纳的增值税和消费税。

【解析】

当期应纳增值税＝(20＋14＋30)×13%－6＝2.32(万元)

当期应纳消费税＝[14×(1＋0.7)＋30]×15%＝8.07(万元)

（3）包装物的消费税。

1）直接并入销售额计税。具体规定为：①应税消费品连同包装物销售的，不论包装物是否单独计价，也不论在会计上如何核算，均应并入应税消费品的销售额中征收消费税。②对酒类（除啤酒、黄酒）产品生产企业销售酒类产品而收取的包装物押金，无论押金是否返还及会计上如何核算，均应并入酒类产品销售额中征收消费税。

2）逾期并入销售额计税。对收取押金（酒类以外）的包装物，未到期押金不计税。但对逾期未收回的包装物不再退还的和已收取 12 个月以上的押金，应并入应税消费品的销售额的，按照应税消费品的适用税率征收消费税。

5.3.2 消费税计税依据的若干特殊政策

1. 计税价格的核定

应税消费品计税价格明显偏低且无正当理由的，税务机关有权核定其计税价格。应税消费品计税价格的核定权限规定如下：

（1）卷烟和粮食白酒的计税价格由国家税务总局核定，送财政部备案。其消费税计税价格的核定公式为：

$$\begin{array}{l}\text{某牌号规格卷烟}\\\text{消费税计税价格}\end{array}=\frac{\text{该牌号卷烟市场零售价格}}{1+45\%}$$

不进入烟草交易会，没有调拨价格的卷烟，其消费税计税价格由省级税务局按照下列公式核定：

$$\text{某牌号规格卷烟计税价格}=\frac{\text{该牌号卷烟市场零售价格}}{1+35\%}$$

（2）其他应税消费品的计税价格由各省、自治区、直辖市税务局核定。

（3）进口的应税消费品的计税价格由海关核定。

（4）按照实际销售价格与计税价格和核定价格孰高的原则征税。

2. 自设非独立核算门市部计税的规定

纳税人通过非独立核算门市部销售的自产应税消费品，应按门市部对外销售额或者销售数量计算征收消费税。

【例5-4】 某高尔夫球具厂为增值税一般纳税人，下设一非独立核算的门市部，某年8月该厂将生产的一批成本价70万元的高尔夫球具移送门市部，门市部将其中的80%零售，取得含税销售额74.58万元。高尔夫球具的消费税税率为10%，成本利润率为10%。该项业务应缴纳的消费税税额是多少？

【解析】

计税时要按非独立核算门市的销售额计算消费税税额。

$$应纳消费税税额=\frac{74.58}{1+13\%}\times 10\%=6.6(万元)$$

3. 以同类最高销售价格作为计税依据的规定

纳税人自产的应税消费品用于换取生产资料和消费资料、投资入股和抵偿债务等方面的，应当以纳税人同类应税消费品的最高销售价格作为计税依据。

5.4 消费税的计算

5.4.1 销售应税消费品的应纳税额计算

1. 销售数量的确定

（1）销售应税消费品的，为应税消费品的销售数量。

（2）自产自用应税消费品的，为应税消费品的移送使用数量。

（3）委托加工应税消费品的，为纳税人收回的应税消费品数量。

（4）进口的应税消费品，为海关核定的应税消费品进口征税数量。

2. 一般计税依据的确定

我国消费税实行从价定率、从量定额，或者从价定率和从量定额复合计税（以下简称复合计税）的办法计算应纳税额。

（1）实行从价定率计税办法的，计税依据是销售额，适用范围是除列举项目之外的应税消费品。

（2）实行从量定额计税办法的，计税依据是销售数量，适用范围是啤酒、黄酒和成品油。

（3）实行复合计税办法的，计税依据是销售额和销售数量，适用范围是粮食白酒、薯类白酒和卷烟。

3. 应纳税额的计算

按消费税实行的不同计税办法计算应纳税额的公式分别为：

实行从价定率办法计算的应纳税额＝销售额×比例税率

实行从量定额办法计算的应纳税额＝销售数量×定额税率

实行复合计税办法计算的应纳税额＝销售额×比例税率＋销售数量×定额税率

特别提醒

消费税是价内税，实行从价定率征收的应税消费品，其计税依据是含消费税而不含增值税的销售额。

5.4.2 自产自用应税消费品的应纳税额计算

纳税人将自产或委托加工的货物用于非增值税应税项目、集体福利或个人消费、对外投资、分配给投资者、无偿赠送的，按照下列顺序计算纳税：

（1）按照纳税人生产的同类消费品的销售价格计算纳税；

（2）没有同类消费品销售价格的，按照组成计税价格计算纳税。

1）实行从价定率办法计算纳税的组成计税价格的公式为：

$$组成计税价格=\frac{成本+利润}{1-消费税税率}$$

2）实行复合计税办法计算纳税的组成计税价格的公式为：

$$组成计税价格=\frac{成本+利润+自产自用数量\times定额税率}{1-消费税税率}$$

特别提醒

增值税与消费税组成计税价格计算公式的对比如表5-4所示。

表5-4 增值税与消费税组成计税价格计算公式的对比

计税方法	消费税组成计税价格	增值税组成计税价格	成本利润率
从价计税	$\frac{成本+利润}{1-消费税税率}$	成本×(1＋成本利润率)＋消费税 或 $\frac{成本+利润}{1-消费税税率}$	消费税规定的成本利润率
从量计税	不组成计税价格	成本×(1＋成本利润率）＋消费税	统一规定的成本利润率10%

续表

计税方法	消费税组成计税价格	增值税组成计税价格	成本利润率
复合计税	$\frac{\text{成本}+\text{利润}+\text{自产自用数量}\times\text{定额税率}}{1-\text{消费税税率}}$	成本×(1+成本利润率)+消费税	消费税规定的成本利润率
不缴纳消费税货物	不计税	成本×(1+成本利润率)	统一规定的成本利润率10%

【例5-5】 某酒厂6月份生产一种新的粮食白酒，广告样品使用0.4吨，已知该种白酒无同类产品出厂价格，生产成本为每吨42 000元，成本利润率为10%，粮食白酒定额税率为每500克0.5元，比例税率为20%。该厂当月当缴纳的消费税是多少？

【解析】

本题中，吨与克需要进行换算：

1吨＝1 000千克＝1 000 000克

白酒从量计征的消费税＝0.4×1 000 000÷500×0.5＝400(元)

白酒从价计征的消费税＝[0.4×42 000×(1＋10%)＋400]÷(1－20%)×20%

＝4 720(元)

该厂当月应纳消费税＝400＋4 720＝5 120(元)

5.4.3 委托加工应税消费品的应纳税额计算

委托加工应税消费品是指由委托方提供原料和主要材料，受托方只收取加工费和代垫部分辅助材料加工的应税消费品。对于由受托方提供原材料生产的应税消费品，或者受托方先将原材料卖给委托方，再接受加工的应税消费品，以及由受托方以委托方名义购进原材料生产的应税消费品，不论纳税人在财务上是否做销售处理，都不得作为委托加工应税消费品，而应当按照销售自制应税消费品缴纳消费税。

具体规定如下：

(1) 委托加工的应税消费品收回后直接出售的，不再缴纳消费税。

(2) 受托方加工完毕向委托方交货时，由受托方代收代缴消费税。如果受托方是个体经营者，委托方须在收回加工应税消费品后向所在地主管税务机关缴纳消费税。

(3) 委托加工的应税消费品，按照受托方的同类消费品的销售价格计算纳税；没有同类消费品销售价格的，按照组成计税价格计算纳税。

1) 实行从价定率办法计算纳税的组成计税价格的公式如下：

$$\text{组成计税价格}=\frac{\text{材料成本}+\text{加工费}}{1-\text{消费税税率}}$$

2) 实行复合计税办法计算纳税的组成计税价格的公式如下：

$$\text{组成计税价格}=\frac{\text{材料成本}+\text{加工费}+\text{委托加工数量}\times\text{定额税率}}{1-\text{消费税税率}}$$

特别提醒

委托加工应税消费品要缴纳消费税（委托方收回后直接出售的除外），但不缴纳增值税；委托加工应税消费品的委托方是消费税的纳税人，不是增值税的纳税人；受托方提供了加工劳务，要缴纳增值税。

【例5-6】 某鞭炮企业某年10月受托为某单位加工鞭炮，原材料金额为30万元，收取委托单位不含增值税的加工费4万元，鞭炮企业当地无加工鞭炮的同类产品市场价格。鞭炮的消费税税率为15%。该鞭炮企业应代收代缴的消费税是多少？

【解析】

应代收代缴消费税＝30＋4÷(1－15%)×15%＝6(万元)

【例5-7】 甲企业为增值税一般纳税人，4月接受某烟厂委托加工烟丝，甲企业自行提供烟叶的成本为35 000元，代垫辅助材料2 000元（不含税），发生加工支出4 000元（不含税）；甲企业当月允许抵扣的进项税额为340元。烟丝的成本利润率为5%。计算该企业应缴纳的增值税和消费税。

【解析】

组成计税价格＝(35 000＋2 000＋4 000)×(1＋5%)÷(1－30%)
＝61 500(元)

应纳增值税＝61 500×13%－340＝7 655(元)

应纳消费税＝61 500×30%＝18 450(元)

5.4.4 进口应税消费品的应纳税额计算

实行从价定率办法计算纳税的组成计税价格的公式如下：

$$组成计税价格=\frac{关税完税价格+关税}{1-消费税税率}$$

实行复合计税办法计算纳税的组成计税价格的公式如下：

$$组成计税价格=\frac{关税完税价格+关税+进口数量\times消费税定额税率}{1-消费税税率}$$

应纳消费税＝组成计税价格×消费税税率

【例5-8】 6月3日，某进出口公司从国外进口卷烟1 000标准箱（每箱250条，每条200支），支付买价1 650万元，支付到达我国海关前的运输费用15万元、保险费用12万元。进口卷烟的关税税率为20%。请计算该公司进口卷烟应纳的增值税和消费税。

【解析】

进口环节的卷烟有特殊规定，进口卷烟要二次组价，第一次组价用来确定税率，第二次组价用来计算税款。第一次组价时固定使用36%的低税率，用组出来的价格与70元比较，从而确定最终税率，再按确定好的税率，二次组价计算消费税税款。

关税＝(1 650＋15＋12)×20％＝335.40(万元)

确定每标准条进口卷烟(200支)适用消费税比例税率的价格

＝[10 000×(1 650＋15＋12＋335.40)÷(1 000×250)＋0.003×200]÷(1－36％)

＝126.71(元)

126.71元>70元，所以进口卷烟消费税适用税率56％。

进口卷烟消费税＝(1 650＋15＋12＋335.40＋1 000×0.003×200×250÷10 000)÷(1－56％)×56％＋1 000×0.003×200×250÷10 000

＝2 595.33(万元)

进口卷烟增值税＝(1 650＋15＋12＋335.40＋1 000×0.003×200×250÷10 000)÷(1－56％)×13％

＝599(万元)

进口环节缴纳税金合计＝335.40＋2 595.33＋599＝3 529.73(万元)

5.4.5 已纳消费税扣除的计算

1. 外购应税消费品已纳消费税的扣除

外购已税消费品连续生产应税消费品销售时，可按当期生产领用数量计算准予扣除外购应税消费品已纳的消费税税款。

当期准予扣除的外购应税消费品已纳消费税税款的计算公式为：

当期准予扣除的外购应税消费品已纳税款＝当期准予扣除的外购应税消费品买价×外购应税消费品适用税率

当期准予扣除的外购应税消费品买价＝期初库存外购应税消费品买价＋当期购进外购应税消费品买价－期末库存外购应税消费品买价

【例5-9】 某烟厂某年10月外购烟丝，取得增值税专用发票，注明税款为6.5万元，本月生产领用80％，期初尚有库存外购烟丝2万元，期末库存烟丝12万元。该企业本月准予扣除的消费税是多少？

【解析】

本月外购烟丝的买价＝6.5÷13％＝50(万元)

生产领用部分的买价＝50×80％＝40(万元)

本月准予扣除的消费税＝40×30％＝12(万元)

2. 委托加工收回的应税消费品已纳税款的扣除

对委托加工收回的消费品已纳的消费税，可按当期生产领用数量从当期应纳消费税税额中扣除，这种扣税方法与外购已税消费品连续生产应税消费品的扣税范围和扣税计算相同。当期准予扣除的委托加工应税消费品已纳税款的计算公式为：

当期准予扣除的委托加工应税消费品已纳税款＝期初库存委托加工应税消费品已纳税款＋当期收回委托加工应税消费品已纳税款－期末库存委托加工应税消费品已纳税款

特别提醒

（1）纳税人用外购的已税珠宝玉石生产的改在零售环节征收消费税的金银首饰（镶嵌首饰），在计税时一律不得扣除外购珠宝玉石的已纳消费税税款。

（2）纳税人用委托加工收回的已税珠宝玉石生产的改在零售环节征收消费税的金银首饰，在计税时一律不得扣除委托加工收回的珠宝玉石的已纳消费税税款。

消费税纳税申报表见二维码。

消费税纳税申报表

【例 5－10】 甲企业为增值税一般纳税人，主要从事小汽车的制造和销售业务。2019 年 7 月有关业务如下：

（1）销售一辆定制小汽车取得含增值税价款 226 000 元，另收取手续费33 900 元。

（2）将 20 辆小汽车对外投资，小汽车生产成本为 10 万元/辆，甲企业同类小汽车不含增值税最高销售价格为 16 万元/辆，平均销售价格为 15 万元/辆，最低销售价格为 14 万元/辆。

（3）采取预收款方式销售给 4S 店一批小汽车，当月 5 日签订合同，当月 10 日收到预收款，当月 15 日发出小汽车，当月 20 日开具发票。

（4）生产中轻型商用客车 500 辆，其中 480 辆用于销售，10 辆用于广告，8 辆用于企业管理部门，2 辆用于赞助。

已知小汽车的增值税税率为 13%，消费税税率为 5%。

要求：根据上述资料，分析回答下列问题。

（1）甲企业销售定制小汽车应缴纳的消费税税额的下列计算中，正确的是（　　）。

A. 226 000×5%＝11 300(元)

B. (226 000＋33 900)÷(1＋13%)×5%＝11 500(元)

C. 226 000÷(1＋13%)×5%＝10 000(元)

D. (226 000＋33 900)×5%＝12 995(元)

【解析】

答案：B。销售小汽车同时收取的手续费应作为价外收入，价税分离后计入销售额征收消费税。因此

甲企业销售定制小汽车应缴纳消费税＝(226 000＋33 900)÷(1＋13%)×5%

＝11 500(元)

(2) 甲企业以小汽车投资应缴纳消费税税额的下列计算中，正确的是（　　）。

A. 20×16×5%=16(万元)　　B. 20×15×5%=15(万元)

C. 20×10×5%=10(万元)　　D. 20×14×5%=14(万元)

【解析】

答案：A。纳税人用于换取生产资料和消费资料、投资入股和抵偿债务等方面的应税消费品，应当以纳税人同类应税消费品的最高销售价格作为计税依据计算消费税。

(3) 甲企业采用预收款方式销售小汽车，消费税的纳税义务发生时间是（　　）。

A. 7月5日　　B. 7月10日

C. 7月15日　　D. 7月20日

【解析】

答案：C。采取预收货款结算方式的，消费税纳税义务发生时间为发出应税消费品的当天。

(4) 下列行为应缴纳消费税的是（　　）。

A. 480辆用于销售　　B. 10辆用于广告

C. 8辆用于企业管理部门　　D. 2辆用于赞助

【解析】

答案：ABCD。纳税人将自产自用的应税消费品用于生产非应税消费品、在建工程、管理部门、非生产机构、提供劳务、馈赠、赞助、集资、广告、样品、职工福利、奖励等方面，视同销售应税消费品，于移送使用时纳税。

练习题

1. 甲企业主要从事高档化妆品的生产和销售业务，2021年9月有关经营情况如下：

(1) 销售自产W型高档化妆品一批，取得不含增值税销售额203万元，另收取包装费1.13万元。

(2) 当月赠送自产的Y型高档化妆品一批，该批化妆品成本为8.5万元，甲企业按同类化妆品的平均销售价格确定的不含增值税金额为17万元。

(3) 当月将闲置房产出租，合同约定每月含增值税租金为3.15万元，本月一次性收取一年的租金37.8万元。

(4) 购进生产用设备一台，取得增值税专用发票注明税额13万元；购进健身器材一批用于职工福利，取得增值税专用发票注明税额0.26万元；支付企业招待客户餐饮费用，取得增值税普通发票注明税额0.3万元；支付员工出差住宿费用，取得增值税专用发票注明税额0.6万元。

已知：增值税税率为13%，消费税税率为15%；出租不动产选择简易计税方法，增值税征收率为5%。

要求：根据上述资料，不考虑其他因素，分析回答下列问题。

(1) 计算甲企业当月销售自产的W型高档化妆品应缴纳的消费税。

(2) 计算甲企业当月赠送自产的Y型高档化妆品的增值税销项税额。

（3）计算甲企业当月出租闲置房产应缴纳的增值税。

2. 甲企业为增值税一般纳税人，主要从事小汽车的制造和销售业务。2020年7月有关业务如下：

（1）销售1辆定制小汽车取得含增值税价款22.6万元，另收取手续费3.39万元。

（2）将20辆小汽车对外投资，小汽车生产成本为10万元/辆，甲企业同类小汽车不含增值税最高销售价格为16万元/辆，平均销售价格为15万元/辆，最低销售价格为14万元/辆。

（3）采取预收款方式销售给4S店一批小汽车，当月5日签订合同，当月10日收到预收款，当月15日发出小汽车，当月20日开具发票。

（4）生产中轻型商用客车500辆，其中480辆用于销售，10辆用于广告，8辆用于企业管理部门，2辆用于赞助。

已知：小汽车增值税税率为13%，消费税税率为5%。

要求：根据上述资料，不考虑其他因素，分析回答下列问题。

（1）计算甲企业销售定制小汽车应缴纳的消费税。

（2）计算甲企业用小汽车投资应缴纳的消费税。

3. 甲企业（增值税一般纳税人）2020年8月有关经营情况如下：

（1）销售自产高档精华一批，取得不含增值税销售额600万元，另收取包装费2.26万元。

（2）当月将自产的一批高档口红套装作为职工福利，该批化妆品成本为8万元，甲企业同类化妆品平均不含税销售价格为12万元。

（3）当月将闲置仓库对外出租，一次性收取一年的含税租金24万元。

（4）购进生产用设备一台，取得增值税专用发票注明税额10万元。

（5）购进包装设计服务，取得增值税专用发票注明税额0.32万元。

已知：甲企业销售高档化妆品适用的增值税税率为13%，消费税税率为15%，高档化妆品成本利润率为5%；出租不动产选择简易计税方法，增值税征收率为5%；取得的扣税凭证已勾选抵扣。

要求：根据上述资料，不考虑其他因素，分析回答下列问题。

（1）计算甲企业当月销售自产高档精华应缴纳的消费税。

（2）计算甲企业当月出租闲置仓库应缴纳的增值税。

第5章　即测即评

第6章
关　税

本章导言

根据我国政府与有关国家政府换文规定，自2022年12月1日起，对原产于阿富汗、贝宁共和国、布基纳法索、几内亚比绍共和国、莱索托王国、马拉维共和国、圣多美和普林西比民主共和国、坦桑尼亚联合共和国、乌干达共和国和赞比亚共和国等10个最不发达国家的98%税目的进口产品，适用税率为零的特惠税率。其中，98%税目为税委会公告2021年第8号文件的附件中税率为零的税目，共计8 786个。

6.1　关税概述

以2000年7月全国人民代表大会修正颁布的《中华人民共和国海关法》（简称《海关法》）为法律依据，2003年11月国务院发布了《中华人民共和国进出口关税条例》（简称《进出口关税条例》）。

6.1.1　关税的概念及特点

1. 关税的概念

关税是海关依法对进出境的贸易性货物和非贸易性物品征收的一种税。

国境和关境、货物和物品是两组不同的概念。关税中的“境”是指关境，又称海关境域或关税领域，是一国海关法全面实施的领域，关境与国境有时一致，有时不一致。

海关在征收进出口关税的同时，还代征进出口增值税和消费税。

2. 我国关税政策的调整

关税政策的调整一般分为两种方式：一是自主性的调整；二是具有外部约束性的调整。我国从2001年12月11日起正式成为世界贸易组织（WTO）成员后，关税政策的调整明显地表现出非自主性，即关税政策不仅需要根据本国实际情况做调整，而且要根据WTO的相关规则和要求做调整。

自2017年7月1日起实施第二次降关税。自2017年1月1日起对822项进口商品实施暂定税率；自2017年7月1日起，将实施进口商品暂定税率的商品范围调减至805项，对铬铁等213项出口商品征收出口关税，其中有50项暂定税率为零。

6.1.2 关税的征税对象及纳税人

1. 关税的征税对象

关税的征税对象是准允进出境的货物和物品。货物是指贸易性商品物资；物品是指入境旅客随身携带的行李物品、个人邮递物品、各种运输工具上的服务人员携带进口的自用物品、馈赠物品以及以其他方式入境的个人物品。货物和物品在计征关税时有不同的计税规则。

2. 关税的纳税人

关税的纳税人为进口货物收货人、出口货物发货人、进出境物品的所有人和推定所有人（持有人、收件人等）。

解释

我国目前针对行李和邮递物品征收的进口税又称行邮税。行邮税是海关对入境旅客行李物品和个人邮递物品（非贸易性进口物品）征收的进口税。行邮税的纳税人是携带应税个人自用物品入境的旅客及运输工具服务人员、进口邮递物品的收件人以及以其他方式进口应税个人自用物品的收件人。现行行邮税税率分为50％，20％，10％三个档次。行邮税是关税、增值税、消费税三个税种的混合体，从价计征，完税价格由海关参照该物品境外正常零售平均价格确定。行邮税的纳税人应在海关放行该物品前缴清税款。

6.2 关税的税率

进出口货物应当依照关税税则规定的归类原则归入合适的税号，并按照适用的税率计算关税税负。由于关税分类和计税方法不同，关税税率的表现形式也各不相同。

1. 进口关税税率

进口关税是进口国海关对进口货物和物品征收的关税。它是最主要的关税种类，一般是在外国商品（包括从自由港、自由贸易区或海关保税仓库等地提出，运往进口国国内市场的外国商品）进入关境、办理海关手续时征收。进口关税可以常规性地按海关税则征收，也有临时加征的附加税。

无论是在发达国家还是在发展中国家，进口关税都是最主要、最关键的一种关税，它在政府的财政收入和宏观经济运行中占有十分重要的地位。进口关税是各国政府限制进口、保护本国市场、筹集财政收入的重要方式，也是国家执行保护性关税政策最重要的手段。关税按照不同的标准可以有不同的分类。

（1）按照征收目的分类。

1）财政关税。财政关税是指以筹集或增加国家财政收入为目的而征收的关税。财政关税的基本特征是对进口产品与本国同类产品征收同样的税，或者征收的关税既不引导本国生产该种产品，也不引导本国生产能转移该种产品需求的代用品。财政关税的税率一般比较低，有助于外国大宗商品的输入，而大量输入外国商品正是增加关税收入的主要途径。

2）保护关税。保护关税是指以保护本国经济发展为目的而征收的关税。由于关税构成进口货物的成本，对进口商品征收关税会提高进口商品的价格，削弱它与国内生产的同类商品的竞争力，从而有利于保护国内企业的生产。随着世界经济的发展，保护关税成为各国推行贸易保护主义的重要手段。

（2）按照征收标准和方法分类。

1）从价税。从价税是指以货物价格为计征标准而征收的关税，是最常用的关税计税标准。

2）从量税。从量税是指以货物的计量单位（重量、数量、体积、长度）作为计征标准而计算征收的一种关税。

3）复合税。复合税是指对同一税目的货物同时采用从价税和从量税两种标准而课征的一种关税。

4）选择税。选择税是指在海关税则中对同一税目的商品规定有从价标准和从量标准征收税款的两种税率，在征收时可由海关选择其中一种计征。一般是选择税额较高的一种。基本原则是在物价上涨时使用从价税，在物价下跌时使用从量税。

5）滑准税。滑准税是指对同一税目的商品按其价格的高低，设定不同的税率，进口货物按其价格水平所适用的税率课税。这一概念在下面再详细分析。

6）差价税。差价税又称差额税，是指其税率按照进口货物价格低于国内同类货物价格的差额来确定的一种进口关税。

（3）按照货物来源的国别（地区）不同分类。

1）普通关税。普通关税也称一般关税，是指对与本国没有签署贸易或经济优惠等友好协定的国家原产的货物征收的非优惠性关税，其税率通常较高。普通关税还适用于未签订最惠国待遇贸易协定的国家和地区的关税。

2）最惠国关税。最惠国关税适用于原产于与我国共同适用最惠国待遇条款的WTO成员方的进口货物，或原产于与我国签订有相互给予最惠国待遇条款的双边贸易协定的国家或地区的进口货物。其税率通常比普通关税税率要低，但高于特惠关税税率。这说明最惠国关税不是最优惠的关税，而只是一种非歧视性的关税待遇。最惠国税率比普通税率要低，税率差幅往往很大。例如，美国对绸缎进口的最惠国税率为11%，普通税率为60%。

3）协定关税。协定关税是指两个或两个以上国家（地区）用缔结条约或贸易协定的方式相互给予某种优惠待遇的关税制度。享受最惠国待遇的国家中非协定的缔约方，不能要求根据最惠国待遇享受贸易协定缔约方享受的待遇。各个不同协定的缔约方也不得享受其他协定缔约方享受的优惠待遇。

特别提醒

2015年5月1日以后出口的货物，出口企业申报出口退（免）税及相关业务时，免予提供纸质报关单。但申报适用启运港退税政策的货物除外。免予提供纸质报关单后，出口企业申报办理货物出口退（免）税及相关业务时，原规定根据纸质报关单项目填写的申报内容，改按海关出口报关单电子信息对应项目填写，其申报的内容视同申报海关出口报关单对应电子信息。主管税务机关在审批免予提供纸质报关单的出口退（免）税申报时，必须在企业的申报数据与对应的海关出口货物报关单电子数据核对无误后，方可办理。

4）特定优惠关税。特定优惠关税又称特惠关税，是给予来自特定国家（地区）进口货物的排他性的优惠关税，其他国家（地区）不得根据最惠国待遇条款要求享受这种优惠关税。特惠关税税率一般低于最惠国税率和协定税率。我国对来自世界最不发达国家（地区）的一些商品实行特定优惠关税。

5）普通优惠关税。普通优惠关税简称普惠制，是指发达国家（地区）对从发展中国家（地区）输入的商品，特别是制成品或半制成品，给予普遍的、非歧视的和非互惠的优惠关税。

【例6-1】 关于关税税率的适用，下列表述不正确的是（　　）。

A. 进出口货物应按纳税人申报进口或出口之日实施的税率征税

B. 加工贸易进口料件等属于保税性质的进口货物如经批准转为内销，应按向海关申报转为内销之日实施的税率征税

C. 暂时进口货物转为正式进口需予补税时，应按其申报暂时进口之日实施的税率征税

D. 进出口货物到达前，经海关核准先行申报的，应当按照装载此货物的运输工具申报进境之日实施的税率征税

【解析】

答案：C。暂时进口货物转为正式进口需予补税时，应按其申报正式进口之日实施的

税率征收。

2. 出口关税税率

由于我国和其他国家一样实行奖出限入的政策，因此出口关税税率只有一栏比例税率（20%～40%），税率比较低。按现行税则计征出口关税的商品主要是鳗鱼苗、部分有色金属矿砂及其精矿、生锑、磷、氟钽酸钾、苯、山羊板皮、部分铁合金、钢铁废碎料、铜和铝原料及其制品、镍锭、锌锭、锑锭等。但对部分征税商品实行0～20%的暂定税率，其中部分商品为零关税，部分商品税率为10%及以下，出口暂定税率优先适用出口税则中规定的出口税率。

3. 特别关税

在正常的进出口关税之外，我国还实行一些特别关税，主要包括报复性关税、反倾销税与反补贴税以及保障性关税等。征收特别关税的货物、适用国别、税率、期限和征收办法，由国务院关税税则委员会决定，海关总署负责实施。特别关税具体包括：

（1）报复性关税。报复性关税是指为报复他国对本国出口货物的关税歧视，而对相关国家的进口货物征收的一种进口附加税。

（2）反倾销税与反补贴税。反倾销税与反补贴税是指进口国海关对外国的倾销商品，在征收关税的同时附加征收的一种特别关税，其目的在于抵消他国补贴。

（3）保障性关税。保障性关税是指当某类商品进口量剧增，对我国相关产业带来巨大威胁或损害时，按照WTO的有关规则，可以在与有实质利益关系的国家或地区进行磋商后，在一定时期内提高该项商品的进口关税或采取数量限制措施，以保护国内相关产业不受损害。

进出口货物应按纳税人申报进口或者出口之日实施的税率征税。进出口货物的补税和退税，除特殊情况外，适用该进出口货物原申报进口或出口之日所实施的税率。

6.3 关税的计算

6.3.1 关税的计税方法

（1）从价定率。从价定率以进（出）口应税货物的关税完税价格为计税依据，是世界上大多数国家最常见的关税计税方法，其计算公式为：

关税税额＝应税进(出)口货物数量×单位完税价格×适用税率

（2）从量定额。从量定额以进（出）口商品的重量、长度、容量、面积等计量单位为计税依据，其计算公式为：

关税税额＝应税进(出)口货物数量×单位货物税额

（3）复合计税。复合计税是对某种进口商品同时使用从价定率和从量定额计征的方法，其计算公式为：

$$关税税额=\begin{matrix}应税进(出)口\\货物数量\end{matrix}\times\begin{matrix}单位货物\\税额\end{matrix}+\begin{matrix}应税进(出)口\\货物数量\end{matrix}\times\begin{matrix}单位完税\\价格\end{matrix}\times\begin{matrix}适用\\税率\end{matrix}$$

（4）滑准计税。滑准计税是一种关税税率随进（出）口商品价格由高到低而由低到高设置计征关税的方法，其计算公式为：

关税税额＝应税进(出)口货物数量×单位完税价格×滑准税税率

特别提醒

我国现行关税中最重要的是进口关税，而进口商品绝大部分采用从价定率的征税方法，所以计算关税的关键就在于确定关税完税价格。

6.3.2 关税完税价格的确定

关税完税价格是海关以进出口货物的实际成交价格为基础，经调整确定的计征关税的价格。无论纳税人以何种方法确定关税完税价格，最终都应由海关审定其真实性和准确性。

1. 进口货物完税价格的确定

（1）以成交价格为基础确定进口货物完税价格。包括货物的货价、货物运抵我国境内输入地点起卸前的运输及其相关费用、保险费。

当以一般的海、陆、空运方式进口货物而无法确定实际运保费时，按照同期同行业运费率计算运费，按照（货价＋运费）×3‰计算保险费，将计算出的运保费并入完税价格。进口货物完税价格的计算公式为：

进口货物完税价格＝货价＋采购费用

式中，采购费用包括货物运抵我国海关境内输入地起卸前的运输、保险和其他劳务等费用。

进口货物的完税价格不应包括下列费用或者价值：1）厂房、机械、设备等货物进口后的基建、安装、装配、维修和技术服务的费用；2）货物运抵境内输入地点之后的运输费用、保险费和其他相关费用；3）进口关税及其他国内税收。

【例6-2】 下列各项中，应计入关税完税价格的有（　　）。

A. 货物运抵我国海关境内输入地点起卸前的包装费

B. 货物运抵我国海关境内输入地点起卸前的运费

C. 货物运抵我国海关境内输入地点起卸前的保险费

D. 向境外支付的与该进口货物有关的专利权费用

【解析】

答案：ABCD。一般贸易下进口的货物以海关审定的成交价格为基础的到岸价格作为完税价格。到岸价格是指包括货价以及货物运抵我国关境内输入地点起卸前的包装费、运费、保险费和其他劳务费等费用的一种价格。

【例6-3】 坐落在市区的某日化厂为增值税一般纳税人，2019年8月进口一批香水精，出口地离岸价格为85万元，境外运费及保险费共计5万元，海关于8月15日开具了完税凭证，日化厂缴纳进口环节税金后海关放行；日化厂将进口的香水精的80%用于生产高档化妆品。8月从国内购进材料取得增值税专用发票，注明价款120万元，增值税15.6万元，销售高档化妆品取得不含税销售额500万元。假定本月取得的增值税抵扣凭证在本月认证并抵扣，关税税率为50%。请计算该企业8月应缴纳的各种税金。

【解析】

$$\text{进口关税}=(85+5)\times 50\%=90\times 50\%=45(\text{万元})$$

$$\text{进口消费税}=\frac{90+45}{1-30\%}\times 30\%=57.86(\text{万元})$$

$$\text{进口增值税}=\frac{90+45}{1-30\%}\times 13\%=25.07(\text{万元})$$

$$\text{销售环节增值税}=500\times 13\%-25.07-15.6=24.33(\text{万元})$$

$$\text{销售环节消费税}=500\times 30\%-57.86\times 80\%=103.71(\text{万元})$$

$$\text{城市维护建设税和教育费附加}=(24.33+103.71)\times(7\%+3\%)=12.804(\text{万元})$$

$$\text{本月销售应纳税金及附加}=24.33+103.71+12.804=140.844(\text{万元})$$

（2）以海关估价为基础估定进口货物完税价格。对于价格不符合成交条件或成交价格不能确定的进口货物，以海关估价为基础估定进口货物完税价格。

2. 出口货物完税价格的确定

（1）以成交价格为基础确定出口货物完税价格。出口货物的完税价格由海关以该货物向境外销售的成交价格为基础审查确定，并应包括货物运至我国境内输出地点装载前的运输及其相关费用、保险费，但其中包含的出口关税税额应当扣除。出口货物成交价格中含有的支付给境外的佣金，如果与货物的离岸价格（FOB）分列，应予扣除；未分列则不予扣除。售价中所含离境口岸至境外口岸之间的运费、保险费可以扣除。其计算公式为：

$$\text{完税价格}=\frac{\text{FOB}-\text{单独列明的支付给境外的佣金}}{1+\text{出口税率}}$$

（2）以海关估价为基础估定出口货物完税价格。当出口货物的成交价格不能确定时，完税价格由海关依次参照下列价格估定：1）同时或大致同时向同一国家或地区出口相同或类似货物的成交价格；2）根据境内生产相同或类似货物的成本、利润和一般费用、境内发生的运输及其相关费用、保险费计算所得的价格；3）按照其他合理方法估定的价格。

3. 进（出）口货物完税价格中运输及相关费用、保险费的计算

（1）以一般海、陆、空运方式进口货物。以一般运输方式进口的货物运杂费计算规则如下：1）海运进口的算至运抵境内的卸货口岸；2）陆运进口的算至运抵境内的第一口岸或目的口岸；3）空运进口的算至运抵境内的第一口岸或目的口岸。

无法确定实际运保费的，按照同期同行业运费率计算运费，按照货价加运费两者总额的3‰计算保险费，将计算出的运保费并入完税价格。

【例6-4】 某公司从境外进口小轿车30辆，每辆小轿车货价为15万元，运抵我国海关前发生的运输费用、保险费用无法确定，经海关查实，其他运输公司相同业务的运输费用占货价的比例为2%。关税税率为60%，消费税税率为9%。请分别计算进口环节应缴纳的各项税金。

【解析】

小轿车在进口环节应缴纳关税、消费税和增值税。

进口小轿车的货价＝15×30＝450(万元)

进口小轿车的运输费＝450×2%＝9(万元)

进口小轿车的保险费＝(450＋9)×3‰＝1.38(万元)

进口小轿车应缴纳关税的计算：

关税完税价格＝450＋9＋1.38＝460.38(万元)

应纳关税＝460.38×60%＝276.23(万元)

进口环节小轿车应缴纳消费税的计算：

$$消费税组成计税价格=\frac{460.38+276.23}{1-9\%}=809.46(万元)$$

应纳消费税＝809.46×9%＝72.85(万元)

进口环节小轿车应纳增值税的计算：

应纳增值税＝809.46×13%＝105.23(万元)

（2）以其他方式进口货物。邮运进口货物，以邮费作为运输、保险等相关费用；以境外边境口岸价格条件成交的铁路或公路运输进口货物，按货价的1%计算运输及相关费用、保险费；作为进口货物的自驾进口的运输工具，海关在审定完税价格时，可以不另行计入运费。

（3）出口货物。出口货物的销售价格如果包括离境口岸到境外口岸之间的运费、保险费，该运费、保险费应当扣除。

解释

进出口货物常用的价格条款：（1）FOB成交价格：FOB为free on board的缩写，是“船上交货”的价格术语简称，又称“离岸价格”。例如“FOB中国口岸”意为以中国口岸离岸价为成交价。（2）CFR成交价格：CFR为cost and freight的缩写，是“成本加运费”的价格术语简称。例如“CFR香港”，意为以香港口岸的到岸价为成交价。（3）CIF成交价格：CIF为cost，insurance and freight的缩写，是“成本加运费、保险费”的价格术语简称，又称“到岸价格”。例如“CIF天津新港”意为以天津新港到岸价格为成交价。

6.4 关税的纳税申报

6.4.1 关税的纳税申报资料

进（出）口货物通关的一般程序包括申报、查验、征税、放行。

进口货物应自运输工具申报进境之日起14日内，出口货物应自货物运抵海关监管区后装货的24小时以内，由进（出）口货物的纳税义务人向货物进（出）境地海关申报。根据《海关法》的规定，企业在进（出）口货物申报时，应当向海关提供有关单证。进（出）口货物申报单证一般包括进（出）口货物报关单、相关的进（出）口许可证及其有关单证（如发票、提单等）。报关应备单证除进（出）口货物报关单外，还包括基本单证、特殊单证和预备单证。

6.4.2 进（出）口货物报关单

我国现行进（出）口关税纳税申报表，即海关进（出）口货物报关单的格式参见表6－1和表6－2。

表6－1 中华人民共和国海关进口货物报关单

预录入编号： 海关编号：

进口口岸	备案号	进口日期	申报日期					
经营单位	运输方式	运输工具名称	提运单号					
收货单位	贸易方式	征免性质	征税比例					
许可证号	起运国（地区）	装货港	境内目的地					
批准文号	成交方式	运费	保费	杂费				
合同协议号	件数	包装种类	毛重（千克）	净重（千克）				
集装箱号	随附单据	用途						
标记唛码及备注								
项号	商品编号	商品名称、规格型号	数量及单位	原产国（地区）	单价	总价	币制	征免
税费征收情况								
录入员 录入单位	兹声明以上申报无讹并承担法律责任	海关审单批注及放行日期（盖章）						
报关员		审单 审价						
单位地址	申报单位（签章）	征税 统计						
邮编 电话	填制日期	查验 放行						

表 6-2　中华人民共和国海关出口货物报关单

预录入编号：　　　　　　　　　　　　　　　　海关编号：

出口口岸		备案号		出口日期		申报日期		
经营单位		运输方式		运输工具名称		提运单号		
发货单位		贸易方式		征免性质		结汇方式		
许可证号		运抵国（地区）		指运港		境内货源地		
批准文号		成交方式		运费		保费		杂费
合同协议号		件数		包装种类		毛重（千克）		净重（千克）
集装箱号		随附单据				生产厂家		
标记唛码及备注								
项号	商品编号	商品名称、规格型号	数量及单位	原产国（地区）	单价	总价	币种	征免
税费征收情况								
录入员　　录入单位		兹声明以上申报无讹并承担法律责任				海关审单批注及放行日期（盖章）		
报关员						审单　　审价		
单位地址		申报单位（签章）				征税　　统计		
邮编　　电话		填制日期				查验　　放行		

6.4.3　关税专用缴款书

纳税人完成关税的纳税申报后，应自海关填发税款缴款书之日起15日内向指定银行缴纳税款。海关进（出）口关税专用缴款书的格式参见表6-3。

表 6-3　海关进（出）口关税专用缴款书

收入系统：　　　　　　　　　　　　　　　　填发日期：　年　月　日

收款单位	收入机关	中央金库		缴款单位（人）	名称	
	科目	预算级次			账号	
	收款国库				开户银行	
税号	货物名称	数量	单位	完税价格（¥）	税率%	税款金额（¥）
金额人民币（大写）　　万　仟　佰　拾　元　角　分					合计(¥)	
申请单位编号		报关单编号			填制单位	收款国库（银行）
合同（批文）号		运输工具（号）			制单人	
缴款期限		提/装货单号			复核人	业务公章
备注						

练习题

1.2020 年 10 月，甲企业进口一辆小汽车自用，支付买价 17 万元，货物运抵我国关境内输入地点起卸前的运费和保险费共计 3 万元，货物运抵我国关境内输入地点起卸后的运费和保险费共计 2 万元，另支付买方佣金 1 万元。已知关税税率为 20%，消费税税率为 25%，增值税税率为 13%。

要求：根据上述材料计算下列税费。

（1）甲企业当月应缴纳的进口关税。

（2）甲企业当月应缴纳的进口环节消费税。

（3）甲企业当月应缴纳的进口环节增值税。

2.2020 年 9 月甲公司进口一批货物，海关审定的成交价格为 1 100 万元，货物运抵我国关境内输入地点起卸前的运费为 96 万元、保险费为 4 万元。已知关税税率为 10%。

要求：根据上述材料计算甲公司该笔业务应缴纳的关税。

第 6 章　即测即评

第7章
资源税

本章导言

从2020年9月1日起，我国用税收为自然资源拉起了一张“保护网”。资源税采取了深化从价计征改革、简化纳税申报等举措。同时，资源税法适当放权给地方，一些具体税率、计征方式和优惠减免政策由地方政府来确定。目前，我国计征的资源税税目有164个，除了原油、天然气等9个税目已直接明确征税对象、税率和计征方式以外，其余155个税目实行幅度税率，即地方政府对155个税目拥有一定的自主权。

资源税政策和征管服务措施解读

7.1 资源税概述

7.1.1 资源税的概念

1. 纳税人

2020年9月1日起，《中华人民共和国资源税法》（简称《资源税法》）正式施行。资源税是我国现行18个税种中第9个完成立法的税种。

在我国领域和我国管辖的其他海域开发应税资源的单位和个人，为资源税的纳税人。

2. 征税范围、税目及税率

税法根据《中华人民共和国矿产资源法实施细则》中规定的矿产资源分类，统一列明了能源矿产、金属矿产、非金属矿产、水气矿产和盐5大类164个税目，共包括173

个矿种。表7-1为资源税税目税率表。

表7-1 资源税税目税率表

(从2020年9月1日起执行)

税目			征税对象	税率
能源矿产		原油	原矿	6%
		天然气、页岩气、天然气水合物	原矿	6%
		煤	原矿或者选矿	2%~10%
		煤成(层)气	原矿	1%~2%
		铀、钍	原矿	4%
		油页岩、油砂、天然沥青、石煤	原矿或者选矿	1%~4%
		地热	原矿	1%~20%或者每立方米1~30元
金属矿产	黑色金属	铁、锰、铬、钒、钛	原矿或者选矿	1%~9%
	有色金属	铜、铅、锌、锡、镍、锑、镁、钴、铋、汞	原矿或者选矿	2%~10%
		铝土矿	原矿或者选矿	2%~9%
		钨	选矿	6.50%
		钼	选矿	8%
		金、银	原矿或者选矿	2%~6%
		铂、钯、钌、锇、铱、铑	原矿或者选矿	5%~10%
		轻稀土	选矿	7%~12%
		中重稀土	选矿	20%
		铍、锂、锆、锶、铷、铯、铌、钽、锗、镓、铟、铊、铪、铼、镉、硒、碲	原矿或者选矿	2%~10%
非金属矿产	矿物类	高岭土	原矿或者选矿	1%~6%
		石灰岩	原矿或者选矿	1%~6%或者每吨(或者每立方米)1~10元
		磷	原矿或者选矿	3%~8%
		石墨	原矿或者选矿	3%~12%
		萤石、硫铁矿、自然硫	原矿或者选矿	1%~8%
		天然石英砂、脉石英、粉石英、水晶、工业用金刚石、冰洲石、蓝晶石、硅线石(矽线石)、长石、滑石、刚玉、菱镁矿、颜料矿物、天然碱、芒硝、钠硝石、明矾石、砷、硼、碘、溴、膨润土、硅藻土、陶瓷土、耐火粘土、铁钒土、凹凸棒石粘土、海泡石粘土、伊利石粘土、累托石粘土	原矿或者选矿	1%~12%

续表

税目			征税对象	税率
非金属矿产	矿物类	叶蜡石、硅灰石、透辉石、珍珠岩、云母、沸石、重晶石、毒重石、方解石、蛭石、透闪石、工业用电气石、白垩、石棉、蓝石棉、红柱石、石榴子石、石膏	原矿或者选矿	2%～12%
		其他粘土（铸型用粘土、砖瓦用粘土、陶粒用粘土、水泥配料用粘土、水泥配料用红土、水泥配料用黄土、水泥配料用泥岩、保温材料用粘土）	原矿或者选矿	1%～5%或者每吨（或者每立方米）0.1～5元
	岩石类	大理岩、花岗岩、白云岩、石英岩、砂岩、辉绿岩、安山岩、闪长岩、板岩、玄武岩、片麻岩、角闪岩、页岩、浮石、凝灰岩、黑曜岩、霞石正长岩、蛇纹岩、麦饭石、泥灰岩、含钾岩石、含钾砂页岩、天然油石、橄榄岩、松脂岩、粗面岩、辉长岩、辉石岩、正长岩、火山灰、火山渣、泥炭	原矿或者选矿	1%～10%
		砂石	原矿或者选矿	1%～5%或者每吨（或者每立方米）0.1～5元
	宝玉石类	宝石、玉石、宝石级金刚石、玛瑙、黄玉、碧玺	原矿或者选矿	4%～20%
水气矿产	二氧化碳气、硫化氢气、氦气、氡气		原矿	2%～5%
	矿泉水		原矿	1%～20%或者每立方米1～30元
盐	钠盐、钾盐、镁盐、锂盐		选矿	3%～15%
	天然卤水		原矿	3%～15%或者每吨（或者每立方米）1～10元
	海盐		原矿或者选矿	2%～5%

特别提醒

对取用地表水或者地下水的单位和个人试点征收水资源税。征收水资源税的，停止征收水资源费。水资源税根据当地水资源状况、取用水类型和经济发展等情况实行差别税率。

3. 纳税义务发生时间

资源税纳税人销售应税产品，纳税义务发生时间为收讫销售款或者取得索取销售款凭据的当日；自用应税产品的，纳税义务发生时间为移送应税产品的当日。

4. 纳税期限

纳税人可按月或者按季申报缴纳资源税；不能按固定期限计算缴纳的，可以按次申报缴纳。资源税纳税人按月或者按季申报缴纳的，应当自月度或者季度终了之日起15日内，向税务机关办理纳税申报并缴纳税款；按次申报缴纳的，应当自纳税义务发生之日起15日内，向税务机关办理纳税申报并缴纳税款。

5. 纳税地点

资源税纳税人应当向应税产品开采地或者生产地的税务机关申报缴纳资源税。

7.1.2 资源税的税收优惠

纳税人享受资源税优惠政策，实行“自行判别、申报享受、有关资料留存备查”的办理方式，另有规定的除外。纳税人对资源税优惠事项留存材料的真实性和合法性承担法律责任。

1. 免征或减征资源税情形

（1）开采原油以及在油田范围内运输原油过程中用于加热的原油、天然气，免征资源税。

（2）煤炭开采企业因安全生产需要抽采的煤成（层）气，免征资源税。

（3）从低丰度油气田开采的原油、天然气，减征20%资源税。

（4）高含硫天然气、三次采油和从深水油气田开采的原油、天然气，减征30%资源税。

（5）稠油、高凝油减征40%资源税。

（6）从衰竭期矿山开采的矿产品，减征30%资源税。

（7）2020年6月24日，税务总局和财政部发布继续执行的资源税优惠政策。主要包括：

1）对青藏铁路公司及其所属单位运营期间自采自用的砂、石等材料免征资源税。

2）自2018年4月1日至2021年3月31日，对页岩气资源税减征30%。

3）自2019年1月1日至2021年12月31日，对增值税小规模纳税人可以在50%的税额幅度内减征资源税。

4）自2014年12月1日至2023年8月31日，对充填开采置换出来的煤炭，资源税减征50%。

2. 由省、自治区、直辖市决定免征或者减征资源税情形

（1）纳税人开采或者生产应税产品过程中，因意外事故或者自然灾害等原因遭受重大损失。

（2）纳税人开采共伴生矿、低品位矿、尾矿。

以上规定的免征或者减征资源税的具体办法，由省、自治区、直辖市人民政府提出，报同级人民代表大会常务委员会决定，并报全国人民代表大会常务委员会和国务院备案。

特别提醒

自2020年9月1日起，纳税人开采或者生产同一应税产品，其中既有享受减免税政策的，又有不享受减免税政策的，按照免税、减税项目的产量占比等方法分别核算确定免税、减税项目的销售额或者销售数量。纳税人开采或者生产同一应税产品同时符合两项或者两项以上减征资源税优惠政策的，除另有规定外，只能选择其中一项执行。

7.2 资源税的计算

7.2.1 资源税的计税方式

资源税纳税人可以选择实行从价计征或者从量计征，具体计征方式由省、自治区、直辖市人民政府提出，报同级人民代表大会常务委员会决定，并报全国人民代表大会常务委员会和国务院备案。

7.2.2 资源税的应纳税额

1. 从价定率计算

应纳税额＝应税产品的销售额×比例税率

资源税应税产品的销售额，按照纳税人销售应税产品向购买方收取的全部价款确定，不包括增值税税款。其中，计入销售额中的相关运杂费用，凡取得增值税发票或者其他合法有效凭据的，准予从销售额中扣除。相关运杂费用是指应税产品从坑口或者洗选（加工）地到车站、码头或者购买方指定地点的运输费用、建设基金以及随运销产生的装卸、仓储、港杂费用。

2. 从量定额计算

应纳税额＝应税产品的销售数量×定额税额

3. 有外购原矿的计算

2020年8月28日，国家税务总局规定纳税人以外购原矿与自采原矿混合为原矿销售，或者以外购选矿产品与自产选矿产品混合为选矿产品销售的，在计算应税产品销售额或者销售数量时，直接扣减外购原矿或者外购选矿产品的购进金额或者购进数量。

纳税人以外购原矿与自采原矿混合洗选加工为选矿产品销售的，在计算应税产品销售额或者销售数量时，进行扣减的计算公式为：

$$\frac{\text{准予扣减的外购应税}}{\text{产品购进金额(数量)}}=\frac{\text{外购原矿购进}}{\text{金额(数量)}}\times\frac{\text{本地区原矿适用税率}}{\text{本地区选矿产品适用税率}}$$

4. 视同销售的计算

纳税人以应税产品用于非货币性资产交换、捐赠、偿债、赞助、集资、投资、广告、样品、职工福利、利润分配或者连续生产非应税产品等，应当缴纳资源税。

纳税人申报的应税产品销售额明显偏低且无正当理由的，或者有自用应税产品行为而无销售额的，主管税务机关可以按下列方法和顺序确定其应税产品销售额：

（1）按纳税人最近时期同类产品的平均销售价格确定。

（2）按其他纳税人最近时期同类产品的平均销售价格确定。

（3）按后续加工非应税产品销售价格，减去后续加工环节的成本利润后确定。

（4）按应税产品组成计税价格确定。

$$\text{组成计税价格}=\text{成本}\times\frac{1+\text{成本利润率}}{1-\text{资源税税率}}$$

式中，成本利润率由省、自治区、直辖市税务机关确定。

特别提醒

纳税人开采或者生产同一税目下适用不同税率应税产品的，应当分别核算不同税率应税产品的销售额或者销售数量；未分别核算或者不能准确提供不同税率应税产品的销售额或者销售数量的，从高适用税率。

【例7-1】 某油田2020年10月开采原油6.5万吨，当月销售4万吨，取得不含税收入16 000万元。将1.5万吨用于加工成品油，其余1万吨转入库存待销售。原油资源税税率为6%。请计算应缴纳的资源税。

【解析】

成品油不属于资源税应税产品，将开采的原油用于加工成品油，应视同销售，缴纳资源税。

应纳资源税＝(4＋1.5)×16 000÷4×6%＝1 320(万元)

练习题

1. 某铅锌矿山2022年8月销售铅锌矿精矿取得收入1 340 000元；在开采铅锌矿的过程中还开采销售了铝土原矿16 800吨，取得销售收入336 000元。该矿山资源税税率为：铅锌矿5%，铝土矿8%。

要求：计算该矿山8月份应缴纳的资源税。

2. 某煤矿2016年3月开采原煤20万吨，当月将其中4万吨对外销售，取得不含增值税销售额400万元；将其中3万吨原煤用于职工宿舍；将其中5万吨原煤自用于连续生产洗选煤，生产出来的洗选煤当月全部销售，取得不含增值税销售额900万元（含矿区至车站的运费100万元，取得运输方开具的凭证）。煤炭资源税税率为6%，当地省财税部门确定的洗选煤折算率为70%。

要求：计算该煤矿当月应缴纳的资源税。

第7章　即测即评

第8章

土地增值税

本章导言

土地增值税是房地产宏观调控的重要措施，虽然国家税务总局关于该税种的最新文件是2016年7月7日发布的，并且仅仅是针对有关修订土地增值税纳税申报表的通知，但文件强调做好土地增值税征管和清算工作是贯彻依法治税要求的重要体现。文件要求各地要充分认识加强土地增值税征管工作的意义，按照深化征管改革的总体要求，全面加强土地增值税征管；要求主管税务机关要加强房地产开发项目的全流程监管，形成动态监控机制，把预征、清算和清算后管理的各项工作做扎实；要求房地产税收专业管理局要充分发挥专业化管理的优势，通过相关税种联动、多税种间信息比对，强化土地增值税监管，集中力量做好清算工作。

近年来，土地增值税清算成为主管税务机关和房地产企业征纳管理的重点之一。

8.1 土地增值税概述

8.1.1 土地增值税的纳税义务人

土地增值税是对有偿转让国有土地使用权及地上建筑物和其他附着物产权，取得增值收入的单位和个人征收的一种税。1993年12月13日，国务院颁布了《中华人民共和国土地增值税暂行条例》。

土地增值税的纳税义务人是转让国有土地使用权、地上建筑物及其附着物并取得收入的单位和个人。其中，单位包括内外资企业、事业单位、国家机关和社会团体及其他组织；个人包括个体经营者、中国公民与外籍个人等。

8. 1. 2 土地增值税的征税范围

1. 土地增值税的征税范围

土地增值税的征税范围包括：（1）转让国有土地使用权；（2）地上建筑物及其附着物连同国有土地使用权一并转让。

特别提醒

土地使用权的出让和转让的概念不同。出让体现的是土地所有者与使用者之间的交易，而转让体现的是土地使用者和使用者之间的交易。土地使用权的出让不属于土地增值税的征税范围。

2. 判定土地增值税征税范围的标准

土地增值税的征税范围具有“国有”“转让”“取得收入”三个关键特征，常以下列三个标准来判定：

（1）转让的土地使用权是否属于国家。按照《中华人民共和国宪法》和《中华人民共和国土地管理法》的规定，城市的土地属于国家所有。农村和城市郊区的土地除由法律规定属于国家所有的以外，属于集体所有。国家为了公共利益，可以依照法律规定对集体土地实行征用，依法被征用后的土地属于国家所有。集体土地只有根据有关法律规定，由国家征用以后变为国家所有，才能进行转让。

（2）土地使用权、地上建筑物及其附着物是否发生产权转让。1）土地增值税的征税范围不包括国有土地使用权出让所取得的收入。2）土地增值税的征税范围不包括未转让土地使用权、房产产权的行为，如出租。

（3）转让房地产是否取得收入。土地增值税的征税范围不包括房地产的权属虽已转让但未取得收入的行为。

3. 土地增值税的具体征税规定

（1）出售的征收土地增值税。具体是：1）出售国有土地使用权；2）取得国有土地使用权并进行房屋开发建造后出售；3）存量房地产买卖。

（2）继承的不征土地增值税。赠与中属于公益性赠与、赠与直系亲属或承担直接赡养义务人的不征土地增值税，而属于非公益性赠与的征收土地增值税。

（3）出租的不征土地增值税。

（4）房地产抵押中属于抵押期的不征土地增值税。抵押期满偿还债务本息的，不征土地增值税；抵押期满不能偿还债务本息，而以房地产抵债的，征收土地增值税。

（5）房地产交换中属于单位之间换房并产生收入的，征收土地增值税。个人之间互换自有住房，免征土地增值税。

（6）房地产转让到投资联营企业的，暂免征土地增值税；将投资联营房地产再转让的征收土地增值税。

（7）合作建房，建成后按比例分房自用的，暂免征土地增值税；建成后转让的征收土地增值税。

（8）企业兼并转让房地产的暂免征土地增值税。

（9）代建房的不征土地增值税。

（10）房地产重新评估的不征土地增值税。

8.1.3　土地增值税的纳税地点和申报时间

1. 土地增值税的纳税地点

土地增值税的纳税人应向房地产所在地主管税务机关办理纳税申报，并在税务机关核定的期限内缴纳土地增值税。其中，房地产所在地是指房地产的坐落地。纳税人转让的房地产坐落在两个或两个以上地区的，应按房地产所在地分别申报。具体规定如下：

（1）纳税人是法人的。当转让的房地产坐落地与其机构所在地或经营所在地一致时，在办理税务登记的原管辖税务机关申报纳税即可；如果转让的房地产坐落地与其机构所在地或经营所在地不一致，应在房地产坐落地的税务机关申报纳税。

（2）纳税人是自然人的。当转让的房地产坐落地与其居住所在地一致时，在住所所在地税务机关申报纳税；当转让的房地产坐落地与其居住所在地不一致时，在办理过户手续所在地的税务机关申报纳税。

2. 土地增值税的纳税申报时间

土地增值税的纳税人应在转让房地产合同签订后 7 日内，到房地产所在地主管税务机关办理纳税申报，并向税务机关提交房屋及建筑物产权、土地使用权证书，土地转让、房产买卖合同，房地产评估报告及其他与转让房地产有关的资料。纳税人因经常发生房地产转让而难以在每次转让后申报的，经税务机关审核同意后，可以定期进行纳税申报，具体期限由税务机关根据实际情况确定。

8.2　土地增值税的税率

土地增值税采用四级超率累进税率。与超额累进税率不同的是，超率累进税率的累进依据为相对数，而超额累进税率的累进依据为绝对数。土地增值税的累进依据为增值额与扣除项目金额之间的比率。土地增值税的税率表如表 8－1 所示。

表8-1　土地增值税的税率表

级次	增值额占扣除项目金额比例	税率	速算扣除系数
1	50%以下（含50%）	30%	0
2	超过50%～100%（含100%）	40%	5%
3	超过100%～200%（含200%）	50%	15%
4	200%以上	60%	35%

【例8-1】 某房地产公司转让商品楼收入5 000万元，计算土地增值额准允扣除项目金额4 200万元。该公司土地增值税的适用税率为多少？

【解析】

$$增值额占扣除项目金额比例=\frac{5\,000-4\,200}{4\,200}\times 100\%=19\%$$

适用第一级税率，即30%。

8.3　土地增值税的税收优惠

土地增值税的税收优惠主要包括：

（1）建造普通标准住宅的税收优惠。纳税人建造普通标准住宅出售，增值额未超过扣除项目金额20%的，免征土地增值税；超过20%的，应就其全部增值额按规定计税。

特别提醒

增值额占扣除项目金额20%是起征点，占19.99%不纳税，占21%则应就其全部增值额按规定计税。

（2）国家征用收回房地产的税收优惠。因城市实施规划、国家建设的需要而搬迁，由纳税人自行转让原房地产的，比照有关规定免征土地增值税。

（3）个人转让房地产的税收优惠。个人因工作调动或改善居住条件而转让原自用住房，经向税务机关申报核准，土地增值税减免税优惠如下：1）居住满5年或5年以上的，免征土地增值税；2）居住满3年未满5年的，减半征收土地增值税；3）居住未满3年的，按规定计征土地增值税。

8.4　土地增值税的计算

8.4.1　土地增值税应税收入的确定

纳税人转让房地产取得的收入，包括转让房地产取得的全部价款及有关的经济利益。

从形式上看包括货币收入、实物收入和其他收入。非货币收入要折合成货币金额计入收入总额。

1. 货币收入

货币收入是指纳税人转让房地产取得的现金、银行存款、支票、银行本票、汇票等各种信用票据和国库券、金融债券、企业债券、股票等有价证券。这些类型的收入，其实质都是转让方因转让土地使用权、房屋产权而向取得方收取的价款。货币收入一般比较容易确定。

2. 实物收入

实物收入是指纳税人转让房地产取得的各种实物形态的收入，如钢材、水泥等建材，房屋、土地等不动产等。实物收入的价值不容易确定，一般要对这些实物形态的财产进行估价。

3. 其他收入

其他收入是指纳税人转让房地产取得的无形资产收入或具有财产价值的权利，如专利权、商标权、著作权、专有技术使用权、土地使用权、商誉权等。这种类型的收入比较少见，其价值需要进行专门的评估。

8.4.2　土地增值税扣除项目金额的确定

1. 新建房地产转让可扣除的项目

（1）取得土地使用权所支付的金额。取得土地使用权所支付的金额包括：1）纳税人为取得土地使用权所支付的地价款。2）纳税人在取得土地使用权时按国家统一规定缴纳的有关费用。

（2）房地产开发成本。主要包括土地征用及拆迁补偿费、前期工程费、建筑安装工程费、基础设施费、公共配套设施费、开发间接费用等。

（3）房地产开发费用。主要是企业的期间费用，包括销售费用、管理费用、财务费用。

1）纳税人能够按转让房地产项目计算分摊利息支出，并能提供金融机构贷款证明的，其允许扣除的房地产开发费用的计算公式为：

$$\begin{matrix}\text{允许扣除的}\\ \text{房地产开发费用}\end{matrix}=\text{利息}+\left(\begin{matrix}\text{取得土地使用权}\\ \text{所支付的金额}\end{matrix}+\begin{matrix}\text{房地产}\\ \text{开发成本}\end{matrix}\right)\times 5\%$$

式中，利息不能超过按商业银行同类同期银行贷款利率计算的金额，同时不包括加息、罚息。

2）纳税人不能按转让房地产项目计算分摊利息支出，或不能提供金融机构贷款证明的，其允许扣除的房地产开发费用的计算公式为：

$$\text{允许扣除的房地产开发费用}=\left(\text{取得土地使用权所支付的金额}+\text{房地产开发成本}\right)\times 10\%$$

3）与转让房地产有关的税金。主要包括城市维护建设税、教育费附加等价内税。

4）财政部规定的其他扣除项目。从事房地产开发的纳税人可加计20%扣除，其计算公式为：

$$\text{加计扣除费用}=\left(\text{取得土地使用权所支付的金额}+\text{房地产开发成本}\right)\times 20\%$$

2. 存量房地产转让可扣除的项目

（1）旧房及建筑物的评估价格。旧房及建筑物的评估价格是指在转让已使用的房屋及建筑物时，由政府批准设立的房地产评估机构评定的重置成本价乘以成新度折扣率后的价格。其中，重置成本是指对旧房及建筑物按转让时的建材价格及人工费用，计算建造同样面积、同样层数、同样结构、同样建设标准的新房及建筑物所需花费的成本费用。

（2）取得土地使用权所支付的地价款和按国家统一规定缴纳的有关费用。对取得土地使用权时未支付地价款或不能提供已支付地价款凭据的，在计征土地增值税时不允许扣除。

（3）转让环节缴纳的税金。

8.4.3 土地增值税应纳税额的计算

1. 土地增值税的计算步骤

（1）计算收入总额，其应税收入不含增值税。

（2）计算扣除项目金额。

（3）计算增值额。

增值额=转让房地产收入−规定扣除项目金额

（4）计算增值额与扣除项目之间的比例，以确定使用税率的档次和速算扣除系数。

（5）计算税额。

应纳税额=增值额×税率−扣除项目金额×速算扣除系数

1）增值额未超过扣除项目金额50%的。

土地增值税税额=增值额×30%

2）增值额超过扣除项目金额50%，未超过100%的。

土地增值税税额=增值额×40%−扣除项目金额×5%

3）增值额超过扣除项目金额100%，未超过200%的。

土地增值税税额=增值额×50%−扣除项目金额×15%

4）增值额超过扣除项目金额200%的。

土地增值税税额＝增值额×60%－扣除项目金额×35%

【例8-2】 （2015年初级会计职称考试试题）某企业销售房产取得不含税售价5 000万元，扣除项目金额合计为3 000万元，已知适用的土地增值税税率为40%，速算扣除系数为5%，请计算该企业应纳土地增值税。

【解析】

该企业应纳土地增值税＝增值额×适用的土地增值税税率－扣除项目金额×适用的速算扣除系数

＝(5 000－3 000)×40%－3 000×5%＝650(万元)

【例8-3】 A房地产开发公司出售一幢写字楼，收入总额为10 000万元。开发该写字楼的有关支出如下：支付地价款及有关费用1 000万元；房地产开发成本为3 000万元；财务费用中的利息支出为500万元（可按转让项目计算分摊并提供金融机构证明），但其中有50万元属加罚的利息；转让环节缴纳的有关税费共计555万元；该单位所在地政府规定的其他房地产开发费用计算扣除比例为5%。计算该房地产开发公司应纳的土地增值税。

【解析】

(1) 取得土地使用权支付的地价款及有关费用＝1 000(万元)

(2) 房地产开发成本＝3 000(万元)

(3) 房地产开发费用＝500－50＋(1 000＋3 000)×5%＝650(万元)

(4) 允许扣除的税费＝555(万元)

(5) 从事房地产开发的纳税人加计扣除20%：

加计扣除额＝(1 000＋3 000)×20%＝800(万元)

(6) 允许扣除的项目金额合计＝1 000＋3 000＋650＋555＋800＝6 005(万元)

(7) 增值额＝10 000－6 005＝3 995(万元)

(8) 增值率＝3 995÷6 005×100%＝66.53%

(9) 应纳税额＝3 995×40%－6 005×5%＝1 297.75(万元)

2. 按房地产评估价格计算土地增值税

在实际的房地产交易过程中，纳税人有下列情形之一的，按照房地产评估价格计算征收土地增值税：

(1) 隐瞒、虚报房地产成交价格的；

(2) 提供扣除项目金额不实的；

(3) 转让房地产的成交价格低于房地产评估价格，又无正当理由的；

(4) 旧房及建筑物的转让。

8.5 土地增值税清算管理

2016年7月，为加强土地增值税规范化管理，国家税务总局对土地增值税纳税申报表进行了修订。根据《国家税务总局关于印发〈土地增值税纳税申报表〉的通知》的规定，从事房地产开发的纳税人，应在取得土地使用权并获得房地产开发项目开工许可后，根据税务机关确定的时间，向主管税务机关报送《土地增值税项目登记表》，并在每次转让（预售）房地产时，依次填报表中规定栏目的内容。

8.5.1 土地增值税清算的一般规定

1. 土地增值税清算单位

（1）土地增值税以政府规划部门核发的《建设工程规划许可证》确认的房地产开发项目为单位进行清算。

（2）对连续24个月内规划、施工的房地产开发项目，可将相关《建设工程规划许可证》确认的房地产开发项目合并为一个单位进行清算。

比如某房地产开发项目立项后，取得建设用地规划许可，后续报建取得《建设工程规划许可证》，以《建设工程规划许可证》确认的房地产开发项目为单位进行清算，如果连续24个月取得多个《建设工程规划许可证》，并进行施工建设的，可将多个《建设工程规划许可证》确认的房地产开发项目合并为一个单位进行清算。

【例8-4】 对房地产开发公司进行土地增值税清算时，可作为清算单位的是（　　）。

A. 规划申报项目　　B. 审批备案项目

C. 商业推广项目　　D. 设计建筑项目

【解析】

答案：B。以国家有关部门审批的房地产开发项目为单位进行清算，对于分期开发的项目，以分期项目为单位清算。

2. 土地增值税清算的申请条件

纳税人在符合土地增值税清算条件后，依照税收法律、法规及土地增值税有关政策规定，计算应缴纳的土地增值税税额，并填写《财产和行为税纳税申报表》，向主管税务机关提供有关资料，办理土地增值税清算手续，结清应缴纳的土地增值税税款。

纳税人符合下列条件之一的，应进行土地增值税的清算：

（1）房地产开发项目全部竣工、完成销售的；

（2）整体转让未竣工决算房地产开发项目的；

（3）直接转让土地使用权的。

【例8-5】 下列情形中，纳税人应当进行土地增值税清算的有（　　）。

A. 直接转让土地使用权的

B. 整体转让未竣工决算房地产开发项目的

C. 房地产开发项目全部竣工并完成销售的

D. 取得销售（预售）许可证2年仍未销售完的

【解析】

答案：ABC。取得销售（预售）许可证3年仍未销售完的，税务机关可要求纳税人进行清算。

3. 土地增值税清算企业的基本信息

房地产企业进行土地增值税清算时需要提供的基本信息如表8-2所示。

表8-2 土地增值税清算企业的基本信息

法定办结时限	由省税务机关确定	承诺办结时限	房地产开发企业应在取得土地使用权并获得房地产开发项目施工许可后30日内，向主管税务机关报送土地增值税项目登记信息，并在每次转让（预售）房地产时，按月报送项目的进度和变化情况
是否网上受理	是	办理方式	线上线下融合办理
通办范围	否	是否支持自助终端办理	否
收费标准	不收费	是否属于“非接触式”服务	是

政策依据：《国家税务总局关于印发〈土地增值税清算管理规程〉的通知》（国税发〔2009〕91号），《国家税务总局关于修订土地增值税纳税申报表的通知》（税总函〔2016〕309号）。

特别提醒

房地产开发企业转让经政府批准建设的廉租住房、公共租赁住房、经济适用房等保障性住房，棚户区改造安置住房，危旧房改造安置住房等取得的收入，暂不预征土地增值税。

4. 土地增值税清算收入的确认

（1）土地增值税清算时，已全额开具商品房销售发票的，按照发票所载金额确认收入；未开具发票或未全额开具发票的，以交易双方签订的销售合同所载的售房金额及其他收益确认收入。销售合同所载商品房面积与有关部门实际测量面积不一致，在清算前已发生补、退房款的，应在计算土地增值税时予以调整。

（2）非直接销售和自用房地产的收入确定。

房地产开发企业将开发产品用于职工福利、奖励、对外投资、分配给股东或投资人、抵偿债务、换取其他单位和个人的非货币性资产等，发生所有权转移时应视同销售房地产，其收入按下列方法和顺序确认：按本企业在同一地区、同一年度销售的同类房地产的平均价格确定；由主管税务机关参照当地、当年、同类房地产的市场价格或评估价值确定。

特别提醒

房地产开发企业将开发的部分房地产转为企业自用或用于出租等商业用途时，如果产权未发生转移，不征收土地增值税，在税款清算时不列入收入，不扣除相应的成本和费用。

5. 土地增值税清算的扣除项目

（1）房地产开发企业办理土地增值税清算所附送的前期工程费、建筑安装工程费、基础设施费、开发间接费用的凭证或资料不符合清算要求或不实的，地方税务机关可核定这四项开发成本的单位面积金额标准，并据以计算扣除。

（2）对于房地产开发企业开发建造的公共设施，具体分为以下几种情况：1）建成后产权属于全体业主所有的，无需确认收入，其成本、费用可以扣除。2）建成后无偿移交给政府、公用事业单位用于非营利性社会公共事业的，无需确认收入，其成本、费用可以扣除。3）建成后有偿转让的，需要计算收入，其成本、费用可以扣除。4）房地产开发企业销售已装修的房屋，其装修费用可以计入房地产开发成本。房地产开发企业的预提费用，除另有规定外，不得扣除。5）属于多个房地产项目共同的成本费用，应按清算项目可售建筑面积占多个项目可售总建筑面积的比例或其他合理的方法，计算确定清算项目的扣除金额。

特别提醒

除另有规定外，扣除取得土地使用权所支付的金额、房地产开发成本、费用及与转让房地产有关税金，须提供合法有效凭证；不能提供合法有效凭证的，不予扣除。

【例 8-6】 清算土地增值税时，房地产开发企业开发建造的与清算项目配套的会所等公共设施，其成本费用可以扣除的情形有（　　）。

A. 建成后开发企业转为自用的

B. 建成后开发企业用于出租的

C. 建成后有偿移交给其他企业的

D. 建成后产权属于全体业主的

【解析】

答案：CD。选项 AB 的成本费用不可以扣除。

8.5.2 土地增值税清算的特殊规定

1. 质保金取得发票可以扣除

房地产开发企业在工程竣工验收后，根据合同约定，扣留建筑安装施工企业的质量保证金，在计算土地增值税时：

（1）建筑安装施工企业就质量保证金对房地产开发企业开具发票的，按发票所载金额予以扣除；

（2）未开具发票的，扣留的质保金不得计算扣除。

特别提醒

房地产开发企业逾期开发缴纳的土地闲置费不得扣除。

2. 拆迁安置费的扣除

（1）房地产开发企业用建造的该项目房地产安置回迁户的，房地产开发企业支付给回迁户的补差价款，计入拆迁补偿费；回迁户支付给房地产开发企业的补差价款，应抵减本项目拆迁补偿费。安置用房视同销售处理，同时将此确认为房地产开发项目的拆迁补偿费。

（2）房地产开发企业采取异地安置，异地安置的房屋属于购入的，以实际支付的购房支出计入拆迁补偿费。异地安置的房屋属于自行开发建造的，房屋价值按视同销售处理，计入本项目的拆迁补偿费。

（3）货币安置拆迁的，房地产开发企业凭合法有效凭据计入拆迁补偿费。

【例 8－7】 对房地产开发企业进行土地增值税清算时，下列表述正确的是（　　）。

A. 房地产开发企业的预提费用，除另有规定外，不得扣除

B. 房地产开发企业提供的开发间接费用资料不实的，不得扣除

C. 房地产开发企业提供的前期工程费的凭证不符合清算要求的，不得扣除

D. 房地产开发企业销售已装修房屋，可以扣除的装修费用不得超过房屋值的 10%

【解析】

答案：A。房地产开发企业办理土地增值税清算所附送的前期工程费、建筑安装工程费、基础设施费、开发间接费用的凭证或资料不符合清算要求或不实的，地方税务机关可核定这四项开发成本的单位面积金额标准，并据以计算扣除。房地产开发企业销售已装修房屋，可以计入开发成本扣除。

3. 土地增值税的核定征收

房地产开发企业有下列情形之一的，税务机关可以参照与其开发规模和收入水平相近的当地企业的土地增值税税负情况，按不低于预征率的征收率核定征收土地增值税。

（1）依照法律、行政法规的规定应当设置但未设置账簿的。

（2）擅自销毁账簿或者拒不提供纳税资料的。

（3）虽设置账簿，但账目混乱或者成本资料、收入凭证、费用凭证残缺不全，难以确定转让收入或扣除项目金额的。

（4）符合土地增值税清算条件，企业未按照规定的期限办理清算手续，经税务机关责令限期清算，逾期仍不清算的。

（5）申报的计税依据明显偏低，又无正当理由的。

8.5.3 主管税务机关对土地增值税清算的管理

1. 主管税务机关可要求纳税人进行土地增值税清算的情形

对符合以下条件之一的，主管税务机关可要求纳税人进行土地增值税清算：

（1）已竣工验收的房地产开发项目，已转让的房地产建筑面积占整个项目可售建筑面积的比例达到或超过85%，或该比例虽未达到85%，但剩余的可售建筑面积已经出租或自用的。

（2）取得销售（预售）许可证满3年仍未销售完毕的。同一清算单位，分多次取得销售（预售）许可证的，在确定3年期限时应当从最后一次取得销售（预售）许可证的时间算起。

（3）纳税人申请注销税务登记但未办理土地增值税清算手续的，应在办理注销登记前进行土地增值税清算。

（4）经主管税务机关进行纳税评估发现问题后，认为需要办理土地增值税清算的房地产开发项目。

2. 土地增值税清算项目的审核鉴证

税务中介机构受托对清算项目审核鉴证时，应按税务机关规定的格式对审核鉴证情况出具鉴证报告。对符合要求的鉴证报告，税务机关可以采信。

特别提醒

纳税人按规定预缴土地增值税后，清算补缴的土地增值税在主管税务机关规定的期限内补缴的，不加收滞纳金。

3. 土地增值税清算的办理材料

房地产企业土地增值税清算的办理材料如表8-3和表8-4所示。

表8-3 土地增值税清算的办理材料（一）

材料名称	数量	原件/复印件	纸质版/电子稿	签名签章	操作	备注
《财产和行为税纳税申报表》	2份	—	通过办税服务厅办理提供纸质资料，通过电子税务局办理填报电子资料	—	表单下载	由各地根据本地实际情况制定
预售许可证等与转让房地产的收入、成本和费用有关的资料原件及复印件	1份	原件及复印件	通过办税服务厅办理提供纸质资料，通过电子税务局办理填报电子资料	—	表单下载	原件查验后退回

表8-4 土地增值税清算的办理材料（二）

适用情形	材料名称	数量	原件/复印件	纸质版/电子稿	签名/签章	操作	备注
办理房地产开发项目土地增值税清算的纳税人报送，整体转让在建工程的纳税人视情况报送	房地产开发项目清算说明、项目竣工决算报表复印件、银行贷款利息结算通知单原件及复印件、项目工程合同结算单原件及复印件、商品房购销合同统计表、房地产销售明细表	1份	原件及复印件	通过办税服务厅办理提供纸质资料，通过电子税务局办理填报电子资料	—	无	原件查验后退回
整体转让在建工程的纳税人	《土地增值税税源明细表（纳税人整体转让在建工程适用）》	2份	原件	通过办税服务厅办理提供纸质资料，通过电子税务局办理填报电子资料	—	表单下载	无
需要进行相关成本费用扣除的纳税人	取得土地使用权所支付的地价款凭证原件及复印件、国有土地使用权出让合同原件及复印件	1份	原件及复印件	通过办税服务厅办理提供纸质资料，通过电子税务局办理填报电子资料	—	无	原件查验后退回
主管税务机关需要相应项目记账凭证的	记账凭证复印件	1份	复印件	通过办税服务厅办理提供纸质资料，通过电子税务局办理填报电子资料	—	无	无
享受土地增值税优惠的项目	《财产和行为税减免税明细申报附表》	2份	原件	通过办税服务厅办理提供纸质资料，通过电子税务局办理填报电子资料	—	表单下载	无
	减免土地增值税证明材料原件及复印件	1份	原件及复印件	通过办税服务厅办理提供纸质资料，通过电子税务局办理填报电子资料	—	无	原件查验后退回
由各地根据本地实际情况制定	土地增值税清算附表	2份	原件	通过办税服务厅办理提供纸质资料，通过电子税务局办理填报电子资料	—	表单下载	无
进行土地增值税清算申报的核定征收的纳税人	《土地增值税税源明细表（从事房地产开发的纳税人按核定征收方式清算适用）》	2份	原件	通过办税服务厅办理提供纸质资料，通过电子税务局办理填报电子资料	—	表单下载	无
进行土地增值税清算申报的查账征收的纳税人	《土地增值税税源明细表（从事房地产开发的纳税人清算适用）》	2份	原件	通过办税服务厅办理提供纸质资料，通过电子税务局办理填报电子资料	—	表单下载	无

特别提醒

纳税人、扣缴义务人提供的各项资料为复印件的，均需注明“与原件一致”并签章。

【例 8-8】 下列情形中，主管税务机关可要求纳税人进行土地增值税清算的有（　　）。

A. 已竣工验收的房地产开发项目，已转让的房地产建筑面积占整个项目可售建筑面积的比例在 80%以上

B. 已竣工验收的房地产开发项目，已转让的房地产建筑面积占整个项目可售建筑面积的比例虽未超过 85%，但剩余的可售建筑面积已经出租或自用的

C. 取得销售（预售）许可证满 3 年仍未销售完毕的

D. 纳税人申请注销税务登记但未办理土地增值税清算手续的

E. 直接转让土地使用权的

【解析】

答案：BCD。已竣工验收的房地产开发项目，已转让的房地产建筑面积占整个项目可售建筑面积的比例在 85%以上，或该比例虽未超过 85%，但剩余的可售建筑面积已经出租或自用的，主管税务机关可要求纳税人进行土地增值税清算；选项 E 属于纳税人应进行土地增值税清算的情形。

【例 8-9】 2022 年 2 月，某市税务机关拟对辖区内某房地产开发公司的房产开发项目进行土地增值税清算。该房地产开发公司提供的该房产开发项目资料如下：

(1) 2018 年 3 月以 12 000 万元拍得用于该房地产开发项目的一宗土地，并缴纳契税。

(2) 2018 年 5 月开始动工建设，发生开发成本 7 000 万元，含向其他企业借款发生的利息支出 800 万元。

(3) 2022 年 1 月该项目已销售建筑面积的 90%，共取得不含增值税收入 36 000 万元；未售建筑面积用于安置回迁户，该业务在公司账务上未作为销售处理。

(4) 公司已按 3%的预征率预缴土地增值税 1 080 万元，并聘请税务中介机构对该项目土地增值税进行鉴证，税务中介机构提供了鉴证报告。

其他资料：当地适用契税税率为 4%，省级政府规定开发费用的扣除比例为 10%。

(1) 简要说明税务机关要求该公司进行土地增值税清算的理由。

【解析】

已竣工验收的房地产开发项目，已转让的房地产建筑面积占整个项目可售建筑面积的比例在 85%以上，或该比例虽未超过 85%，但剩余的可售面积已经出租或自用的，税务机关有权要求企业清算。

(2) 计算该公司清算土地增值税时允许扣除的房地产开发成本。

【解析】

可扣除的开发成本＝(7 000－800)＋4 000＝10 200(万元)

（3）计算该公司应缴纳的城市维护建设税、教育费附加和地方教育附加。

【解析】

应纳城市维护建设税、教育费附加和地方教育附加 $=2\,000\times(7\%+3\%+2\%)=240$（万元）

（4）计算该公司应补缴的土地增值税。

【解析】

扣除项目合计 $=12\,000+12\,000\times4\%+10\,200+(12\,480+10\,200)\times10\%+240+(12\,480+10\,200)\times20\%=34\,044$（万元）

增值额 $=40\,000-34\,044=5\,956$（万元）

应纳土地增值税 $=5\,956\times30\%=1\,786.8$（万元）

应补缴的土地增值税 $=1\,786.8-1\,080=706.8$（万元）

（5）税务机关能否对补缴的土地增值税征收滞纳金。

【解析】

不能。纳税人按规定预缴土地增值税后，清算补缴的土地增值税，在主管税务机关规定的期限内补缴的，不加收滞纳金。

（6）税务机关对中介机构出具的鉴证报告，在什么条件下可以采信？

【解析】

对按税务机关规定的格式出具的、符合要求的鉴证报告，税务机关可以采信。

练习题

某市房地产开发公司与某单位于2021年11月正式签署了一份写字楼转让合同，取得转让收入15 000万元，公司按税法规定缴纳了与转让房地产有关的税金及附加825万元（不含印花税）。已知房地产开发公司为取得该写字楼的土地使用权而支付的地价款和按国家统一规定缴纳的有关费用共计3 000万元，投入房地产开发成本4 000万元，房地产开发费用中的利息支出为1 200万元（不能按转让房地产项目计算分摊利息支出，也不能提供金融机构证明），当地省人民政府规定的房地产开发费用的扣除比例为10%。

要求：根据上述资料回答下列问题。

（1）该房地产开发公司在计算土地增值税时，可以扣除的房地产开发费用是多少？

（2）该房地产开发公司在计算土地增值税时，可以扣除的其他扣除项目金额是多少？

（3）该房地产开发公司应缴纳的土地增值税是多少？

第8章　即测即评

第 9 章
城市维护建设税与教育费附加

本章导言

城市维护建设税是 1985 年为扩大和稳定城市维护建设资金来源而开征的一个税种，它在筹集城市维护建设资金方面发挥了一定的作用。

1984 年，国务院颁布《关于筹措农村学校办学经费的通知》；1985 年，中共中央做出《关于教育体制改革的决定》，指出国家增拨教育经费的同时，开辟多种渠道筹措经费。为此，国务院于 1986 年 4 月 28 日颁布《征收教育费附加的暂行规定》，并于同年 7 月 1 日开征。

按月纳税的月销售额或营业额不超过 10 万元（按季度纳税的季度销售额或营业额不超过 30 万元）的缴纳义务人，免征教育费附加和地方教育附加。这两种免征收的附加税在会计处理中记入“营业外收入——减免税额”科目，意味着减免税额需要计算企业所得税。

9.1 城市维护建设税概述

城市维护建设税是对缴纳增值税、消费税的单位和个人征收的一种附加税。以纳税人实际缴纳的增值税、消费税的税额为计税依据，随“两税”同时征收，其本身没有特定的、独立的征税对象，只要缴纳了“两税”就必须依法缴纳城市维护建设税。城市维护建设税专门用于城市的公用事业和公共设施的维护建设。

1. 城市维护建设税的纳税义务人

城市维护建设税的纳税义务人是在征税范围内从事工商经营，并缴纳增值税、消费税的单位和个人。

个体商贩及个人在集市上出售商品，对其征收的临时经营的增值税，是否同时按其实缴税额征收城市维护建设税，由各省级人民政府根据实际情况确定。

特别提醒

为了进一步统一税制、公平税负，创造平等竞争的外部环境，自 2010 年 12 月 1 日起，我国对境内的外商投资企业、外国企业及外籍个人也征收城市维护建设税和教育费附加。

2. 城市维护建设税的征税范围

城市维护建设税的征税范围主要包括城市、县城、建制镇，以及税法规定征收“两税”的其他地区。

3. 城市维护建设税的税收优惠

(1) 海关对进口产品代征增值税、消费税的，不征收城市维护建设税。

(2) 对出口产品退还增值税、消费税的，不退还已缴纳的城市维护建设税；经税务局正式审核批准的当期免抵的增值税税额应纳入城市维护建设税和教育费附加的计征范围，分别按规定的税（费）率征收城市维护建设税和教育费附加。

(3) 对于因减免税而需要进行“两税”退还的，可同时退还城市维护建设税。

特别提醒

城市维护建设税一般不单独减免，只有主税减免，城市维护建设税才减免；主税退库，城市维护建设税也同时退库。城市维护建设税进口不征，出口不退。

城市维护建设税与教育费附加的征免规定一般情况下是一致的。

4. 城市维护建设税的纳税地点

纳税人直接缴纳“两税”的，在缴纳“两税”地缴纳城市维护建设税。代征、代扣、代缴增值税和消费税的企业单位，同时也要代征、代扣、代缴城市维护建设税。如果没有代扣城市维护建设税，应由纳税单位或个人回到其所在地申报纳税。

9.2　城市维护建设税的税率

城市维护建设税的税率是指纳税人应缴纳的城市维护建设税税额与纳税人实际缴纳

的“两税”税额之间的比率。城市维护建设税税率表见表9－1。

表9－1　城市维护建设税税率表

税率	范围	说明
7%	市区	计税依据是纳税人实际缴纳的增值税、消费税的税额
5%	县城、建制镇	
1%	其他地区	

9.3　城市维护建设税的计算

1. 计税依据

城市维护建设税的计税依据是纳税人实际缴纳的增值税、消费税的税额，不包括加收的滞纳金和罚款。

2. 计算公式

应纳税额＝(实际缴纳的增值税＋消费税)×适用税率

【例9－1】 某生产企业为增值税一般纳税人（位于市区），主要经营内销和出口业务，某年4月实际缴纳增值税40万元，出口货物免抵税额4万元。另外，进口货物缴纳增值税17万元，缴纳消费税30万元。计算该企业当月应纳城市维护建设税。

【解析】

城市维护建设税进口不征，出口不退，出口免抵的增值税应计征城市维护建设税。

应纳城市维护建设税＝(40＋4)×7%＝3.08(万元)

9.4　教育费附加的规定

9.4.1　教育费附加的基本内容

教育费附加是对缴纳增值税、消费税的单位和个人，就其实缴税额为计算依据征收的一种附加费。

1. 教育费附加的计税依据

教育费附加以其实际缴纳的增值税、消费税的税额为计征依据，分别与增值税和消费税同时缴纳。其征收目的是加快发展地方教育事业，扩大地方教育经费的资金来源。

教育费附加的特殊规定为：(1) 对海关进口的产品征收的增值税、消费税，不征收教育费附加。(2) 对由于减免增值税和消费税而发生退税的，可同时退还已征收的教育费附加。(3) 对出口产品退还增值税和消费税的，不退还已征收的教育费附加。

2. 教育费附加的征收比率

教育费附加的征收比率为3%，生产卷烟和烟叶的单位减半征收。

9.4.2 教育费附加的计算

1. 一般单位和个人的教育费附加的计算

应纳教育费附加=(实际缴纳的增值税+消费税)×征收比率

2. 卷烟和烟叶生产单位的教育费附加的计算

应纳教育费附加=(实际缴纳的增值税+消费税)×征收比率×50%

【例9-2】 某企业地处市区，某年5月被税务机关查补增值税45 000元、消费税25 000元、所得税30 000元，还被加收滞纳金20 000元、被处罚款50 000元。该企业应补缴城市维护建设税和教育费附加多少元？

【解析】

应纳城市维护建设税和教育费附加=(45 000+25 000)×(7%+3%)
=7 000(元)

9.4.3 教育费附加的减免规定

一般来说，城市维护建设税减免，教育费附加也会同时减免。

《城市维护建设税 教育费附加 地方教育附加纳税申报表》见二维码。

城市维护建设税 教育费附加 地方教育附加纳税申报表

练习题

第9章　即测即评

第 10 章

企业所得税

本章导言

所得税由英国开创。英国在 18 世纪末以前实行的是以消费税为主体的间接税制度，税收占财政收入的比重不大。18 世纪末期，英法战争爆发，英国政府急需大笔经费满足战争需要，仅靠消费税等筹集战争经费已缓不济急，于是英国首相皮特在 1798 年创设了一种名为“三部合成捐”实为所得税雏形的新税。但由于办法欠佳，漏税甚多，翌年遂废除而采用新的所得税，这奠定了英国所得税的基础。

我国所得税制度的创建受欧美国家和日本的影响，始于 20 世纪初。清末宣统年间（大约 1910 年）曾起草《所得税章程》，其中既包括对企业所得征税的内容，也包括对个人所得征税的内容，但未能公布施行。

10.1 企业所得税概述

国家税务总局湖北省税务局 2020 年度企业所得税年度纳税网上申报操作指引

2007 年 3 月 16 日第十届全国人民代表大会第五次会议通过了《中华人民共和国企业所得税法》（简称《企业所得税法》），2007 年 12 月 6 日国务院发布了《中华人民共和国企业所得税法实施条例》（简称《企业所得税法实施条例》），于 2008 年 1 月 1 日起正式施行。世界上共有 159 个国家或地区实行企业所得税，按照税率由高到低排序，我国原税法中 33%的税率排第 52 位，新税法中 25%的税率排第 103 位。

与增值税一样，企业所得税是国家财政收入的重要来源，是我国两大主体税种之一。

10.1.1 企业所得税的纳税义务人

企业所得税是指对企业和其他取得收入的组织（以下统称企业）的所得和其他所得征收的一种税。企业分为居民企业和非居民企业。

特别提醒

企业所得税是对企业的应纳税所得额征收的一种税，通俗的理解是对收入减去为取得收入付出的各项支出以后的剩余部分征税。所得税与流转税的主要区别在于：企业所得税政策不仅对收入，同时对与取得收入相关的各类扣除项目（成本、费用、损失等）进行确认，涉及收入、费用、成本、所有者权益等多项内容，比较复杂。

1. 居民企业

居民企业是指依法在中国境内成立，或者依照外国（地区）法律成立但实际管理机构在中国境内的企业。征税范围是来源于中国境内、境外的所得。具体包括：

（1）依照中国法律法规在中国境内成立的企业。这里的企业是指国有、集体、私营、联营、股份制企业，外商投资企业，外国企业，以及有生产经营所得和其他所得的其他组织。

（2）依照外国（地区）法律成立但实际管理机构在中国境内的企业。这里的企业是指在其他国家和地区注册，但实际管理机构在我国境内的企业。

2. 非居民企业

非居民企业是指依照外国（地区）法律成立且实际管理机构不在中国境内，但在中国境内设立机构、场所的，或者在中国境内未设立机构、场所，但有来源于中国境内所得的企业。征税范围是来源于中国境内的所得。具体包括：

（1）依照外国（地区）法律法规成立且实际管理机构不在中国境内，但在中国境内设立机构、场所的企业。例如，德国大众公司在中国境内设立的分支机构，既要向中国政府缴纳所得税，同时也要向德国政府缴纳所得税。

（2）在中国境内未设立机构、场所，但有来源于中国境内所得的企业。具体包括：

1）管理机构、营业机构、办事机构。

2）工厂、农场、开采自然资源的场所。

3）提供劳务的场所。

4）从事建筑、安装、装配、修理、勘探等工程作业的场所。

5）其他从事生产经营活动的机构、场所。

3. 非居民企业扣缴义务人

自 2017 年 12 月 1 日起，非居民企业扣缴义务人所在地主管税务机关为扣缴义务人所得税主管税务机关。所得发生地主管税务机关按以下原则确定：

（1）不动产转让所得，为不动产所在地税务局。

（2）权益性投资资产转让所得，为被投资企业的所得税主管税务机关。

（3）股息、红利等权益性投资所得，为分配所得企业的所得税主管税务机关。

（4）利息所得、租金所得、特许权使用费所得，为负担、支付所得的单位或个人的所得税主管税务机关。

10.1.2 企业所得税的扣缴义务人

（1）非居民企业的所得税，以支付人为扣缴义务人。

（2）对非居民企业在中国境内取得工程作业和劳务所得应缴纳的所得税，税务机关可以指定工程价款或者劳务费的支付人为扣缴义务人。

扣缴义务人每次代扣的税款，应当自代扣之日起7日内缴入国库，并向所在地的税务机关报送《扣缴企业所得税报告表》。

10.1.3 企业所得税的缴纳办法

按年计算，按月或季预缴，年终汇算清缴，多退少补。

1. 纳税期限

预缴是指企业在还不能准确核算一个纳税年度应缴所得税时，为了保证税款及时入库，采取先对一个月或一个季度内应纳税所得额的实际发生数计算缴纳税款，或以上一年度应纳税所得额按月或按季的平均数计算缴纳税款。

汇算清缴是指在年度终了后，对全年应纳税所得额进行结算，全年应纳税款如果小于预缴总数，多缴的应予以退还；如果大于预缴总数，少缴的则予以补缴。

（1）企业所得税分月或者分季预缴。企业应当自月份或者季度终了之日起15日内，向税务机关报送预缴企业所得税纳税申报表，预缴税款。

（2）企业应当自年度终了之日起5个月内，向税务机关报送年度企业所得税纳税申报表，并汇算清缴，结清应缴应退税款。

2. 企业所得税的纳税地点

一般情况下向其所在地主管税务机关缴纳，特殊情况除外。

10.2 企业所得税的税率

企业所得税的税率表如表10-1所示。

表 10-1　企业所得税税率表

种类	税率	前提	适用范围
基本税率	25%	不存在特别规定的情况下适用的税率	(1) 居民企业； (2) 非居民企业在中国境内设立机构、场所的
低税率	20% (非居民企业取得的适用低税率的所得减按10%)	低于基本税率但不是优惠税率和协定税率的税率	(1) 在中国境内未设立机构、场所的非居民企业； (2) 虽设立机构、场所但取得的所得与其所设机构、场所没有实际联系的非居民企业
优惠税率	20%	国家对部分重点扶持和鼓励发展的产业和项目，给予企业所得税优惠时适用的税率	符合条件的小型微利企业
	15%	国家对部分重点扶持和鼓励发展的产业和项目，给予企业所得税优惠时适用的税率	国家重点扶持的高新技术企业

1. 小微企业的划分标准

小微企业的条件为：企业资产总额 5 000 万元以下，从业人数 300 人以下，应纳税所得额 300 万元以下。

特别提醒

财政部和税务总局规定自 2022 年 1 月 1 日至 2027 年 12 月 31 日，执行小微企业普惠性税收减免政策，小微企业无论按查账征收方式或按核定征收方式缴纳企业所得税，均可以享受小微企业所得税减免政策。

(1) 不超过 100 万元部分，减按 25%计入应纳税所得额，即实际税率为 5%。

(2) 100 万元至 300 万元的部分，减按 25%计入应纳税所得额，即实际税率是 5%，低于标准税率 15 个百分点。

其中，从业人数包括与企业建立劳动关系的职工人数和企业接受的劳务派遣用工人数。从业人数和资产总额指标应按企业全年的季度平均值确定。具体计算公式如下：

$$季度平均值=\frac{季初值+季末值}{2}$$

$$全年季度平均值=\frac{全年各季度平均值之和}{4}$$

比如某小微企业 2023 年应纳税所得额为 240 万元，则其应纳税额的计算为：

(1) 不超过 100 万元的部分，减按 25%计入应纳税所得额。

应纳税所得额＝100×25%×20%＝5(万元)

(2) 100万元至300万元的部分，减按25%计入应纳税所得额。

应纳税所得额＝140×25%×20%＝7(万元)

(3) 该企业2023年应纳企业所得税额＝5＋7＝12(万元)

2. 国家重点扶持的高新技术企业的认定标准

高新技术企业是指在《国家重点支持的高新技术领域》内，持续进行研究开发与技术成果转化，形成企业核心自主知识产权，并以此为基础开展经营活动，在中国境内（不包括港、澳、台地区）注册的居民企业。国家重点扶持的高新技术企业，减按15%的税率征收企业所得税。

企业对照规定进行自我评价，认为符合认定条件的，可在高新技术企业认定管理工作网注册登记，向认定机构提出认定申请。申请时提交下列材料：

(1) 高新技术企业认定申请书；

(2) 证明企业依法成立的相关注册登记证件；

(3) 知识产权相关材料、科研项目立项证明、科技成果转化、研究开发的组织管理等相关材料；

(4) 企业高新技术产品（服务）的关键技术和技术指标、生产批文、认证认可和相关资质证书、产品质量检验报告等相关材料；

(5) 企业职工和科技人员情况说明材料；

(6) 经具有资质的中介机构出具的企业近三个会计年度研究开发费用和近一个会计年度高新技术产品（服务）收入专项审计或鉴证报告，并附研究开发活动说明材料；

(7) 经具有资质的中介机构鉴证的企业近三个会计年度的财务会计报告（包括会计报表、会计报表附注和财务情况说明书，专项审计报告必须是指定的会计师事务所中的一家)；

(8) 近三个会计年度企业所得税年度纳税申报表。

3. 第三个十年优惠期的西部大开发企业所得税优惠

2020年4月23日，财政部、税务总局和国家发展改革委联合发文规定，自2021年1月1日至2030年12月31日，对设在西部地区的鼓励类产业企业减按15%的税率征收企业所得税。其中，鼓励类产业企业是指以《西部地区鼓励类产业目录》中规定的产业项目为主营业务，且主营业务收入占企业收入总额60%以上的企业。

特别提醒

税务机关在后续管理中，不能准确判定企业主营业务是否属于国家鼓励类产业项目的，可提请国家发展改革委等相关部门出具意见。

10.3 企业所得税税收优惠的备案管理事项

2018 年 4 月 25 日，国家税务总局发布《企业所得税优惠事项管理目录（2017 年版）》（以下简称《目录》）。企业所得税法规定的优惠事项以及国务院和民族自治地方根据企业所得税法授权制定的企业所得税优惠事项，包括免税收入、减计收入、加计扣除、加速折旧、所得减免、抵扣应纳税所得额、降低税率、税额抵免等。

企业享受优惠事项采取“自行判别、申报享受、相关资料留存备查”的办理方式。企业应当根据经营情况以及相关税收规定自行判断是否符合优惠事项规定的条件，符合条件的可以按照《目录》列示的时间自行计算减免税额，并通过填报企业所得税纳税申报表享受税收优惠。同时，按照规定归集和留存相关资料备查。留存备查资料是指与企业享受优惠事项有关的合同、协议、凭证、证书、文件、账册、说明等资料。留存备查资料分为主要留存备查资料和其他留存备查资料两类。主要留存备查资料由企业按照《目录》列示的资料清单准备，其他留存备查资料由企业根据享受优惠事项情况自行补充准备。

特别提醒

企业享受优惠事项的，应当在完成年度汇算清缴后，将留存备查资料归集齐全并整理完成，以备税务机关核查。企业留存备查资料应从企业享受优惠事项当年的企业所得税汇算清缴期结束次日起保留 10 年。

2020 年在财政收支较为困难的情况下，我国连续发布实施了 7 批 28 项减税降费政策，有力支持了疫情防控和企业纾困。2021 年财税政策对 2020 年以前的 30 个文件中涉及的税费减免政策延长执行期限。延长执行期限后的税费优惠政策重点涉及企业所得税的见表 10－2。

表 10－2 执行期限延长至 2023 年 12 月 31 日的税收优惠政策（2021 年）

序号	文件名称	执行期限延长的税收优惠政策
1	《财政部 税务总局关于设备 器具扣除有关企业所得税政策的通知》（财税〔2018〕54 号）	企业在 2018 年 1 月 1 日至 2023 年 12 月 31 日期间新购进的设备、器具（除房屋、建筑物以外的固定资产），单位价值不超过 500 万元的，允许一次性计入当期成本费用在计算应纳税所得额时扣除，不再分年度计算折旧；单位价值超过 500 万元的，仍按相关规定执行
2	《财政部 税务总局 科技部关于提高研究开发费用税前加计扣除比例的通知》（财税〔2018〕99 号）	企业开展研发活动中实际发生的研发费用，未形成无形资产计入当期损益的，在按规定据实扣除的基础上，在 2018 年 1 月 1 日至 2023 年 12 月 31 日期间，再按照实际发生额的 75%在税前加计扣除；形成无形资产的，在上述期间按照无形资产成本的 175%在税前摊销

续表

序号	文件名称	执行期限延长的税收优惠政策
3	《财政部 税务总局关于金融机构小微企业贷款利息收入免征增值税政策的通知》（财税〔2018〕91号）	具体内容略
4	《财政部 税务总局关于延续动漫产业增值税政策的通知》（财税〔2018〕38号）	具体内容略
5	《财政部 税务总局关于保险保障基金有关税收政策问题的通知》（财税〔2018〕41号）	具体内容略
6	《财政部 税务总局关于中国邮政储蓄银行三农金融事业部涉农贷款增值税政策的通知》（财税〔2018〕97号）	具体内容略
7	《财政部 税务总局关于公共租赁住房税收优惠政策的公告》（财政部 税务总局公告2019年第61号）	具体内容略
8	《财政部 税务总局关于继续实行农村饮水安全工程税收优惠政策的公告》（财政部 税务总局公告2019年第67号）	具体内容略
9	《财政部 税务总局关于延续免征国产抗艾滋病病毒药品增值税政策的公告》（财政部 税务总局公告2019年第73号）	具体内容略
10	《财政部 商务部 税务总局关于继续执行研发机构采购设备增值税政策的公告》（财政部 商务部 税务总局公告2019年第91号）	2019年1月1日至2023年12月31日，对内资研发机构和外资研发中心采购国产设备全额退还增值税，具体从内资研发机构和外资研发中心取得退税资格的次月1日起执行
11	《财政部 税务总局关于民用航空发动机、新支线飞机和大型客机税收政策的公告》（财政部 税务总局公告2019年第88号）	具体内容略
12	《财政部 税务总局关于明确养老机构免征增值税等政策的通知》（财税〔2019〕20号）	具体内容略
13	《财政部 税务总局关于支持小微企业融资有关税收政策的通知》（财税〔2017〕77号）	具体内容略。 属于增值税和印花税的优惠。
14	《财政部 税务总局 证监会关于支持原油等货物期货市场对外开放税收政策的通知》（财税〔2018〕21号）	具体内容略
15	《财政部 税务总局关于对页岩气减征资源税的通知》（财税〔2018〕26号）	具体内容略。 税收优惠政策于2021年3月31日到期后，执行期限延长至2023年12月31日
16	《财政部 税务总局 工业和信息化部关于对挂车减征车辆购置税的公告》（财政部 税务总局 工业和信息化部公告2018年第69号）	具体内容略。 税收优惠政策于2021年6月30日到期后，执行期限延长至2023年12月31日

10.4 资产的税务处理

10.4.1 固定资产的税务处理

1. 固定资产的计税基础

(1) 外购的固定资产，以购买价款和支付的相关税费以及直接归属于使该资产达到预定用途发生的其他支出为计税基础。

(2) 自行建造的固定资产，以竣工结算前发生的支出为计税基础。

(3) 融资租入的固定资产，以租赁合同约定的付款总额和承租人在签订租赁合同过程中发生的相关费用为计税基础；租赁合同未约定付款总额的，以该资产的公允价值和承租人在签订租赁合同过程中发生的相关费用为计税基础。

(4) 盘盈的固定资产，以同类固定资产的重置完全价值为计税基础。

(5) 通过捐赠、投资、非货币性资产交换、债务重组等方式取得的固定资产，以该资产的公允价值和支付的相关税费为计税基础。

(6) 改建的固定资产，除已足额提取折旧的固定资产和租入的固定资产以外的其他固定资产，以改建过程中发生的改建支出增加计税基础。

2. 固定资产折旧的计算方法

《企业会计准则》中规定的折旧计算方法有年限平均法（又称直线法）、工作量法，以及加速折旧法中的年数总和法和双倍余额递减法，但是企业所得税法规定原则上采用直线法计提折旧，其计算公式为：

$$月折旧额=原值\times\frac{1-净残值率}{使用年限\times 12}$$

3. 固定资产折旧的范围

在计算应纳税所得额时，企业按照规定计算的固定资产折旧，准予扣除。下列固定资产不得计算折旧扣除：

(1) 房屋、建筑物以外未投入使用的固定资产。

(2) 以经营租赁方式租入的固定资产。

(3) 以融资租赁方式租出的固定资产。

(4) 已足额提取折旧仍继续使用的固定资产。

(5) 与经营活动无关的固定资产。

(6) 单独估价作为固定资产入账的土地。

(7) 其他不得计算折旧扣除的固定资产。

4. 固定资产折旧的计提年限

除国务院财政、税务主管部门另有规定外，固定资产计算折旧的最低年限如下：

（1）房屋、建筑物，为20年。

（2）飞机、火车、轮船、机器、机械和其他生产设备，为10年。

（3）与生产经营活动有关的器具、工具、家具等，为5年。

（4）飞机、火车、轮船以外的运输工具，为4年。

（5）电子设备，为3年。

5. 缩短固定资产折旧年限和加速折旧法的选择

（1）企业在2018年1月1日至2023年12月31日期间新购进的设备、器具，单位价值不超过500万元的，允许一次性计入当期成本费用在计算应纳税所得额时扣除，不再分年度计算折旧。

（2）对所有行业企业持有的单位价值不超过5 000元的固定资产，允许一次性计入当期成本费用，在计算应纳税所得额时扣除，不再分年度计算折旧。

特别提醒

企业根据自身生产经营核算需要，可自行选择享受一次性税前扣除政策。未选择享受一次性税前扣除政策的，以后年度不得再变更。自2019年1月1日起，固定资产加速折旧优惠的行业范围，扩大至全部制造业领域。制造业企业未享受固定资产加速折旧优惠的，可在月（季）度预缴申报时享受优惠或在年度汇算清缴时享受优惠。

10.4.2 无形资产的税务处理

无形资产的摊销费用准予在计算应纳税所得额时扣除。

1. 不得计算摊销费用扣除的无形资产

（1）自行开发的支出已在计算应纳税所得额时扣除的无形资产。

（2）自创商誉。

（3）与经营活动无关的无形资产。

（4）其他不得计算摊销费用扣除的无形资产。

2. 无形资产的摊销

无形资产按照直线法计算的摊销费用，准予扣除。具体规定如下：

（1）无形资产的摊销年限不得低于10年。

（2）作为投资或者受让的无形资产，有关法律规定或者合同约定了使用年限的，可以按照规定或者约定的使用年限分期摊销。

（3）外购商誉的支出，在企业整体转让或者清算时，准予扣除。

10.4.3　其他资产或费用的税务处理

1. 生物资产的税务处理

（1）生物资产分为消耗性生物资产、生产性生物资产和公益性生物资产。其中，生产性生物资产是指为产出农产品、提供劳务或出租等目的而持有的生物资产，包括经济林、薪炭林、产畜和役畜等。

（2）只有生产性生物资产按照直线法计算的折旧准予扣除。企业应当自生产性生物资产投入使用月份的次月起计算折旧。

（3）生产性生物资产计算折旧的最低年限如下：林木类生产性生物资产为 10 年；畜类生产性生物资产为 3 年。

2. 长期待摊费用的税务处理

企业发生的下列支出作为长期待摊费用，按照年限不得低于 3 年进行摊销，准予扣除：

（1）已足额提取折旧的固定资产的改建支出。

（2）租入固定资产的改建支出。

（3）固定资产的大修理支出。具体是指：1）修理支出达到取得固定资产时的计税基础 50％以上；2）修理后固定资产的使用年限延长 2 年以上。

（4）其他应当作为长期待摊费用的支出。其他应当作为长期待摊费用的支出，自支出发生月份的次月起分期摊销，摊销年限不得低于 3 年。

特别提醒

如果是日常性修理支出，可在发生当期直接扣除。由于在《企业会计准则》中取消了“预提费用”科目，不采取预提固定资产大修理费用的方式，因此只能在实际发生时列支，若已经支付，则分期摊销，摊销年限不得低于 3 年。

3. 存货的税务处理

（1）存货的成本计算方法，可以在先进先出法、加权平均法、个别计价法中选用一种（新《企业会计准则》取消了后进先出法）。计价方法一经选用，不得随意变更。确实需要改变计价方法的，应当在下一纳税年度开始前报当地税务机关批准。

（2）除国务院财政、税务主管部门另有规定外，企业在重组过程中，应当在交易发生时确认有关资产的转让所得或者损失，相关资产应当按照交易价格重新确定计税基础。

4. 投资资产的税务处理

（1）企业对外投资期间，投资资产的成本在计算应纳税所得额时不得扣除。

（2）企业在转让或者处置投资资产时，投资资产的成本准予扣除。

10.5 企业所得税的计算

10.5.1 居民企业应纳税额的计算

应纳税额的计算公式为：

应纳税额＝应纳税所得额×适用税率－减免税额－抵免税额

式中，减免税额和抵免税额是指依照《企业所得税法》和国务院的税收优惠的规定减征、免征和抵免的应纳税额。

在实际工作中，应纳税所得额的计算一般有两种方法。

（1）直接计算法。

应纳税所得额＝收入总额－不征税收入－免税收入－各项扣除项目金额－允许弥补的以前年度亏损

企业所得税应纳税所得额的计算以权责发生制为原则。属于当期的收入和费用，不论款项是否收付，均作为当期的收入和费用；不属于当期的收入和费用，即使款项已经在当期收付，也不作为当期的收入和费用。

（2）间接计算法。

应纳税所得额＝会计利润总额±纳税调整项目金额

纳税调整增加额是指超范围、超标准、未计少计的项目金额，而纳税调整减少额是指不纳税、免税、弥补以前年度亏损的项目金额。

特别提醒

在实际工作中，采用间接计算法计算企业所得税的情况偏多。

10.5.2 收入的确认

1. 收入总额的确认

企业的收入总额是指以货币形式和非货币形式从各种来源取得的收入。具体包括：

（1）销售货物收入。销售货物收入是指企业销售库存商品、产成品、半成品、原材料、包装物、低值易耗品以及其他货物取得的收入。企业销售收入的确认必须遵循权责发生制原则和实质重于形式原则。

（2）提供劳务收入。提供劳务收入是指企业从事建筑安装、交通运输、仓储、邮政、信息传输、计算机服务、住宿、餐饮、金融、商务服务、科学研究、技术服务、地质勘查、水利管理、环境管理、公共设施管理、居民服务、教育、卫生、文化、体育、娱乐和其他劳务服务活动取得的收入。

（3）转让财产收入。转让财产收入是指企业转让固定资产、无形资产、股权、债权等取得的收入。

（4）股息、红利等权益性投资收益。股息、红利等权益性投资收益是指企业凭借权益性投资从被投资方分配取得的收入，包括股息、红利、联营分利等。

（5）利息收入。利息收入是指企业将资金提供给他人使用或他人占用本企业资金所取得的收入，包括存款利息、贷款利息、债券利息、欠款利息等收入。

（6）租金收入。租金收入是指企业提供固定资产、包装物和其他资产的使用权取得的收入。

（7）特许权使用费收入。特许权使用费收入是指企业提供专利权、非专利技术、商标权、著作权以及其他特许权的使用权而取得的收入。

（8）接受捐赠收入。接受捐赠收入是指企业接受捐赠的货币性和非货币性资产。1）企业接受捐赠的货币性和非货币性资产，均并入当期的应纳税所得。2）企业接受捐赠的非货币性资产，按接受捐赠时资产的入账价值确认捐赠收入，并入当期应纳税所得。受赠非货币性资产计入应纳税所得额的内容包括受赠资产价值和由捐赠企业代为支付的增值税，不包括由受赠企业另外支付或应付的相关税费。

（9）其他收入。其他收入包括企业资产盘盈或溢余收入、罚款收入、逾期未返还的包装物押金、因债权人确实无法支付的应付款项、债务重组收入、非货币性资产交换实现的收入、政府补助（财政拨款、税收返还等）、视同销售收入、依法收取并纳入财政管理的行政事业性收费和政府性基金、已作坏账损失处理后又收回的应收账款以及国务院规定的其他收入等。

2. 不征税收入的确认

（1）财政拨款。财政拨款是指财政部门根据法律法规等有关规定，经过预算程序对国家机关和事业单位、社会团体、企业直接拨付的经费。

特别提醒

企业实际收到的财政拨款中的财政补贴和税收返还等，按照《企业会计准则》的规定，属于政府补助的范畴，记入“其他收益”科目，除企业取得的所得税返还（退税）和出口退税的增值税进项税额外，均需作为应税收入征收企业所得税。

（2）行政事业性收费和政府性基金。行政事业性收费是指国家机关、事业单位、代行政府职能的社会团体及其他组织根据法律法规等有关规定，依照国务院规定程序批准，在实施社会公共管理，以及向公民、法人和其他组织提供特定公共服务的过程中，向特定对象收取的费用。政府性基金是各级人民政府及其所属部门根据法律、国家行政法规和中共中央、国务院有关文件的规定，为支持某项事业发展，按照国家规定程序批准，向公民、法人和其他组织征收的具有专项用途的资金，包括各种基金、资金、附加以及专项收费等。

（3）其他不征税收入。为了适应社会发展的需要，承担公共管理职能的非营利组织可能会取得一些新的不征税收入。其他不征税收入的界定权属于国务院。

3. 免税收入的确认

免税收入主要包括：

（1）国债利息收入。

（2）符合条件的居民企业之间的股息、红利等权益性投资收益。

（3）在中国境内设立机构、场所的非居民企业从居民企业取得的与该机构、场所有实际联系的股息、红利等权益性投资收益。

（4）符合条件的非营利组织的收入。

特别提醒

注意严格区分“不征税收入”和“免税收入”，不征税收入本身不构成应税收入，如财政拨款，纳入财政管理的行政事业性收费、政府性基金等；免税收入本身已构成应税收入但对税收予以免除，如国债利息收入，符合条件的居民企业之间的股息、红利收入等。

4. 企业享受优惠仅需准备留存备查资料

企业享受优惠事项采取“自行判别、申报享受、相关资料留存备查”的办理方式。企业不需要就企业所得税优惠事项向主管局进行备案，相关资料留存备查即可。企业应当根据经营情况以及相关税收规定自行判断是否符合优惠事项规定的条件，符合条件的可以按照《企业所得税优惠事项管理目录》自行计算减免税额，并通过填报企业所得税纳税申报表享受税收优惠。

政策依据：《国家税务总局关于发布修订后的〈企业所得税优惠政策事项办理办法〉的公告》（国家税务总局公告2018年第23号）。

特别提醒

企业享受优惠需准备的留存备查资料，分为主要留存备查资料和其他留存备查资料两类。主要留存备查资料由企业按公告附件《企业所得税优惠事项管理目录（2017年版）》规定的资料清单准备，其他留存备查资料由企业根据享受优惠事项情况自行补充准备。

10.5.3　准予扣除的项目

企业实际发生的与取得收入有关的、合理的支出，包括成本、费用、税金、损失和其他支出，准予在计算应纳税所得额时扣除。准予扣除的具体项目包括：

（1）成本。成本是指企业在生产经营活动中发生的销售成本、销货成本、业务支出以及其他耗费。

（2）费用。费用是指企业在生产经营活动中发生的三大期间费用，即销售费用、管理费用和财务费用（已经计入成本的有关费用除外，如制造费用）。具体规定如下：

1）销售费用只允许按照标准扣除广告费、运输费、销售佣金等费用。

2）管理费用只允许按照标准扣除业务招待费、职工福利费、工会经费、职工教育经费、为管理组织经营活动提供各项支援性服务而发生的费用等。

3）财务费用只允许按照标准扣除利息支出、借款费用等。

（3）税金。税金是指记入“税金及附加”科目的税费，即已缴纳的消费税、城市维护建设税、资源税、土地增值税、出口关税和教育费附加等。

特别提醒

房产税、车船税、土地使用税、印花税在会计核算中记入“税金及附加”科目。增值税为价外税，不包含在销售收入中，计算应纳税所得额时不得扣除。企业所得税也不包含在“税金及附加”项目中。

【例 10-1】 某企业当期销售货物实际缴纳增值税 20 万元、消费税 10 万元、城市维护建设税 2.1 万元、教育费附加 0.9 万元，还缴纳房产税 1 万元、城镇土地使用税 0.5 万元、印花税 0.2 万元。企业当期可在企业所得税税前扣除的税金及附加是多少？

【解析】

$$
\begin{aligned}
\text{允许在企业所得税税前扣除的税金及附加} &= 10+2.1+0.9+1+0.5+0.2 \\
&= 14.7(\text{万元})
\end{aligned}
$$

（4）损失。损失是指企业在生产经营活动中的损失和其他损失，具体包括：固定资产和存货的盘亏、毁损、报废损失，转让财产损失，呆账损失，坏账损失，自然灾害等不可抗力因素造成的损失以及其他损失。企业已经作为损失处理的资产，在以后纳税年度又全部收回或者部分收回时，应当计入当期收入。税前可以扣除的损失为净损失，即企业的损失减除责任人赔偿和保险赔款后的余额。

（5）其他支出。其他支出是指除成本、费用、税金、损失外，企业在生产经营活动中发生的与生产经营活动有关的、合理的支出。

特别提醒

企业所得税税前扣除的凭证必须合法、有效，发票是企业所得税税前扣除的基本凭证，除发票以外，企业真实发生的各项费用（如折旧、工资等费用）不需要取得发票的，可以凭自制凭证扣除。企业无法取得发票的，需要提供能够证明和企业生产经营有关的费用真实发生的有效证明。

10.5.4 具体扣除项目和标准

准予按规定范围和标准扣除的项目包括：

1. 根据实际发生额扣除的项目

企业发生的合理的工资薪金支出准予扣除。其中，合理的工资薪金是指企业按照股东大会、董事会、薪酬委员会或相关管理机构制定的工资薪金制度的规定实际发放给员工的工资薪金。

税务机关在对工资薪金进行合理性确认时，可按以下原则判断：（1）企业制定了较为规范的工资薪金制度；（2）企业制定的工资薪金制度符合行业及地区水平；（3）企业在一定时期所发放的工资薪金是相对固定的，工资薪金的调整是有序进行的；（4）企业对实际发放的工资薪金，已依法履行代扣代缴个人所得税义务；（5）有关工资薪金的安排，不以减少或逃避缴纳税款为目的。

2. 以工资为基数的扣除项目

（1）职工福利费。企业发生的职工福利费支出，不超过工资薪金总额 14%的部分，准予扣除。

政策依据：《企业所得税法实施条例》第四十条。

（2）工会经费。自 2010 年 7 月 1 日起，企业拨缴的职工工会经费，不超过工资薪金总额 2%的部分，凭工会组织开具的《工会经费收入专用收据》在企业所得税税前扣除。自 2010 年 1 月 1 日起，在委托税务机关代收工会经费的地区，企业拨缴的工会经费，也可凭合法、有效的工会经费代收凭据依法在税前扣除。

政策依据：《企业所得税法实施条例》第四十一条、《国家税务总局关于工会经费企业所得税税前扣除凭据问题的公告》（国家税务总局公告 2010 年第 24 号）第一条、《国家税务总局关于税务机关代收工会经费企业所得税税前扣除凭据问题的公告》（国家税务总局公告 2011 年第 30 号）。

（3）职工教育经费。自 2018 年 1 月 1 日起，企业发生的职工教育经费支出，不超过工资薪金总额 8%的部分，准予在计算企业所得税应纳税所得额时扣除；超过部分，准予在以后纳税年度结转扣除。集成电路设计企业和符合条件软件企业的职工培训费用，应单独进行核算并按实际发生额在计算应纳税所得额时扣除。

政策依据：《财政部 国家税务总局关于进一步鼓励软件企业和集成电路企业发展企业所得税政策的通知》（财税〔2012〕27 号）第六条、《企业所得税法实施条例》第四十二条、《财政部 税务总局关于企业职工教育经费税前扣除政策的通知》（财税〔2018〕51 号）。

（4）社会保险费。

1）按照国务院有关主管部门或省级人民政府规定的范围和标准为职工缴纳的基本养老保险、基本医疗保险、失业保险、工伤保险、生育保险（“五险”）以及住房公积金（“一金”）准予扣除。

2）为特殊工种职工缴纳的人身安全保险费准予扣除。

特别提醒

自 2017 年 7 月 1 日起，对个人购买符合规定的商业健康保险产品的支出，允许在当年（月）计算应纳税所得额时予以税前扣除，扣除限额为 2 400 元/年（200 元/月）。单位统一为员工购买符合规定的商业健康保险产品的支出，应分别计入员工个人工资薪金，视同个人购买，按上述限额予以扣除。

（5）补充养老保险与补充医疗保险。自 2008 年 1 月 1 日起，企业根据国家有关政策规定，为在本企业任职或者受雇的全体员工支付的补充养老保险费、补充医疗保险费，分别在不超过职工工资总额 5%标准内的部分，在计算应纳税所得额时准予扣除；超过的部分，不予扣除。

政策依据：《财政部 国家税务总局关于补充养老保险费 补充医疗保险费有关企业所得税政策问题的通知》（财税〔2009〕27 号）。

（6）党组织工作经费。纳入管理费用的党组织工作经费，实际支出不超过职工年度工资薪金总额 1%的部分，可以据实在企业所得税税前扣除。年末如有结余，结转下一年度使用。累计结转超过上一年度职工工资总额 2%的，当年不再从管理费用中安排。

政策依据：《中共中央组织部 财政部 国家税务总局关于非公有制企业党组织工作经费问题的通知》（组通字〔2014〕42 号）、《关于国有企业党组织工作经费问题的通知》（组通字〔2017〕38 号）。

【例 10－2】 某企业为居民企业，某年实际发生的工资薪金支出为 100 万元，核算计提三项经费 18.5 万元，其中福利费本期发生 12 万元，拨缴的工会经费为 2 万元，已经取得工会拨缴收据，实际发生职工教育经费 3 万元。该企业该年计算应纳税所得额时，应调增的应纳税所得额是多少？

【解析】

福利费扣除限额＝100×14%＝14(万元)

实际发生 12 万元，可据实扣除。

工会经费扣除限额＝100×2%＝2(万元)

实际发生 2 万元，可据实扣除。

职工教育经费扣除限额＝100×8%＝8(万元)

实际发生 3 万元，可扣除 3 万元。

应调增应纳税所得额＝18.5－(12＋2＋3)＝1.5(万元)

3. 以收入为基数的扣除项目

（1）业务招待费。企业发生的与生产经营活动有关的业务招待费支出，按照发生额的60%扣除，但最高不得超过当年销售（营业）收入的5‰。

政策依据：《企业所得税法实施条例》第四十三条。

1）没有实际发生的业务招待费不得税前扣除。

2）业务招待费的税前扣除计算基数包括主营业务收入、其他业务收入和视同销售的收入。

3）筹办期间的特殊规定。企业在开办（筹建）期间，发生的与筹办活动有关的业务招待费支出，可按实际发生额的60%计入企业筹办费，并按有关规定在税前扣除。

政策依据：《国家税务总局关于企业所得税应纳税所得额若干税务处理问题的公告》（国家税务总局公告2012年第15号）第五条。

特别提醒

业务招待费采取两者结合的办法，即遵循最高扣除限额与实际发生数额的60%孰低原则进行税前扣除。

【例10-3】 某居民企业某年向其主管税务机关申报的应纳税所得额与利润总额相等，均为10万元，其主营业务收入为2 000万元。假设不存在其他纳税调整事项，计算该公司该年税前可扣除的金额。

【解析】

销售收入的扣除标准＝2 000×5‰＝10(万元)

①如记入“管理费用——业务招待费”科目40万元，则招待费的扣除标准＝40×60%＝24万元；由于销售收入的扣除标准10万元小于招待费的扣除标准24万元，因此税前可扣除10万元。

②如记入“管理费用——业务招待费”科目15万元，则招待费的扣除标准＝15×60%＝9万元；由于销售收入的扣除标准10万元大于招待费的扣除标准9万元，因此税前实际可扣除9万元。

（2）广告费和业务宣传费支出。

1）企业发生的符合条件的广告费和业务宣传费支出，除国务院财政、税务主管部门另有规定外，不超过当年销售（营业）收入15%的部分，准予扣除；超过部分，准予在以后纳税年度结转扣除。

政策依据：《企业所得税法实施条例》第四十四条。

2）自2021年1月1日起至2025年12月31日执行下列规定：

①对化妆品制造或销售、医药制造和饮料制造（不含酒类制造）企业发生的广告费和业务宣传费支出，不超过当年销售（营业）收入30%的部分，准予扣除；超过部分，准予在以后纳税年度结转扣除。

②烟草企业的烟草广告费和业务宣传费支出，一律不得在计算应纳税所得额时扣除。

③对签订广告费和业务宣传费分摊协议（简称分摊协议）的关联企业，其中一方发生的不超过当年销售（营业）收入税前扣除限额比例内的广告费和业务宣传费支出可以在本企业扣除，也可以将其中的部分或全部按照分摊协议归集至另一方扣除。另一方在计算本企业广告费和业务宣传费支出企业所得税税前扣除限额时，可将归集至本企业的广告费和业务宣传费不计算在内。

政策依据：《财政部 税务总局关于广告费和业务宣传费支出税前扣除有关事项的公告》（财政部 税务总局公告 2020 年第 43 号）、《企业所得税法》及《企业所得税法实施条例》。

特别提醒

烟草企业的烟草广告费和业务宣传费支出，一律不得在计算应纳税所得额时扣除。

企业申报扣除的广告费应具备的条件是：广告是通过工商部门批准的专门机构制作的；已实际支付费用，并取得相应发票；通过一定的媒体传播。

特别提醒

（1）企业申报扣除的广告费支出应与赞助支出严格区分。（2）销售收入包括销售货物收入、劳务收入、出租财产收入、特许权使用费收入、视同销售收入等，即包括主营业务收入和其他业务收入。（3）广告费和业务宣传费支出，超过扣除标准的部分，准予结转以后纳税年度扣除。这与职工教育经费处理方式一致。（4）广告费不再按行业确定扣除标准，而是执行统一比例。

广告费和业务宣传费及职工教育经费结转扣除明细表如表 10 - 3 所示。

表 10 - 3 广告费和业务宣传费及职工教育经费结转扣除明细表 单位：元

年度	本年实际发生额	扣除限额	以前年度累计结转	实扣以前年度结转	可结转下一年度扣除额	已结转扣除额（各年超限额部分在以后年度结转扣除）				
						第 2 年	第 3 年	第 4 年	…	合计

说明：如果合计一栏的金额＝本年实际发生额－扣除限额，表示该年度超过限额部分已经结转扣除完。

【例 10 - 4】 某企业年销售收入为 3 000 万元，转让技术使用权收入为 200 万元，广告费支出为 600 万元，业务宣传费为 40 万元。计算应纳税所得额时，应调整的应纳税所得额是多少？

【解析】

广告费和业务宣传费实际发生额＝600＋40＝640(万元)

扣除标准＝(3 000＋200)×15％＝480(万元)

由于实际发生额 640 万元超过扣除标准 480 万元，因此计算应纳税所得额时，应调增的应纳税所得额计算如下：

应调增应纳税所得额＝640－480＝160(万元)

如果实际发生额小于扣除标准，则据实扣除。

(3) 手续费与佣金。

1）企业发生与生产经营有关的手续费及佣金支出，不超过以下规定计算限额以内的部分，准予扣除。

保险企业：不超过当年全部保费收入扣除退保金等后余额的18%（含本数）的部分，在计算应纳税所得额时准予扣除；超过部分，允许结转以后年度扣除。

其他企业：按与具有合法经营资格中介服务机构或个人（不含交易双方及其雇员、代理人和代表人等）所签订服务协议或合同确认的收入金额的5%计算限额；超过部分，不得扣除。

2）企业应与具有合法经营资格的中介服务机构或个人签订代办协议或合同，并按国家有关规定支付手续费及佣金。除委托个人代理外，企业以现金等非转账方式支付的手续费及佣金不得在税前扣除。企业为发行权益性证券支付给有关证券承销机构的手续费及佣金不得在税前扣除。

政策依据：《财政部 国家税务总局关于企业手续费及佣金支出税前扣除政策的通知》（财税〔2009〕29号）及《财政部 税务总局关于保险企业手续费及佣金支出税前扣除政策的公告》（财政部 税务总局公告2019年第72号）。

4. 以利润为基数的扣除项目

(1) 公益性捐赠。

1）限额扣除的公益性捐赠。企业发生的公益性捐赠支出，在年度利润总额12%以内的部分，准予在计算应纳税所得额时扣除；超过年度利润总额12%的部分，准予结转以后3年内在计算应纳税所得额时扣除。

政策依据：《企业所得税法》第九条，《企业所得税法实施条例》第五十一条、第五十三条。

解释

公益性捐赠是指企业通过公益性社会团体或者县级以上人民政府及其部门，用于《中华人民共和国公益事业捐赠法》规定的公益事业的捐赠。

年度利润总额，是指企业依照国家统一会计制度的规定计算的年度会计利润，即利润表上的“利润总额”。

2）全额扣除的公益性捐赠。

①扶贫捐赠。自2019年1月1日至2025年12月31日，企业通过公益性社会组织或者县级（含县级）以上人民政府及其组成部门和直属机构，用于目标脱贫地区的扶贫捐赠支出，准予在计算企业所得税应纳税所得额时据实扣除。在政策执行期限内，目标脱

贫地区实现脱贫的，可继续适用上述政策。

政策依据：《财政部 税务总局 国务院扶贫办关于企业扶贫捐赠所得税税前扣除政策的公告》（财政部 税务总局 国务院扶贫办公告 2019 年第 49 号）。

②疫情防控捐赠。企业和个人通过公益性社会组织或者县级以上人民政府及其部门等国家机关，捐赠用于应对新型冠状病毒感染的肺炎疫情的现金和物品，允许在计算应纳税所得额时全额扣除。企业和个人直接向承担疫情防治任务的医院捐赠用于应对新型冠状病毒感染的肺炎疫情的物品，允许在计算应纳税所得额时全额扣除。

政策依据：《财政部 税务总局关于支持新型冠状病毒感染的肺炎疫情防控有关捐赠税收政策的公告》（财政部 税务总局公告 2020 年第 9 号）。

【例 10－5】 某公司 2020 年度实现会计利润总额 200 万元，捐赠相关支出如下：

（1）2019 年度结转公益性捐赠扣除额 10 万元。

（2）直接向某小学捐赠 20 万元。

（3）通过市红十字会向灾区捐款 30 万元。

（4）通过市民政局向目标脱贫地区捐赠 50 万元。

【解析】

（1）2020 年度税前扣除限额 200×12%＝24 万元，由于 2019 年度结转公益性捐赠扣除额 10 万元，小于 2019 年度的扣除限额，所以在本次申报时全额扣除。

（2）直接向受赠人捐赠的 20 万元，不得在税前扣除，需在企业所得税汇算清缴时，全额调增应纳税所得额。

（3）通过市红十字会向灾区公益性捐赠 30 万元，2019 年度扣除限额为 24 万元，先予扣除以前年度结转的 10 万元后，剩余限额为 24－10＝14 万元，本年度实际发生额为 30 万元，可以扣除 14 万元，超过限额的 16 万元可以结转以后 3 年内在计算应纳税所得额时扣除。

（4）通过市民政局向目标脱贫地区捐赠 50 万元，在 2020 年汇算清缴时允许全额扣除，在企业所得税汇算清缴时不需要纳税调整。

关于 2020 年度—2022 年度公益性社会组织捐赠税前扣除资格名单的公告

5. 以金融机构借款利息费用为基数的扣除项目

（1）利息费用。

1）向金融机构借款的利息支出、金融机构的各项存款利息支出和同业拆借利息支出，准予扣除。

2）向非金融机构借款的利息支出，不超过按照金融企业同期同类贷款基准利率计算的数额部分，准予扣除；超过部分不允许扣除。

3）企业向内部职工或其他人员借款的利息支出，其借款情况同时符合以下条件的，其利息支出不超过按照金融企业同期同类贷款利率计算的数额部分，准予扣除。具体规定为：①企业与个人之间的借贷是真实、合法、有效的，并且不具有非法集资目的或其他违反法律、法规的行为；②企业与个人之间签订了借款合同。

【例 10－6】 某公司年度会计利润总额为 40 万元。记入“财务费用”科目的有向银行借入的生产用资金 200 万元，借用期限为 6 个月，支付借款利息 5 万元，银行的贷款利率为5%；经批准向本企业职工借入生产用资金60万元，借用期限为10个月，支付借款利息3.5万元。请计算该企业应纳所得税额。

【解析】

$$可税前扣除的职工借款利息=60\times5\%\times\frac{10}{12}=2.5(万元)$$

$$应纳所得税额=[40+(3.5-2.5)]\times25\%=10.25(万元)$$

（2）借款费用。

1）在生产经营中发生的合理的不需要资本化的借款费用，准予扣除。

2）企业为购置、建造固定资产、无形资产和经过12个月以上的建造才能达到预定可销售状态的存货发生借款的，在有关资产购置、建造期间发生的合理的借款费用，应予以资本化，作为资本性支出计入有关资产的成本。有关资产交付使用后发生的借款利息，可在发生当期扣除。

3）企业通过发行债券、取得贷款、吸收保户储金等方式融资而发生的合理的费用支出，符合资本化条件的，应计入相关资产成本；不符合资本化条件的，应作为财务费用（包括手续费及佣金支出），准予在税前据实扣除。

（3）汇兑损失。企业在货币交易中，以及纳税年度终了将人民币以外的货币性资产、负债按照期末即期人民币汇率中间价折算为人民币时产生的汇兑损失，除已经计入资产成本以及与向所有者进行利润分配相关的部分外，准予扣除。

6. 其他扣除项目

（1）资产损失。

1）企业当期发生的固定资产和流动资产盘亏、毁损净损失，由其提供清查盘存资料，留存备查。

2）企业因存货盘亏、毁损、报废等原因不得从销项税额中抵扣的进项税额，即进项税额转出，应视同企业财产损失，准予与存货损失一起在税前按规定扣除。

3）符合条件的贷款损失准备金允许在税前扣除，具体准予税前提取贷款损失准备金的贷款资产范围包括：①贷款（含抵押、质押、担保等贷款）；②银行卡透支、贴现、信用垫款（含银行承兑汇票垫款、信用证垫款、担保贷款等）、进出口押汇、同业拆出、应收融资租赁款等各项具有贷款特征的风险资产；③由金融企业转贷并承担对外还款责任的国外贷款，包括国际金融组织贷款、外国买方信贷、外国政府贷款、日本国际协力银行不附条件贷款和外国政府混合贷款等资产。

（2）研发费加计扣除。2021年5月14日，国家税务总局发布《研发费用税前加计扣除新政指引》，针对不同行业规定了研发费用加计扣除政策的适用范围。

1）除制造业以外的企业，且不属于烟草制造业、住宿和餐饮业、批发和零售业、房地产业、租赁和商务服务业、娱乐业。企业开展研发活动中实际发生的研发费用，未形成无形资产计入当期损益的，在2023年12月31日前，在按规定据实扣除的基础上，再按照实际发生额的75%在税前加计扣除；形成无形资产的，在上述期间按照无形资产成本的175%在税前摊销。

2）制造业企业开展研发活动中实际发生的研发费用，未形成无形资产计入当期损益的，在按规定据实扣除的基础上，自 2021 年 1 月 1 日起，再按照实际发生额的 100%在税前加计扣除；形成无形资产的，自 2021 年 1 月 1 日起，按照无形资产成本的 200%在税前摊销。

（3）其他项目。依照有关法律、行政法规和税法有关规定准予扣除的其他项目，如会员费、合理的会议费、差旅费、违约金、诉讼费等。

现将有扣除标准的项目的扣除标准和超过部分是否准予结转以后年度情况归纳如表 10－4 所示。

表 10－4　有扣除标准的项目表

费用种类	扣除标准	超过部分是否准予结转以后年度
职工福利费支出	不超过工资薪金总额 14%的部分	×
工会经费	不超过工资薪金总额 2%的部分	×
职工教育经费	不超过工资薪金总额 8%的部分	√
公益性捐赠（通过公益性社会组织或政府机构）	在年度利润总额 12%以内的部分。 其中，2019 年 1 月 1 日至 2025 年 12 月 31 日，用于目标扶贫地区的扶贫捐赠支出，准予税前据实扣除。企业同时发生扶贫捐赠支出和其他公益性捐赠支出，在计算公益性捐赠支出年度扣除限额时，符合条件的扶贫捐赠支出不计算在内	√ （以后 3 年内）
业务招待费	①按照发生额的 60%扣除，但最高不得超过当年销售（营业）收入的 5‰。 ②企业在筹集期间，发生的与筹办活动有关的业务招待费支出，可按实际发生额的 60%计入企业筹办费，准予税前扣除	×
广告费和业务宣传费	从 2021 年 1 月 1 日起至 2025 年 12 月 31 日止，广告费和业务宣传费的具体规定为： ①化妆品制造或销售、医药制造和饮料制造（不含酒类制造）企业：不超过当年销售（营业）收入 30%的部分，准予扣除；超过部分，准予在以后纳税年度结转扣除。 ②烟草企业：一律不得在计算应纳税额所得额时扣除。 ③签订广告费和业务宣传费分摊协议的关联企业：其中一方发生的不超过当年销售（营业）收入税前扣除限额比例内的广告费和业务宣传费支出可以在本企业扣除，也可以将其中的部分或全部按照分摊协议归集至另一方扣除。另一方在计算本企业广告费和业务宣传费支出企业所得税税前扣除限额时，可将按照上述办法归集至本企业的广告费和业务宣传费不计算在内	√

10.5.5 不得扣除的项目

（1）向投资者支付的股息、红利等权益性投资收益款项。股息、红利不能混入工资薪金支出，向投资者支付的股息、红利等权益性投资收益款项不得在税前扣除。对于诸如分红、借款利息支出等与受雇无关，不具有合理性的项目，不得作为工资薪金支出列支。

（2）企业所得税。企业所得税不得在计算企业所得税时作扣减。

（3）税收滞纳金。税务部门等收取的滞纳金不得扣除。

（4）罚金、罚款和被没收财物的损失。罚金、罚款和被没收财物的损失是指纳税人违反国家有关法律、法规规定，被有关部门处以的罚款以及被司法机关处以的罚金和被没收财物。

（5）非公益性捐赠支出。捐赠支出如果属于非公益性捐赠支出，则不得在应纳税所得额中扣除。

（6）非广告性质的赞助支出。非广告性质的赞助支出是指企业发生的与生产经营活动无关的各种赞助支出。不论是否自愿，一律不得扣除。这里所说的赞助并不等于公益性捐赠。

（7）超过规定标准的广告费和业务宣传费。企业发生的与生产经营活动有关的广告费和业务宣传费在当年销售收入 15%以内的部分，允许扣除；超过部分，允许在以后纳税年度结转扣除。

（8）未经核定的准备金支出。未经核定的准备金支出是指不符合国务院财政、税务主管部门规定的各项资产减值准备、风险准备等准备金支出，不包括计提的环境保护和生态恢复方面的准备金。未经核定的准备金不得在税前扣除。

除企业依照法律、行政法规有关规定提取的用于环境保护、生态恢复等方面的专项资金准予扣除外，企业计提的其他准备金不得扣除。会计上计提的坏账准备（金融企业的坏账准备除外）、存货跌价准备、短期投资跌价准备、长期投资减值准备、固定资产减值准备、在建工程减值准备和无形资产减值准备共七项资产减值准备不得扣除。在会计处理中，七项资产减值准备的计提属于会计政策的典型运用。企业提取的存货跌价准备或资产减值准备，尽管在提取年度的税前不允许扣除，但当企业资产损失实际发生时，在实际发生年度允许扣除，体现了企业所得税据实扣除和确定性的原则。

（9）企业之间支付的管理费用。能够提供总机构出具的费用汇集范围、定额、分配依据和方法等证明文件的非居民企业向总机构支付的合理费用可以扣除，而关联企业之间支付的管理费用不得扣除。

（10）企业内营业机构之间支付的租金和特许权使用费。

（11）非银行企业内营业机构之间支付的利息。

（12）与取得收入无关的其他支出。如为取得不征税收入而支付的管理费用等。

（13）企业对外投资期间的投资成本不允许税前扣除。

（14）房屋、建筑物以外未投入使用的固定资产折旧不得在税前扣除。

【例 10－7】　甲公司为居民企业。2022 年有关收支情况如下：

（1）产品销售收入 2 500 万元，营业外收入 70 万元。

（2）发生合理的工资薪金支出 150 万元、职工供暖费补贴 23 万元、防暑降温费 20 万元。

（3）发生广告费 300 万元、税收滞纳金 6 万元、环保部门罚款 5 万元、非广告性赞助 16 万元，直接向某希望小学捐赠 10 万元。

（4）缴纳增值税 125 万元、消费税 75 万元、城市维护建设税 14 万元和教育费附加 6 万元。

已知：在计算企业所得税应纳税所得额时，职工福利费支出不超过工资薪金总额的 14%；广告费不超过当年销售收入的 15%。

要求：根据上述资料，分析回答下列问题。

（1）甲公司在计算 2022 年度企业所得税应纳税所得额时，准予扣除的广告费为（　　）万元。

A. 375　　B. 385.5

C. 300　　D. 10.5

【解析】

答案：C。销售收入＝2 500 万元（不包括营业外收入），广告费税前扣除限额＝2 500×15%＝375 万元，实际发生广告费 300 万元，未超过扣除限额，可以据实扣除。

（2）甲公司下列支出中，在计算 2021 年度企业所得税应纳税所得额时，不得扣除的是（　　）。

A. 环保部门罚款 5 万元　　B. 税收滞纳金 6 万元

C. 直接向某希望小学捐赠 10 万元　　D. 非广告性赞助 16 万元

【解析】

答案：ABCD。选项 A，B：税收滞纳金、罚金、罚款和被没收财物的损失，不得在计算企业所得税时扣除。选项 C：直接向某希望小学捐赠，不属于公益性捐赠支出，不得在计算企业所得税时扣除。选项 D：非广告性质的赞助支出，不得在计算企业所得税时扣除。

（3）甲公司在计算 2021 年度企业所得税应纳税所得额时，准予扣除的职工福利费为（　　）万元。

A. 22.5　　B. 23

C. 43　　D. 21

【解析】

答案：D。职工供暖费补贴和防暑降温费属于职工福利费，职工福利费实际发生额＝23＋20＝43 万元，职工福利费税前扣除限额＝150×14%＝21 万元，实际发生额超过了扣除限额，应按照限额扣除，准予扣除的职工福利费是 21 万元。

（4）甲公司发生的下列税费中，在计算 2021 年度企业所得税应纳税所得额时，准予扣除的是（　　）。

A. 消费税 75 万元　　B. 城市维护建设税 14 万元

C. 教育费附加 6 万元　　D. 增值税 125 万元

【解析】

答案：ABC。选项 D：企业缴纳的增值税属于价外税，不得在企业所得税税前扣除。

10.5.6 居民企业核定征收应纳税额的计算

1. 核定征收企业所得税的范围

（1）依照法律、行政法规的规定可以不设置账簿的；

（2）依照法律、行政法规的规定应当设置但未设置账簿的；

（3）擅自销毁账簿或者拒不提供纳税资料的；

（4）虽设置账簿，但账目混乱或者成本资料、收入凭证、费用凭证残缺不全，难以查账的；

（5）发生纳税义务，未按照规定的期限办理纳税申报，经税务机关责令限期申报，逾期仍不申报的；

（6）申报的计税依据明显偏低，又无正当理由的。

2. 核定征收的办法

核定征收的办法分为核定应税所得率和核定应纳所得税额。

（1）具有下列情形之一的，核定其应税所得率：1）能正确核算（查实）收入总额，但不能正确核算（查实）成本费用总额；2）能正确核算（查实）成本费用总额，但不能正确核算（查实）收入总额；3）通过合理方法，能计算和推定纳税人收入总额或成本费用总额。

（2）纳税人不属于以上情形的，核定其应纳所得税额。税务机关采用下列方法核定征收企业所得税：1）参照当地同类行业或者类似行业中经营规模和收入水平相近的纳税人的税负水平核定；2）按照应税收入额或成本费用支出额定率核定；3）按照耗用的原材料、燃料、动力等推算或测算核定；4）按照其他合理方法核定。

3. 核定应税所得率征收计算

核定应税所得率计算应纳税所得额和应纳所得税额的公式为：

$$\text{应纳税所得额}=\text{收入总额}\times\text{应税所得率}$$

或

$$=\frac{\text{成本（费用）支出额}}{1-\text{应税所得率}}\times\text{应税所得率}$$

$$\text{应纳所得税额}=\text{应纳税所得额}\times\text{适用税率}$$

【例 10－8】 某小型企业某年向其主管税务机关申报收入 150 万元，成本、费用及销售税金共计 160 万元，全年亏损 10 万元。经审核成本、费用真实，收入无法核准。当地税务机关确定的应税所得率为 20%。请计算该企业应纳所得税额。

【解析】

$$\text{应纳所得税额}=\frac{160}{1-20\%}\times20\%\times25\%=10(\text{万元})$$

10.5.7 境外所得抵扣税额的计算

1. 可以从其当期应纳税额中抵免的在境外缴纳的所得税税额

企业取得下列所得已在境外缴纳的所得税税额，可以从其当期应纳税额中抵免，抵免限额为该项所得依照企业所得税法规定计算的应纳税额；超过抵免限额的部分，可以在以后 5 个纳税年度内，用每年度抵免限额抵免当年应抵税额后的余额进行抵补。

（1）限额抵免的范围。1）居民企业来源于中国境外的应税所得；2）非居民企业在中国境内设立机构、场所，取得发生在中国境外但与该机构、场所有实际联系的应税所得。

（2）来源于中国境外的股息、红利等权益性投资收益。居民企业从其直接或者间接控制的外国企业分得的来源于中国境外的股息、红利等权益性投资收益，外国企业在境外实际缴纳的所得税税额中属于该项所得负担的部分，可以作为该居民企业的可抵免境外所得税税额，在企业所得税法规定的抵免限额内抵免。其中直接或间接控制是指持有 20%以上的股份。

2. 抵免限额的计算

$$抵免限额=\frac{境内、境外所得按税法}{计算的应纳税总额}\times\frac{来源于某国的应纳税所得额}{境内、境外应纳税所得总额}$$

式中，计算应纳税所得总额的税率均为法定税率 25%。应纳税所得额是税前利润，若从国外分回的是税后利润，需换算为税前利润，换算公式为：

应纳税所得额＝分回利润＋国外已纳税款

或　　　　＝分回利润÷(1－某国所得税税率)

抵免限额＝来源于某国（地区）的应纳税所得额×25%

抵免限额的计算方法是分国不分项。判断标准是：（1）应缴纳税额小于实际缴纳税额，则扣除全部应纳税额；（2）应缴纳税额大于实际缴纳税额，将国外已经缴纳的税额全部扣除。

【例 10-9】 某企业某年度境内应纳税所得额为 100 万元，企业所得税税率为 25%。该企业分别在 A，B 两国设有分支机构（我国与 A，B 两国已经缔结避免双重征税协定），在 A 国分支机构的应纳税所得额为 50 万元，税率为 20%；在 B 国分支机构的应纳税所得额为 30 万元，税率为 30%。假设该企业在 A，B 两国所得按我国税法计算的应纳税所得额和按 A，B 两国税法计算的应纳税所得额一致，两个分支机构在 A，B 两国分别缴纳了 10 万元和 9 万元的企业所得税。请计算该企业汇总在我国应缴纳的企业所得税税额。

【解析】

（1）该企业按我国税法计算的境内、境外所得的应纳税额。

应纳税额＝(100＋50＋30)×25%＝45(万元)

（2）A，B两国的扣除限额。

$$A国扣除限额=45\times\frac{50}{100+50+30}=12.5(万元)$$

或

$$=50\times25\%=12.5(万元)$$

$$B国扣除限额=45\times\frac{30}{100+50+30}=7.5(万元)$$

或

$$=30\times25\%=7.5(万元)$$

由于在A国缴纳的所得税10万元小于扣除限额12.5万元，因此可全额扣除。在B国缴纳的所得税9万元大于扣除限额7.5万元，因此其超过扣除限额的部分1.5万元当年不能扣除。

（3）汇总在我国应缴纳的企业所得税=45−10−7.5=27.5(万元)

10.5.8 非居民企业应纳税额的计算

按照国际通行做法，我国目前与其他国家签订的税收协定也遵循了国际惯例。对于在中国境内未设立机构、场所的，或者虽设立机构、场所但取得所得与其所设机构、场所没有实际联系的非居民企业的所得，按照下列方法计算应纳税所得额。

（1）股息、红利等权益性投资收益和利息、租金、特许权使用费所得。

应纳税所得额=收入全额

在计算应纳税额时，一般不扣除任何成本费用，而是按收入全额征税。

（2）转让财产所得。

应纳税所得额=收入全额−财产净值

式中，财产净值是指财产的计税基础减去已经按照规定扣除的折旧、折耗、摊销、准备金等后的余额。

（3）其他所得。非居民企业可能因向中国境内的企业或个人提供咨询而从中国境内取得咨询费收入，以及因向中国境内企业或个人提供境外保险而从中国境内取得保险费收入等，这些收入也按收入全额征收所得税。

10.5.9 预缴企业所得税

从事房地产开发经营业务的居民纳税人实行预缴企业所得税（自2008年1月1日起执行）。

1. 对于采取预售方式销售取得的预售收入的相关处理

采取预售方式销售取得的预售收入，按照规定的预计利润率分季（或月）计算出预计利润总额，预缴所得税，开发产品完工、结算计税成本后按照实际利润再行调整。

2. 预计利润率的确定

（1）非经济适用房开发项目的预计利润率按地区分别不得低于 20%，15%，10%。

（2）经济适用房开发项目的预计利润率不得低于 3%。

10.5.10　亏损弥补

亏损是指按规定将每一纳税年度的收入总额减除免税收入、不征税收入和各项扣除项目金额后数额小于零的情形。

1. 亏损弥补的规定

（1）企业纳税年度发生的亏损，准予向以后年度结转，用以后年度的所得弥补，但结转年限最长不得超过 5 年。

（2）弥补期从亏损年度后第一年算起，连续 5 年内不论是盈利还是亏损，都作为实际弥补年限计算。先亏先补，按顺序连续计算弥补期。

（3）可弥补的亏损额并不是企业利润表中的亏损额，而是企业利润表中的亏损额经税务机关按税法规定核实、调整后的金额。

（4）企业在汇总计算缴纳企业所得税时，其境外营业机构的亏损不得抵减境内营业机构的盈利。

2. 亏损弥补计算的注意事项

（1）企业发生年度亏损，下一年度实现的利润应首先弥补以前年度的亏损。

（2）若下一年度实现的利润大于以往年度的亏损，应一次性将以往年度出现的亏损全部弥补。

（3）企业如果连续发生亏损，以后年度实现利润后，应首先弥补第一个亏损年度的亏损额，然后弥补第二个亏损年度的亏损额，依此类推，按顺序弥补，不能随意选择。

3. 弥补亏损的方式

（1）税前利润的弥补。企业发生的亏损可以用次年度的税前利润弥补，次年度税前利润不足以弥补的，可以在 5 年内连续弥补。这时不需要做专门的会计处理，通过本年利润的期末结转进行弥补即可。

（2）税后利润的弥补。企业发生的亏损，5 年内的税前利润不足弥补时，用税后利润弥补，即盈余公积补亏。这种方式不确认递延所得税。税法规定在计算应纳税所得额时不能扣除亏损余额。

特别提醒

高新技术企业和科技型中小企业亏损结转年限由 5 年延长至 10 年。

【例10-10】 假设某企业10年的盈利情况如表10-5所示，分步说明弥补亏损并计算10年内应纳所得税额，所得税税率为25%。

表10-5 企业盈利情况 单位：万元

年度	2007	2008	2009	2010	2011	2012	2013	2014	2015	2016
获利情况	90	−60	−80	−30	50	10	30	30	80	120

【解析】

（1）2008年亏损60万元，其弥补期为2009—2013年（即5年）。

补亏后余额＝−60＋50＋10＋30＝30(万元)

至2013年弥补亏损后，余30万元。

（2）2009年亏损80万元，其弥补期为2010—2014年（即5年）。

补亏后余额＝−80＋30＋30＝−20(万元)

至2014年仍未弥补完亏损，亏损的20万元需以后的盈余公积来弥补。

（3）2010年亏损30万元，其弥补期为2011—2015年（即5年）。

补亏后余额＝−30＋80＝50(万元)

至2015年弥补亏损后，余50万元。

（4）2011年以后是盈利的，没有亏损需要弥补。

（5）需要缴纳所得税的年份是2007年、2015年和2016年。

2007年应纳所得税额＝90×25%＝22.5(万元)

2015年应纳所得税额＝50×25%＝12.5(万元)

2016年应纳所得税额＝120×25%＝30(万元)

（6）10年内应纳所得税额＝22.5＋12.5＋30＝65(万元)

10.6 企业所得税的汇算清缴

10.6.1 企业所得税汇算清缴的基本内容

企业所得税汇算清缴是指纳税人在纳税年度终了后5个月内，依照税收法律、法规、规章及其他有关企业所得税的规定，自行计算全年应纳税所得额和应纳所得税额，根据月度或季度预缴所得税的数额，确定该年度应补或者应退税额，并填写企业所得税年度纳税申报表，向主管税务机关办理年度企业所得税纳税申报，根据税务机关要求提供有关资料，结清全年企业所得税税款的行为。

1. 企业所得税汇算清缴范围

凡在纳税年度内从事生产、经营（包括试生产、试经营）活动的纳税人，无论是否在减免税期间，也无论盈利或亏损，均应进行企业所得税汇算清缴。包括查账征收和实行核定应税所得率征收企业所得税的纳税人。

在汇算清缴期限内，由总机构汇总计算企业年度应纳所得税额，扣除总机构和各分支机构已预缴的税款，计算出应缴应退税款，按照规定的税款分摊方法计算总机构和各分支机构的企业所得税应缴应退税款，分别由总机构和各分支机构就地办理税款缴库或退库。

实行核定定额征收企业所得税的纳税人不进行汇算清缴。

特别提醒

凡在纳税年度内从事生产、经营（包括试生产、试经营），或在纳税年度中间终止经营活动的纳税人，无论是否在减免税期间，也无论盈利或亏损，均应按照《企业所得税法》及其实施条例和《企业所得税汇算清缴管理办法》的有关规定进行年度企业所得税汇算清缴。

2. 汇算清缴时间

企业所得税年度汇算清缴期为当年 5 月 31 日前。

10.6.2　汇算清缴内容

纳税人依照企业所得税法律、法规、规章及其他有关企业所得税规定，自行计算本纳税年度应纳税所得额和应纳所得税额，根据季度预缴企业所得税的数额，确定该纳税年度应补或者应退税额，并填写企业所得税年度纳税申报表，向主管税务机关办理企业所得税年度纳税申报，提供税务机关要求提供的有关资料，结清全年企业所得税税款。纳税人对纳税申报的真实性、准确性和完整性负法律责任。

纳税人需向税务机关备案的事项，应按照规定的程序、时限和要求，在办理企业所得税年度纳税申报前及时办理。

特别提醒

凡享受企业所得税税收优惠的，应当按照规定向税务机关履行备案手续，妥善保管留存备查资料。企业应当不迟于年度汇算清缴纳税申报时备案。

10.6.3　汇算清缴申报方式

年度企业所得税汇算清缴提供网上申报、前台申报等申报方式，企业所得税纳税人应尽可能使用网上申报方式申报。

（1）网上申报。已在主管税务机关办妥开通网上申报手续的纳税人，进入各省税务局或者税务局网上办税大厅进行申报。

（2）前台申报。纳税人携带电子申报数据和纸质申报资料直接到主管税务机关的办税服务厅办理纳税申报。纳税人在汇算清缴期内发现当年企业所得税申报有误的，可在汇算清缴期内按照规定程序到主管税务机关重新填报纳税申报表并进行更正申报。

10.6.4 查账征收企业所得税的纳税人汇算清缴报送的资料

纳税人办理企业所得税年度纳税申报时，应如实填写和报送下列有关资料：

（1）企业所得税年度纳税申报表及其附表；

（2）财务报表；

（3）备案事项相关资料；

（4）总机构及分支机构基本情况、分支机构征税方式、分支机构的预缴税情况（分支机构不进行汇算清缴，应将分支机构的营业收支等情况在报总机构统一汇算清缴前报送分支机构所在地主管税务机关）；

（5）委托中介机构代理纳税申报的，应出具双方签订的代理合同，并附送中介机构出具的包括纳税调整的项目、原因、依据、计算过程、调整金额等内容的报告；

（6）涉及关联方业务往来的，同时报送《中华人民共和国企业年度关联业务往来报告表》；

（7）主管税务机关要求报送的其他有关资料。

特别提醒

纳税人采用电子方式办理企业所得税年度纳税申报的，应按照有关规定保存有关资料或附报纸质纳税申报资料。纳税人在汇算清缴期内发现当年企业所得税申报有误的，可在汇算清缴期内重新办理企业所得税年度纳税申报。

10.6.5 核定应税所得率征收企业所得税的纳税人汇算清缴报送的资料

核定应税所得率征收企业所得税的纳税人汇算清缴报送的资料如下：

（1）《中华人民共和国企业所得税月（季）度和年度纳税申报表（B类）》；

（2）财务会计报告；

（3）主管税务机关要求报送的其他资料。

特别提醒

企业所得税汇算清缴时，需要注意应付未付款项及应收坏账的涉税处理。

（1）长期挂账的应付款项。企业确实无法支付的应付款项应作为营业外收入计入应纳税所得额，征收企业所得税。同时，上述款项在以后年度实际支付时准予税前扣除。

（2）无法收回的长期应收款项。债务人逾期3年以上未清偿，且有确凿证据证明已无力清偿债务的，可以作为坏账损失在计算应纳税所得额时扣除，但应说明情况，并出具专项报告。

10.6.6　企业所得税税前扣除凭证

国家税务总局发布《企业所得税税前扣除凭证管理办法》，自 2018 年 7 月 1 日起实施。

1. 税前扣除的基本规定

企业发生支出，应取得税前扣除凭证，作为计算企业所得税应纳税所得额时扣除相关支出的依据。企业应将与税前扣除凭证相关的资料，包括合同协议、支出依据、付款凭证等留存备查，以证实税前扣除凭证的真实性。

特别提醒

企业应在当年度企业所得税法规定的汇算清缴期结束前取得税前扣除凭证。

解释

税前扣除凭证，是指企业在计算企业所得税应纳税所得额时，证明与取得收入有关的、合理的支出实际发生，并据以税前扣除的各类凭证。

2. 税前扣除凭证的分类

税前扣除凭证按照来源分为内部凭证和外部凭证。

（1）内部凭证是指企业自制用于成本、费用、损失和其他支出核算的会计原始凭证。内部凭证的填制和使用应当符合国家会计法律、法规等相关规定。

（2）外部凭证是指企业发生经营活动和其他事项时，从其他单位、个人取得的用于证明其支出发生的凭证，包括但不限于发票（包括纸质发票和电子发票）、财政票据、完税凭证、收款凭证、分割单等。

3. 税前扣除凭证的具体规定

（1）企业在境内发生的支出项目属于增值税应税项目的，对方为已办理税务登记的增值税纳税人，其支出以发票（包括按照规定由税务机关代开的发票）作为税前扣除凭证。

（2）对方为依法无需办理税务登记的单位或者从事小额零星经营业务的个人，其支出以税务机关代开的发票或者收款凭证及内部凭证作为税前扣除凭证，收款凭证应载明收款单位名称、个人姓名及身份证号、支出项目、收款金额等相关信息。小额零星经营业务的判断标准是个人从事应税项目经营业务的销售额不超过增值税相关政策规定的起征点。

（3）税务总局对应税项目开具发票另有规定的，以规定的发票或者票据作为税前扣除凭证。

（4）企业在境内发生的支出项目不属于应税项目的，对方为单位的，以对方开具的发票以外的其他外部凭证作为税前扣除凭证；对方为个人的，以内部凭证作为税前扣除凭证。

特别提醒

企业在境内发生的支出项目虽不属于应税项目，但按税务总局规定可以开具发票的，可以发票作为税前扣除凭证。

（5）企业从境外购进货物或者劳务发生的支出，以对方开具的发票或者具有发票性质的收款凭证、相关税费缴纳凭证作为税前扣除凭证。

4. 不得作为税前扣除凭证的发票

企业取得私自印制、伪造、变造、作废、开票方非法取得、虚开、填写不规范等不符合规定的发票（简称不合规发票），以及取得不符合国家法律、法规等相关规定的其他外部凭证（简称不合规其他外部凭证），不得作为税前扣除凭证。

5. 应该补开和换开发票的规定

企业应当取得而未取得发票、其他外部凭证或者取得不合规发票、不合规其他外部凭证的，若支出真实且已实际发生，应当在当年度汇算清缴期结束前，要求对方补开、换开发票、其他外部凭证。补开、换开后的发票、其他外部凭证符合规定的，可以作为税前扣除凭证。

企业在补开、换开发票、其他外部凭证过程中，因对方注销、撤销、依法被吊销营业执照、被税务机关认定为非正常户等特殊原因无法补开、换开发票、其他外部凭证的，在凭以下资料证实支出真实性后，其支出允许税前扣除：

（1）必备资料：无法补开、换开发票、其他外部凭证原因的证明资料（包括工商注销、机构撤销、列入非正常经营户、破产公告等证明资料）。

（2）必备资料：相关业务活动的合同或者协议。

（3）必备资料：采用非现金方式支付的付款凭证。

（4）货物运输的证明资料。

（5）货物入库、出库内部凭证。

（6）企业会计核算记录以及其他资料。

汇算清缴期结束后，税务机关发现企业应当取得而未取得发票、其他外部凭证或者取得不合规发票、不合规其他外部凭证并且告知企业的，企业应当自被告知之日起 60 日内补开、换开符合规定的发票、其他外部凭证。其中，因对方特殊原因无法补开、换开发票、其他外部凭证的，企业应当按照《企业所得税税前扣除凭证管理办法》第十四条的规定，自被告知之日起 60 日内提供可以证实其支出真实性的相关资料。

特别提醒

企业以前年度应当取得而未取得发票、其他外部凭证，且相应支出在该年度没有税前扣除的，在以后年度取得符合规定的发票、其他外部凭证或者按照规定提供可以证实其支出真实性的相关资料，相应支出可以追补至该支出发生年度税前扣除，但追补年限不得超过 5 年。

6. 分摊相关费用的规定

（1）企业与其他企业（包括关联企业）、个人在境内共同接受应纳增值税劳务（简称应税劳务）发生的支出，采取分摊方式的，应当按照独立交易原则进行分摊，企业以发票和分割单作为税前扣除凭证，共同接受应税劳务的其他企业以企业开具的分割单作为税前扣除凭证。

企业与其他企业、个人在境内共同接受非应税劳务发生的支出，采取分摊方式的，企业以发票外的其他外部凭证和分割单作为税前扣除凭证，共同接受非应税劳务的其他企业以企业开具的分割单作为税前扣除凭证。

特别提醒

企业与其他企业（包括关联企业）、个人在境内共同接受应纳增值税劳务，企业以发票和分割单作为税前扣除凭证，是可以满足企业所得税的扣除凭证需要的，但是，对于增值税的进项税额的扣除，则需要取得发票的甲方根据分割单开具增值税专用发票（作为增值税的销项税额）给参与分摊的乙方（作为增值税的进项税额）作为扣税凭证。

（2）企业租用（包括企业作为单一承租方租用）办公、生产用房等资产发生的水、电、燃气、冷气、暖气、通信线路、有线电视、网络等费用，出租方作为应税项目开具发票的，企业以发票作为税前扣除凭证；出租方采取分摊方式的，企业以出租方开具的其他外部凭证作为税前扣除凭证。

特别提醒

预提的费用指企业从成本费用中预先列支但尚未实际支付的各项费用，如预提借款利息、预提保险费、预提租金、预提修理费用、预提产品销售业务费等。除另有规定的允许税前扣除的六种特殊情形外，提取准备金或其他预提方式发生的费用均不得在税前扣除。允许税前扣除的六种情形包括：计提的银行贷款利息；计提的弃置费用；后付跨期租赁费；未取得全额发票的固定资产可暂按合同金额计入固定资产计税基础计提折旧；房地产企业特定的预提费用；核定批准的准备金支出。

2018年4月10日，国家税务总局规定2017年度及以后年度企业所得税汇算清缴，企业向税务机关申报扣除资产损失，仅需填报企业所得税年度纳税申报表中的附表《资产损失税前扣除及纳税调整明细表》，不再报送资产损失相关资料。相关资料由企业留存备查。企业应当完整保存资产损失相关资料，保证资料的真实性、合法性。

《资产损失税前扣除及纳税调整明细表》见表10-6。

表10-6 资产损失税前扣除及纳税调整明细表

行次	项目	资产损失的账载金额	资产处置收入	赔偿收入	资产计税基础	资产损失的税收金额	纳税调整金额
		1	2	3	4	5(4—2—3)	6(1—5)
1	一、清单申报资产损失（2+3+4+5+6+7+8）						
2	（一）正常经营管理活动中，按照公允价格销售、转让、变卖非货币资产的损失						
3	（二）存货发生的正常损耗						
4	（三）固定资产达到或超过使用年限而正常报废清理的损失						
5	（四）生产性生物资产达到或超过使用年限而正常死亡发生的资产损失						
6	（五）按照市场公平交易原则，通过各种交易场所、市场等买卖债券、股票、期货、基金以及金融衍生产品等发生的损失						
7	（六）分支机构上报的资产损失						
8	（七）其他						
9	二、专项申报资产损失（10+11+12+13）						
10	（一）货币资产损失						
11	（二）非货币资产损失						
12	（三）投资损失						
13	（四）其他						
14	合计（1+9）						

【例10-11】 某自行车厂为增值税一般纳税人，主要生产和谐牌自行车，2020年度实现会计利润600万元，全年已累计预缴企业所得税税款150万元。2021年年初，该厂财务人员对2020年度企业所得税进行汇算清缴，相关财务资料和汇算清缴企业所得税计算情况如下：

1. 相关财务资料。

（1）销售自行车取得不含增值税销售收入5 950万元，同时收取不含增值税送货运费收入58.5万元。取得到期国债利息收入25万元、企业债券利息收入12万元。

（2）财务费用125万元，其中支付银行借款利息54万元，支付因向某商场借款1 000万元而发生的利息71万元。

（3）销售费用1 400万元，其中广告费750万元，业务宣传费186万元。

（4）管理费用320万元，其中业务招待费55万元，补充养老保险费62万元。

（5）营业外支出91万元，其中通过当地市政府捐赠85万元，用于该市所属某边远山区扶贫工作。当年因拖欠应缴税款，被税务机关加收滞纳金6万元。

已知：企业所得税税率为25%，同期银行贷款年利率为6.1%，当年实际发放工资总额560万元。

2. 汇算清缴企业所得税计算情况。

(1) 国债利息收入和企业债券利息收入调减应纳税所得额＝25＋12＝37(万元)

(2)业务招待费调增应纳税所得额＝55－55×60%＝22(万元)

(3)补充养老保险费支出调增应纳税所得额＝62－560×10%＝6(万元)

(4)全年应纳税所得额＝600－37＋22＋6＝591(万元)

(5)全年应纳企业所得税税额＝591×25%＝147.75(万元)

(6)当年应退企业所得税税额＝150－147.75＝2.25(万元)

要求：根据上述资料和相关税收法律制度的规定，回答下列问题。

（1）分析指出该自行车厂财务人员在汇算清缴企业所得税时存在的不合法之处，并说明理由。

（2）计算2020年度汇算清缴企业所得税时应补缴或退回的税款。（列出计算过程，结果保留两位小数。）

【解析】

（1）该自行车厂财务人员在汇算清缴企业所得税时存在的不合法之处主要有：

1）将国债利息收入和企业债券利息收入均从应纳税所得额中调减的做法不符合规定。国债利息收入属于企业所得税规定的免税收入，按规定应从应纳税所得额中调减；企业债券利息收入属于企业所得税应税收入，不得从应纳税所得额中调减。应调减应纳税所得额25万元。

2）向某商场借款1 000万元而发生的利息71万元，超过按照金融企业同期同类贷款利率计算的数额部分不得扣除，该自行车厂财务人员未做调增应纳税所得额处理。

应调增应纳税所得额＝71－1 000×6.1%＝10(万元)

3）广告费和业务宣传费超过扣除标准部分的数额不得扣除，该自行车厂财务人员未做调增应纳税所得额处理。根据规定，企业发生的符合条件的广告费和业务宣传费支出，除国务院财政、税务主管部门另有规定外，不超过当年销售收入15%的部分，准予扣除；超过部分，准予在以后纳税年度结转扣除。

应调增应纳税所得额＝750＋186－6 008.5×15%＝34.725(万元)

4）业务招待费调增应纳税所得额22万元不符合规定。企业发生的与生产经营活动有关的业务招待费支出，按照发生额的60%扣除，但最高不得超过当年销售收入的5‰。

营业收入＝5 950＋58.5＝6 008.5(万元)

扣除标准一为：

6 008.5×5‰＝30.042 5(万元)

扣除标准二为：

55×60%＝33(万元)

所以，可以扣除的业务招待费为30.042 5万元。

应调增应纳税所得额＝55－30.0425＝24.957 5(万元)

5）补充养老保险调增应纳税所得额6万元不符合规定。自2008年1月1日起，企业为在本企业任职或者受雇的全体员工支付的补充养老保险费、补充医疗保险费，分别在不超过职工工资总额5%标准内的部分，在计算应纳税所得额时准予扣除；超过的部分，不予扣除。

扣除标准为：

可扣除的补充养老保险＝560×5%＝28(万元)

应调增应纳税所得额＝62－28＝34(万元)

6）捐赠支出超过可扣除限额部分，该自行车厂财务人员未予调增应纳税所得额。根据规定，企业发生的扶贫捐赠支出，准予在计算应纳税所得额时扣除。

会计利润为600万元，扣除标准为实际捐赠额85万元。

应调增应纳税所得额＝0

7）被税务机关加收滞纳金6万元未调增应纳税所得额。税收滞纳金属于企业所得税税前不得扣除的项目。

8）全年应纳税所得额、全年应纳企业所得税税额以及当年应退企业所得税税额的计算均有误。

（2）该年度汇算清缴企业所得税的计算如下：

$$\begin{aligned}\begin{array}{c}\text{全年应纳税}\\\text{所得额}\end{array} &= \begin{array}{c}\text{会计}\\\text{利润}\end{array} - \begin{array}{c}\text{国债利息}\\\text{收入}\end{array} + \begin{array}{c}\text{利息}\\\text{支出}\end{array} + \begin{array}{c}\text{广告费和业务}\\\text{宣传费超标}\end{array}\\ &\quad + \begin{array}{c}\text{业务招待费}\\\text{超标}\end{array} + \begin{array}{c}\text{补充养老}\\\text{保险费}\end{array} + \begin{array}{c}\text{捐赠}\\\text{支出}\end{array} + \text{滞纳金}\end{aligned}$$

全年应纳税所得额＝600－25＋10＋34.725＋25＋34＋0＋6
＝684.725(万元)

全年应纳企业所得税税额＝684.725×25%＝171.18(万元)

当年应补缴企业所得税税额＝171.18－150＝21.18(万元)

10.7　企业所得税的纳税申报

10.7.1　企业所得税纳税申报表的基本内容

企业所得税纳税申报表是根据企业所得税征收与管理工作规程的要求，纳税人与税务机关为处理企业所得税征管事宜所使用的具有固定格式的报表。它既是纳税人或纳税代理人履行纳税义务以规范格式申报纳税的书面报告，也是税务机关据以征收、分析、评估、检查企业所得税所使用的重要资料。

1. 居民企业所得税纳税申报表

（1）《中华人民共和国企业所得税年度纳税申报表（A 类）》及其附表，适用于实行查账征收的居民企业纳税人的年度申报，由主表和附表（分为通用附表和行业附表）组成。

（2）《中华人民共和国企业所得税年度纳税申报表（B 类）》，适用于实行核定应税所得率方式核定征收的纳税人的年度申报。

（3）《中华人民共和国企业所得税月（季）度预缴纳税申报表（A 类）》，适用于实行查账征收方式的居民企业纳税人进行预缴申报。

（4）《中华人民共和国企业所得税月（季）度预缴纳税申报表（B 类）》，适用于实行核定应税所得率或核定税额方式核定征收的纳税人进行预缴申报。

（5）《中华人民共和国企业所得税汇总纳税分支机构分配表》，适用于在中国境内跨省（自治区、直辖市）设立不具有法人资格的营业机构，并实行统一计算、分级管理、就地预缴、汇总清算、财政调库汇总纳税办法的居民企业填报。本表分别在预缴申报、年度申报时随同纳税申报表报送。

2. 纳税申报表的申报时间

（1）预缴纳税申报表的申报时间。纳税人应当在月份或者季度终了后 15 日内，向其所在地主管税务机关报送会计报表和预缴纳税申报表。

（2）年度纳税申报表的申报时间。年度终了后，纳税人应在 45 日内进行纳税申报；就地纳税企业和汇总纳税的总机构应在次年 5 月底前进行纳税申报。

特别提醒

纳税人在纳税年度内无论盈利或亏损，都应当按照规定的期限，向当地主管税务机关报送企业所得税纳税申报表和年度会计报表。

10.7.2 居民企业（查账征收）企业所得税月（季）度申报

中华人民共和国企业所得税月（季）度预缴纳税申报表

2020年7月1日，国家税务总局对《中华人民共和国企业所得税月（季）度预缴纳税申报表（A类，2018年版）》等的部分数据项及填报说明进行修订，对《中华人民共和国企业所得税月（季）度预缴和年度纳税申报表（B类，2018年版）》的部分数据项及填报说明也进行了修订，自2020年7月1日起施行。实行按月预缴的居民企业，自2020年6月份申报所属期开始使用修订后的纳税申报表；实行按季预缴的居民企业，自2020年第二季度申报所属期开始使用修订后的纳税申报表。

企业所得税月（季）度预缴纳税申报表见二维码。

1. 月（季）度申报的申请条件

实行查账征收方式申报企业所得税的居民企业（包括境外注册中资控股居民企业）在月份或者季度终了之日起的15日内，依照税收法律、法规、规章及其他有关规定，向税务机关填报《中华人民共和国企业所得税月（季）度预缴纳税申报表（A类）》及其他相关资料，进行月（季）度预缴纳税申报。

2. 月（季）度申报的办理材料

居民企业（查账征收）企业所得税月（季）度申报需要提供的材料如表10-7所示。

表10-7 居民企业（查账征收）企业所得税月（季）度申报需要提供的材料

序号	材料名称	数量	备注
1	《中华人民共和国企业所得税月（季）度预缴纳税申报表（A类）》	2份	
有以下情形的，还应提供相应材料			
适用情形	材料名称	数量	备注
有直接管理的跨地区设立的项目部的建筑企业总机构	建筑企业总机构直接管理的跨地区经营项目部就地预缴税款的完税证明	1份	原件查验后退回
跨省、自治区、直辖市和计划单列市设立的，实行汇总纳税办法的居民（分支机构）	《企业所得税汇总纳税分支机构所得税分配表》复印件	1份	经总机构所在地主管税务机关受理
符合条件的境外投资居民企业	《居民企业参股外国企业信息报告表》	1份	
适用股权激励和技术入股递延纳税政策的企业	《技术成果投资入股企业所得税递延纳税备案表》	1份	投资完成后首次预缴申报时报送
用享受固定资产加速折旧和一次性扣除优惠政策的企业	《A201020固定资产加速折旧（扣除）优惠明细表》	1份	
仅在省内设立不具有法人资格分支机构的居民企业，即非跨省汇总纳税企业，由总机构统一向总机构所在地主管税务机关办理企业所得税纳税申报、财务报表报送、资产损失扣除申报、税收优惠事项办理等企业所得税涉税事项；其所属省内二级及以下分支机构无需向其主管税务机关办理上述涉税事项。国家税务总局、省政府、省财政部门另有规定的除外。			

资料来源：江苏省税务局网站。

特别提醒

企业所得税分月或者分季预缴，由税务机关具体核定。符合条件的小型微利企业，实行按季度申报预缴企业所得税。按月度预缴企业所得税的企业，在当年度 4 月、7 月、10 月预缴申报时，若按相关政策标准判断符合小型微利企业条件的，下一个预缴申报期起调整为按季度预缴申报，一经调整，当年度内不再变更。

10.7.3　居民企业（查账征收）企业所得税年度申报

中华人民共和国企业所得税年度纳税申报表

1. 企业所得税年度纳税申报表填报表单

2022 年 12 月，国家税务总局对《中华人民共和国企业所得税年度纳税申报表（A 类，2017 年版）》等 13 张表单进行了修订。其中，对表单样式及其填报说明进行调整的表单共 11 张，仅修改填报说明的表单共 2 张，适用于 2020 年度及以后年度企业所得税汇算清缴申报。企业所得税年度纳税申报表单的具体结构见图 10－1。企业所得税年度纳税申报表填报表单（2020 年版）见表 10－8。企业所得税年度纳税申报表见二维码。

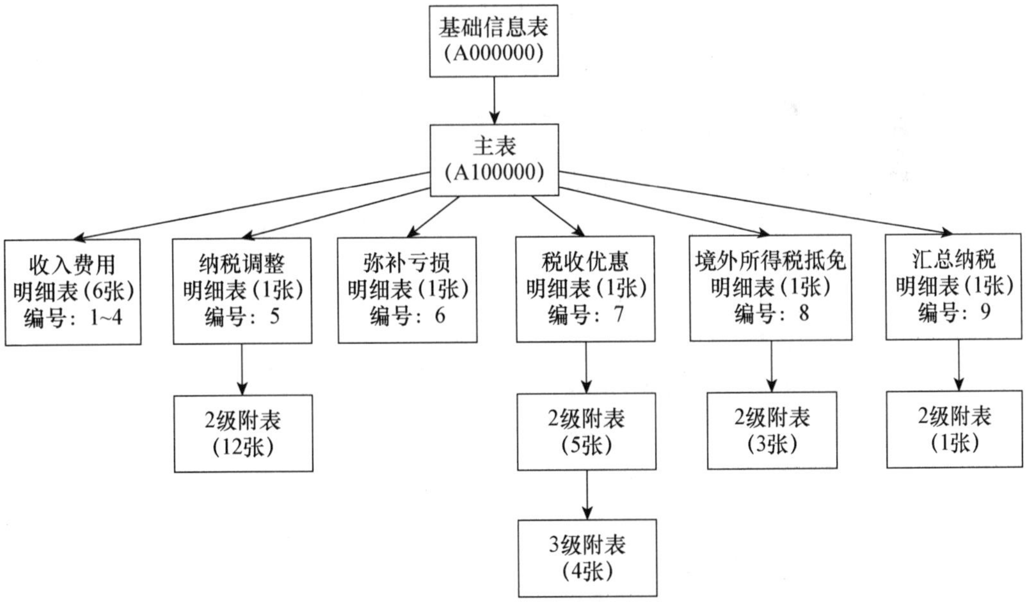

图 10－1　企业所得税年度纳税申报表单的具体结构

表 10－8 企业所得税年度纳税申报表填报表单（2020 年版）

表单编号	表单名称	是否填报
A000000	企业所得税年度纳税申报基础信息表	√
A100000	中华人民共和国企业所得税年度纳税申报表（A 类）	√
A101010	一般企业收入明细表	□
A101020	金融企业收入明细表	□
A102010	一般企业成本支出明细表	□
A102020	金融企业支出明细表	□
A103000	事业单位、民间非营利组织收入、支出明细表	□
A104000	期间费用明细表	□
A105000	纳税调整项目明细表	□
A105010	视同销售和房地产开发企业特定业务纳税调整明细表	□
A105020	未按权责发生制确认收入纳税调整明细表	□
A105030	投资收益纳税调整明细表	□
A105040	专项用途财政性资金纳税调整明细表	□
A105050	职工薪酬支出及纳税调整明细表	□
A105060	广告费和业务宣传费等跨年度纳税调整明细表	□
A105070	捐赠支出及纳税调整明细表	□
A105080	资产折旧、摊销及纳税调整明细表	□
A105090	资产损失税前扣除及纳税调整明细表	□
A105100	企业重组及递延纳税事项纳税调整明细表	□
A105110	政策性搬迁纳税调整明细表	□
A105120	特殊行业准备金及纳税调整明细表	□
A106000	企业所得税弥补亏损明细表	□
A107010	免税、减计收入及加计扣除优惠明细表	□
A107011	符合条件的居民企业之间的股息、红利等权益性投资收益优惠明细表	□
A107020	所得减免优惠明细表	□
A107030	抵扣应纳税所得额明细表	□
A107040	减免所得税优惠明细表	□
A107041	高新技术企业优惠情况及明细表	□
A107042	软件、集成电路企业优惠情况及明细表	□
A107050	税额抵免优惠明细表	□
A108000	境外所得税收抵免明细表	□
A108010	境外所得纳税调整后所得明细表	□
A108020	境外分支机构弥补亏损明细表	□
A108030	跨年度结转抵免境外所得税明细表	□
A109000	跨地区经营汇总纳税企业年度分摊企业所得税明细表	□
A109010	企业所得税汇总纳税分支机构所得税分配表	□

说明：企业应当根据实际情况选择需要填报的表单。

特别提醒

企业在计算应纳税所得额及应纳所得税额时，企业会计处理与税收规定不一致的，应当按照税收规定计算。税收规定不明确的，在没有明确规定之前，暂按国家统一的会计制度计算。

2. 年度申报的办理材料

居民（查账征收）企业所得税年度申报需要提供的材料如表 10－9 所示。

表 10－9　居民企业（查账征收）企业所得税年度申报需要提供的材料

<table>
<tr><th>序号</th><th>材料名称</th><th>数量</th><th>备注</th></tr>
<tr><td>1</td><td>《中华人民共和国企业所得税年度纳税申报表（A 类，2017 年版）》</td><td>2 份</td><td></td></tr>
<tr><th colspan="4">有以下情形的，还应提供相应材料</th></tr>
<tr><th>适用情形</th><th>材料名称</th><th>数量</th><th>备注</th></tr>
<tr><td>房地产开发企业在开发产品完工当年企业所得税年度纳税申报</td><td>房地产开发企业成本对象管理专项报告</td><td>1 份</td><td></td></tr>
<tr><td>申请享受中小企业信用担保机构有关准备金企业所得税税前扣除政策</td><td>年度会计报表和担保业务情况（包括担保业务明细和风险准备金提取等）</td><td>1 份</td><td></td></tr>
<tr><td rowspan="4">申报抵免境外所得税收（取得境外分支机构的营业利润所得）</td><td>与境外所得相关的完税证明或纳税凭证（原件或复印件）</td><td>1 份</td><td rowspan="11">备案资料使用非中文的，企业应同时提交中文译本复印件。上述资料已向税务机关提供的，可不再提供；上述资料若有变更的，需重新提供。
原件查验后退回。
纳税人可以自主选择是否对“企业在境外享受税收优惠政策的证明或有关审计报告”适用告知承诺制办理，并对承诺的真实性承担法律责任</td></tr>
<tr><td>境外分支机构会计报表</td><td>1 份</td></tr>
<tr><td>境外分支机构所得依照中国境内企业所得税法及实施条例的规定计算的应纳税额的计算过程及说明资料</td><td>1 份</td></tr>
<tr><td>具有资质的机构出具的有关分支机构审计报告等或《税务证明事项告知承诺书》</td><td>1 份</td></tr>
<tr><td rowspan="4">申报抵免境外所得税收（取得境外股息、红利所得）</td><td>与境外所得相关的完税证明或纳税凭证（原件或复印件）</td><td>1 份</td></tr>
<tr><td>集团组织架构图</td><td>1 份</td></tr>
<tr><td>被投资公司章程复印件</td><td>1 份</td></tr>
<tr><td>境外企业有权决定利润分配的机构作出的决定书等</td><td>1 份</td></tr>
<tr><td rowspan="3">申报抵免境外所得税收（取得境外利息、租金、特许权使用费、转让财产等所得）</td><td>与境外所得相关的完税证明或纳税凭证（原件或复印件）</td><td>1 份</td></tr>
<tr><td>依照中国境内企业所得税法及实施条例规定计算的应纳税额的资料及计算过程</td><td>1 份</td></tr>
<tr><td>项目合同复印件等</td><td>1 份</td></tr>
</table>

续表

<table>
<tr><th>适用情形</th><th>材料名称</th><th>数量</th><th>备注</th></tr>
<tr><td rowspan="5">申报抵免境外所得税收（申请享受税收饶让抵免）</td><td>与境外所得相关的完税证明或纳税凭证（原件或复印件）</td><td>1份</td><td rowspan="10">备案资料使用非中文的，企业应同时提交中文译本复印件。上述资料已向税务机关提供的，可不再提供；上述资料若有变更的，需重新提供。
原件查验后退回。
纳税人可以自主选择是否对“企业在境外享受税收优惠政策的证明或有关审计报告”适用告知承诺制办理，并对承诺的真实性承担法律责任</td></tr>
<tr><td>本企业及其直接或间接控制的外国企业在境外所获免税及减税的依据及证明或有关审计报告披露该企业享受的优惠政策的复印件或《税务证明事项告知承诺书》</td><td>1份</td></tr>
<tr><td>企业在其直接或间接控制的外国企业的参股比例等情况的证明复印件</td><td>1份</td></tr>
<tr><td>间接抵免税额或者饶让抵免税额的计算过程</td><td>1份</td></tr>
<tr><td>由本企业直接或间接控制的外国企业的财务会计资料</td><td>1份</td></tr>
<tr><td rowspan="5">申报抵免境外所得税收（采用简易办法计算抵免限额）</td><td>与境外所得相关的完税证明或纳税凭证（原件或复印件）</td><td>1份</td></tr>
<tr><td>取得境外分支机构的营业利润所得需提供企业申请及有关情况说明</td><td>1份</td></tr>
<tr><td>来源国（地区）政府机关核发的具有纳税性质的凭证和证明复印件</td><td>1份</td></tr>
<tr><td>取得符合境外税额间接抵免条件的股息所得需提供企业申请及有关情况说明</td><td>1份</td></tr>
<tr><td>符合企业所得税法第二十四条条件的有关股权证明的文件或凭证复印件</td><td>1份</td></tr>
<tr><td rowspan="2">跨省、自治区、直辖市和计划单列市设立的，实行汇总纳税办法的居民企业（分支机构）</td><td>《汇总纳税企业分支机构所得税分配表》复印件</td><td>1份</td><td>经总机构所在地主管税务机关受理的</td></tr>
<tr><td>《中华人民共和国企业所得税月（季）度预缴纳税申报表（A类）》</td><td>1份</td><td>不需要报送《中华人民共和国企业所得税年度纳税申报表（A类）》</td></tr>
<tr><td>适用《企业所得税法》第四十五条情形或者需要适用《特别纳税调整实施办法（试行）》第八十四条规定的居民企业</td><td>《受控外国企业信息报告表》</td><td>1份</td><td></td></tr>
<tr><td>居民企业在办理企业所得税年度申报时，与境外所得相关的纳入《企业所得税法》第二十四条规定抵免范围的外国企业或符合《企业所得税法》第四十五条规定的受控外国企业</td><td>财务报表主表及相关附表、会计报表附注以及《财务情况说明书》</td><td>1份</td><td></td></tr>
</table>

续表

适用情形	材料名称	数量	备注
居民企业以非货币性资产对外投资确认的非货币性资产转让所得，在自确认非货币性资产转让收入年度起不超过连续5个纳税年度的期间内，分期均匀计入相应年度的应纳税所得额的，在非货币性资产转让所得递延确认期间每年企业所得税汇算清缴	《非货币性资产投资递延纳税调整明细表》	1份	
企业重组业务适用特殊性税务处理的申报	《企业重组所得税特殊性税务处理报告表》及附表	1份	
参与开采海上油气资源的中国企业和外国企业申报当年度企业所得税汇算清缴资料	《海上油气生产设施弃置费情况表》	1份	
进行特殊性税务处理的股权或资产划转的交易双方年度汇算清缴	《居民企业资产（股权）划转特殊性税务处理申报表》	1份	
企业税前扣除手续费及佣金支出	依法取得合法真实凭证的当年手续费及佣金计算分配表和其他相关资料	1份	

资料来源：江苏省税务局网站。

特别提醒

实行查账征收的居民企业和在中国境内设立机构、场所并据实申报缴纳企业所得税的非居民企业，向税务机关报送年度企业所得税纳税申报表时，应当就其与关联方之间的业务往来进行关联申报。

练习题[①]

一、计算题

1. 某外资持股25%的重型机械生产企业，2021年度取得营业收入7 500万元，其他业务收入2 300万元，营业外收入1 200万元；发生主营业务成本6 000万元，其他业务成本1 300万元，营业外支出800万元，税金及附加420万元，销售费用1 800万元，管理费用1 200万元，财务费用180万元，投资收益1 700万元。当年发生的部分具体业务如下：

① 除特殊说明外，不考虑营改增政策。

（1）将两台重型机械设备通过市政府捐赠给贫困地区（属于一般公益性捐赠）用于公共设施建设，营业外支出中已列支两台设备的成本及对应的销项税额合计244.8万元，每台设备市场售价为140万元（不含增值税）。

（2）实际发放职工工资1 400万元，发生职工福利费支出200万元，拨缴工会经费30万元并取得专用收据，发生职工教育经费支出25万元，以前年度累计结转至本年的职工教育经费扣除额为5万元。

（3）发生广告支出1 542万元。

（4）发生业务招待费90万元，其中有20万元未取得合法票据。

（5）从事《国家重点支持的高新技术领域》规定项目的研究开发活动，对研发费用实行专账管理，发生研发费用支出200万元。

其他相关资料：各扣除项目均已取得有效凭证，相关优惠已办理必要手续。

要求：根据上述资料回答以下问题，如有计算，需计算出合计数。

（1）计算业务（1）应调整的应纳税所得额。

（2）计算业务（2）应调整的应纳税所得额。

（3）计算业务（3）应调整的应纳税所得额。

（4）计算业务（4）应调整的应纳税所得额。

（5）计算业务（5）应调整的应纳税所得额。

（6）计算该企业2021年应纳企业所得税税额。

2. 某上市公司自2013年起被认定为高新技术企业，2021年度取得主营业务收入48 000万元，其他业务收入2 000万元，营业外收入1 000万元，投资收益500万元；发生主营业务成本25 000万元，其他业务成本1 000万元，营业外支出1 500万元，税金及附加4 000万元，管理费用3 000万元，销售费用10 000万元，实现年度利润总额6 000万元。当年发生的相关具体业务如下：

（1）广告费支出8 000万元。

（2）业务招待费支出350万元。

（3）实发工资4 000万元，拨缴职工工会经费150万元，发生职工教育经费160万元，发生职工福利费900万元。

（4）计提资产减值损失准备金1 500万元，该资产减值损失准备金未经税务机关核定。

（5）公司取得的投资收益中包括国债利息收入200万元。

其他相关资料：各扣除项目均已取得有效凭证，相关优惠已办理必要手续。

要求：根据上述资料回答以下问题，如有计算，需计算出合计数。

（1）计算业务（1）应调整的应纳税所得额。

（2）计算业务（2）应调整的应纳税所得额。

（3）计算业务（3）应调整的应纳税所得额。

（4）计算业务（4）应调整的应纳税所得额。

（5）计算业务（5）应调整的应纳税所得额。

（6）计算该企业2021年应纳企业所得税税额。

二、综合题

某制造企业为增值税一般纳税人，自 2017 年起被认定为高新技术企业。其 2021 年度的生产经营情况如下：

（1）当年销售货物实现销售收入 8 000 万元，对应的成本为 5 100 万元。

（2）12 月购入新设备，取得的增值税普通发票上注明的金额为 600 万元，当月投入使用并按规定计提折旧。

（3）通过其他业务收入核算转让 5 年以上非独占许可使用权收入 700 万元，与之相应的成本税费为 100 万元。

（4）当年发生管理费用 800 万元，其中含新产品研究开发费用 300 万元（已独立核算管理）、业务招待费 80 万元。

（5）当年发生销售费用 1 800 万元，其中含广告费 1 500 万元。

（6）当年发生财务费用 200 万元。

（7）取得国债利息收入 150 万元，企业债券利息收入 180 万元。

（8）全年计入成本费用的实发合理工资总额为 400 万元（含残疾职工工资 50 万元），实际发生职工福利费 120 万元，职工教育经费 33 万元，拨缴工会经费 18 万元。

（9）当年发生营业外支出共计 130 万元，其中违约金 5 万元，税收滞纳金 7 万元，补缴高管个人所得税 15 万元。

（10）当年税金及附加科目共列支 200 万元。

其他相关资料：各扣除项目均已取得有效凭证，相关优惠已办理必要手续。

要求：根据上述资料回答下列问题。

（1）判断 12 月购进新设备的成本能否一次性税前列支并说明理由。

（2）计算当年的会计利润。

（3）计算业务（3）中转让非独占许可使用权应纳税所得额调整金额。

（4）计算业务（4）中研究开发费及业务招待费应纳税所得额调整金额。

（5）计算业务（5）中广告费应纳税所得额调整金额。

（6）计算业务（7）涉及的应纳税所得额调整金额。

（7）计算业务（8）中工资、职工福利费、工会经费、职工教育经费应纳税所得额调整金额。

（8）计算业务（9）涉及的应纳税所得额调整金额。

（9）计算当年该企业的企业所得税应纳税所得额。

（10）计算当年该企业应缴纳的企业所得税。

第 10 章　即测即评

第11章

个人所得税

本章导言

从2019年1月1日起，我国纳税人在计算个人所得税应纳税所得额时，可享受子女教育、继续教育、大病医疗、住房贷款利息、住房租金、赡养老人以及婴幼儿照护七项专项附加扣除。月工资薪金收入2万元以下的纳税人，税负降幅超过50%，有相当多的纳税人因此不需要再缴纳个人所得税。企业或个人通过公益性社会组织、县级以上人民政府及其部门等国家机关，用于符合法律规定的公益慈善事业捐赠支出，准予按税法规定在计算应纳税所得额时扣除。

11.1 个人所得税概述

11.1.1 纳税人和纳税范围

1. 纳税人

在中国境内有住所，或者无住所而一个纳税年度内在中国境内居住累计满183天的个人，为居民个人。居民个人从中国境内和境外取得的所得，依照规定缴纳个人所得税。

在中国境内无住所又不居住，或者无住所而一个纳税年度内在中国境内居住累计不满183天的个人，为非居民个人。非居民个人从中国境内取得的所得，依照规定缴纳个人所得税。

2019 年 3 月 14 日，财政部和国家税务总局规定，从 2019 年 1 月 1 日起，无住所个人一个纳税年度在中国境内累计居住满 183 天的，如果此前六年在中国境内每年累计居住天数都满 183 天且没有任何一年单次离境超过 30 天，该纳税年度来源于中国境内、境外所得应当缴纳个人所得税；如果此前六年的任一年在中国境内累计居住天数不满 183 天或者单次离境超过 30 天，该纳税年度来源于中国境外且由境外单位或者个人支付的所得，免予缴纳个人所得税。其中，此前六年，是指该纳税年度的前一年至前六年的连续六个年度，此前六年的起始年度自 2019 年（含）以后年度开始计算。

无住所个人一个纳税年度内在中国境内累计居住天数，按照个人在中国境内累计停留的天数计算。在中国境内停留的当天满 24 小时的，计入中国境内居住天数，在中国境内停留的当天不足 24 小时的，不计入中国境内居住天数。

个人所得税以所得人为纳税人，以支付所得的单位或者个人为扣缴义务人。纳税人有中国公民身份号码的，以中国公民身份号码为纳税人识别号；纳税人没有中国公民身份号码的，由税务机关赋予其纳税人识别号。扣缴义务人扣缴税款时，纳税人应当向扣缴义务人提供纳税人识别号。

2. 纳税范围

下列各项个人所得，应当缴纳个人所得税：

（1）综合所得。包括工资、薪金所得，劳务报酬所得，稿酬所得，特许权使用费所得。具体内容为：

1）工资、薪金所得，是指个人因任职或者受雇取得的工资、薪金、奖金、年终加薪、劳动分红、津贴、补贴以及与任职或者受雇有关的其他所得。

2）劳务报酬所得，是指个人从事劳务取得的所得，包括从事设计、装潢、安装、制图、化验、测试、医疗、法律、会计、咨询、讲学、翻译、审稿、书画、雕刻、影视、录音、录像、演出、表演、广告、展览、技术服务、介绍服务、经纪服务、代办服务以及其他劳务取得的所得。

3）稿酬所得，是指个人因其作品以图书、报刊等形式出版、发表而取得的所得。

4）特许权使用费所得，是指个人提供专利权、商标权、著作权、非专利技术以及其他特许权的使用权取得的所得；提供著作权的使用权取得的所得，不包括稿酬所得。

（2）经营所得。具体内容为：

1）个体工商户从事生产、经营活动取得的所得，个人独资企业投资人、合伙企业的个人合伙人来源于境内注册的个人独资企业、合伙企业生产、经营的所得；

2）个人依法从事办学、医疗、咨询以及其他有偿服务活动取得的所得；

3）个人对企业、事业单位承包经营、承租经营以及转包、转租取得的所得；

4）个人从事其他生产、经营活动取得的所得。

（3）利息、股息、红利所得，是指个人拥有债权、股权等取得的利息、股息、红利所得。

（4）财产租赁所得，是指个人出租不动产、机器设备、车船以及其他财产取得的所得。

（5）财产转让所得，是指个人转让有价证券、股权、合伙企业中的财产份额、不动产、机器设备、车船以及其他财产取得的所得。

（6）偶然所得，是指个人得奖、中奖、中彩以及其他偶然性质的所得。

特别提醒

个人取得的所得，难以界定应纳税所得项目的，由国务院税务主管部门确定。居民个人取得综合所得，按纳税年度合并计算个人所得税；非居民个人取得综合所得，按月或者按次分项计算个人所得税。

11.1.2 优惠范围

1. 免征个人所得税范围

下列各项个人所得，免征个人所得税：

（1）省级人民政府、国务院部委和中国人民解放军军以上单位，以及外国组织、国际组织颁发的科学、教育、技术、文化、卫生、体育、环境保护等方面的奖金。

（2）国债和国家发行的金融债券利息。

（3）按照国家统一规定发给的补贴、津贴。

（4）福利费、抚恤金、救济金。

（5）保险赔款。

（6）军人的转业费、复员费、退役金。

（7）按照国家统一规定发给干部、职工的安家费、退职费、基本养老金或者退休费、离休费、离休生活补助费。

（8）依照有关法律规定应予免税的各国驻华使馆、领事馆的外交代表、领事官员和其他人员的所得。

（9）中国政府参加的国际公约、签订的协议中规定免税的所得。

（10）国务院规定的其他免税所得，这项由国务院报全国人民代表大会常务委员会备案。

2. 减征个人所得税范围

有下列情形之一的，可以减征个人所得税，具体幅度和期限，由省、自治区、直辖市人民政府规定，并报同级人民代表大会常务委员会备案：

（1）残疾、孤老人员和烈属的所得；

（2）因自然灾害遭受重大损失的。

国务院可以规定其他减税情形，报全国人民代表大会常务委员会备案。

3. 个人捐赠的优惠范围

个人将其所得对教育、扶贫、济困等公益慈善事业进行捐赠，捐赠额未超过纳税人申报的应纳税所得额 30%的部分，可以从其应纳税所得额中扣除；国务院规定对公益慈善事业捐赠实行全额税前扣除的，从其规定。

11.1.3　纳税人和扣缴义务人的纳税申报时间

1. 纳税人的纳税申报时间

（1）纳税人取得经营所得，按年计算个人所得税，由纳税人在月度或者季度终了后 15 日内向税务机关报送纳税申报表，并预缴税款；在取得所得的次年 3 月 31 日前办理汇算清缴。

（2）纳税人取得利息、股息、红利所得，财产租赁所得，财产转让所得和偶然所得，按月或者按次计算个人所得税，有扣缴义务人的，由扣缴义务人按月或者按次代扣代缴税款。

（3）纳税人取得应税所得没有扣缴义务人的，应当在取得所得的次月 15 日内向税务机关报送纳税申报表，并缴纳税款。

（4）纳税人取得应税所得，扣缴义务人未扣缴税款的，纳税人应当在取得所得的次年 6 月 30 日前缴纳税款；税务机关通知限期缴纳的，纳税人应当按照期限缴纳税款。

（5）居民个人从中国境外取得所得的，应当在取得所得的次年 3 月 1 日至 6 月 30 日内申报纳税。非居民个人在中国境内从两处以上取得工资、薪金所得的，应当在取得所得的次月 15 日内申报纳税。

（6）纳税人因移居境外注销中国户籍的，应当在注销中国户籍前办理税款清算。

特别提醒

（1）居民个人的工资、薪金所得个人所得税，日常采取累计预扣法进行预扣预缴；劳务报酬所得、稿酬所得、特许权使用费所得个人所得税，采取基本平移现行规定的做法预扣预缴。

（2）纳税人取得综合所得需要办理汇算清缴的，应当在取得所得的次年 3 月 1 日至 6 月 30 日内办理汇算清缴。

2. 扣缴义务人的纳税申报时间

扣缴义务人每月或者每次预扣、代扣的税款，应当在次月 15 日内缴入国库，并向税务机关报送扣缴个人所得税申报表。税务机关对扣缴义务人按照所扣缴的税款，付给 2%的手续费。

纳税人办理汇算清缴退税或者扣缴义务人为纳税人办理汇算清缴退税的，税务机关审核后，按照国库管理的有关规定办理退税。

11.1.4 七项个税专项附加扣除的具体内容

个人所得税专项附加扣除，是指《个人所得税法》规定的子女教育、继续教育、大病医疗、住房贷款利息、住房租金、赡养老人和婴幼儿照护等七项专项附加扣除，是落实 2018 年修订的个人所得税法的配套措施之一。

2018 年 12 月 22 日，《国务院关于印发个人所得税专项附加扣除暂行办法的通知》发布，自 2019 年 1 月 1 日起施行。

2022 年 3 月 28 日，《国务院关于设立 3 岁以下婴幼儿照护个人所得税专项附加扣除的通知》发布，决定设立 3 岁以下婴幼儿照护个人所得税专项附加扣除，自 2022 年 1 月 1 日起实施。

特别提醒

个人所得税专项附加扣除额一个纳税年度扣除不完的，不能结转以后年度扣除。纳税人需要留存备查的相关资料应当自法定汇算期结束后保存 5 年，扣缴义务人需要留存备查的相关资料应当自预扣预缴年度的次年起保存 5 年。

政策依据：《国务院关于印发个人所得税专项附加扣除暂行办法的通知》（国发〔2018〕41 号）、《税务总局关于发布〈个人所得税专项附加扣除操作办法（试行）〉的公告》（国家税务总局公告 2018 年第 60 号）（附件：个人所得税专项附加扣除信息表及填表说明）、《个人所得税专项附加扣除采集表（电子模板）填写样例说明》、《国务院关于设立 3 岁以下婴幼儿照护个人所得税专项附加扣除的通知》（国发〔2022〕8 号）。

1. 子女教育支出专项附加扣除

子女教育支出专项附加扣除表如表 11-1 所示。

表 11-1 子女教育支出专项附加扣除表

扣除范围	学前教育支出	学历教育支出
扣除范围	满 3 岁至小学入学前（不包括 0～3 岁阶段）	义务教育（小学、初中教育）、高中阶段教育（普通高中、中等职业、技工教育）、高等教育（大学专科、大学本科、硕士研究生、博士研究生教育）
扣除方式	定额扣除	定额扣除
扣除标准	每个子女 2 000 元/月	
扣除主体	父母（法定监护人）各扣除 50%	
	父母（法定监护人）选择一方全额扣除	
扣除时间	学前教育阶段的扣除时间，为子女年满 3 周岁当月至小学入学前一月。学历教育的扣除时间，为子女接受全日制学历教育入学的当月至全日制学历教育结束的当月	

注意点	①子女在境内学校或境外学校接受教育，在公办学校或民办学校接受教育均可享受； ②子女已经不再接受全日制学历教育的不可以填报子女教育专项附加扣除； ③具体扣除方式在一个纳税年度内不能变更； ④纳税人子女在中国境外接受教育的，纳税人应当留存境外学校录取通知书、留学签证等相关教育的证明资料备查

特别提醒

因病或其他非主观原因休学但学籍继续保留的期间，以及施教机构按规定组织实施的寒暑假等假期，可连续扣除。

2. 继续教育支出专项附加扣除

继续教育支出专项附加扣除表如表11－2所示。

表11－2　继续教育支出专项附加扣除表

扣除范围	学历继续教育支出	技能人员职业资格继续教育支出	专业技术人员职业资格继续教育支出
	境内学历（学位）教育期间	取得证书的年度	
扣除方式	定额扣除	定额扣除	
扣除标准	400/月，最长不超过48个月	3 600元	
扣除主体	本人扣除	本人扣除	
	个人接受本科（含）以下学历（学位）继续教育，可以选择由其父母扣除		
扣除时间	学历（学位）继续教育的扣除时间，为在我国境内接受学历（学位）继续教育入学的当月至学历（学位）继续教育结束的当月，同一学历（学位）继续教育的扣除期限最长不得超过48个月。技能人员职业资格继续教育、专业技术人员职业资格继续教育的扣除时间，为取得相关证书的当年		
注意点	①对同时接受多个学历继续教育，或者同时取得多个职业资格证书的，只需填报其中一个即可。但如果同时存在学历继续教育、职业资格继续教育两类继续教育情形，则每一类都要填写。 ②纳税人接受技能人员职业资格继续教育、专业技术人员职业资格继续教育的，应当留存相关证书等资料备查		

特别提醒

学历（学位）继续教育支出属于同一教育事项的，不得重复扣除。

3. 大病医疗支出专项附加扣除

大病医疗支出专项附加扣除表如表11－3所示。

表 11－3　大病医疗支出专项附加扣除表

扣除范围	基本医保相关医药费除去医保报销后发生的支出
	个人负担（医保目录范围内的自付部分）累计超过 15 000 元的部分
扣除方式	限额内据实扣除
扣除标准	每年在 80 000 元限额内据实扣除
扣除主体	医药费用支出可以选择由本人或者其配偶扣除
	未成年子女发生的医药费用支出可以选择由其父母一方扣除
扣除时间	扣除时间为医疗保障信息系统记录的医药费用实际支出的当年
注意点	①也可在次年汇算清缴时享受扣除； ②纳税人应当留存大病患者医药服务收费及医保报销相关票据原件或复印件，或者医疗保障部门出具的纳税年度医药费用清单等资料备查
提示	可通过手机下载“国家医保服务平台”App 并注册、登录、激活医保电子凭证后，通过首页的“年度费用汇总查询”模块查询大病医疗相关数额

4. 住房贷款利息支出专项附加扣除

住房贷款利息支出专项附加扣除表如表 11－4 所示。

表 11－4　住房贷款利息支出专项附加扣除表

扣除范围	纳税人本人或其配偶单独或共同使用商业银行或住房公积金个人住房贷款为本人或其配偶购买中国境内住房，发生的首套住房贷款利息支出
扣除方式	定额扣除
扣除标准	1 000 元/月
扣除主体	夫妻双方可以选择由其中一方扣除，具体扣除方式在一个纳税年度内不能变更
	夫妻双方婚前分别购买住房发生的首套住房贷款利息，婚后可选择其中一套房，由购买方按扣除标准的 100%扣除，或对各自购买住房分别按扣除标准的 50%扣除，具体扣除方式在一个纳税年度内不能变更
扣除时间	扣除时间为贷款合同约定开始还款的当月至贷款全部归还或贷款合同终止的当月，扣除期限最长不得超过 240 个月
注意点	①首套住房贷款是指购买住房享受首套住房贷款利率的住房贷款； ②纳税人应当留存住房贷款合同、贷款还款支出凭证备查

5. 住房租金支出专项附加扣除

住房租金支出专项附加扣除表如表 11－5 所示。

表 11－5　住房租金支出专项附加扣除表

<table>
<tr><td rowspan="2">扣除范围</td><td colspan="3">纳税人及配偶在工作城市没有自有住房发生的住房租金支出</td></tr>
<tr><td>直辖市、省会（首府）城市、计划单列市以及国务院确定城市</td><td>市辖区户籍人口>100 万</td><td>市辖区户籍人口≤100 万</td></tr>
</table>

扣除方式	定额扣除		
扣除标准	1 500 元/月	1 100 元/月	800 元/月
扣除主体	签订租赁合同的承租人		
	夫妻双方主要工作城市相同的，只能由一方（即承租人）扣除		
	夫妻双方主要工作城市不同，且各自在其主要工作城市都没有住房的，分别扣除		
扣除时间	扣除时间为租赁合同（协议）约定的房屋租赁期开始的当月至租赁期结束的当月，提前终止合同（协议）的，以实际租赁期限为准		
注意点	①纳税人及其配偶在一个纳税年度内不能同时分别享受住房贷款利息和住房租金专项附加扣除； ②纳税人应当留存住房租赁合同、协议等有关资料备查		

6. 赡养老人支出专项附加扣除

赡养老人支出专项附加扣除表如表 11－6 所示。

表 11－6　赡养老人支出专项附加扣除表

扣除范围	纳税人赡养一位及以上被赡养人的赡养支出	
	被赡养人是指年满 60 岁的父母，以及子女均已去世的年满 60 岁的祖父母、外祖父母	
	独生子女	非独生子女
扣除方式	定额扣除	定额扣除
扣除标准	3 000 元/月	每人不超过 1 500 元/月（分摊每月 3 000 元的扣除额度）
扣除主体	本人扣除	平均分摊：赡养人平均分摊
		约定分摊：赡养人自行约定分摊比例
		指定分摊：由被赡养人指定分摊比例
扣除时间	扣除时间为被赡养人年满 60 周岁的当月至赡养义务终止的年末	
注意点	父母，是指生父母、继父母、养父母。子女，是指婚生子女、非婚生子女、继子女、养子女。父母之外的其他人担任未成年人的监护人的，比照执行。 ①指定分摊及约定分摊必须签订书面协议； ②指定分摊优先于约定分摊； ③具体分摊方式和额度在一个纳税年度内不能变更	

7. 婴幼儿照护支出专项附加扣除

婴幼儿照护支出专项附加扣除表如表 11－7 所示。

表 11－7　婴幼儿照护支出专项附加扣除表

扣除范围	纳税人照护 3 岁以下婴幼儿的相关支出
扣除方式	定额扣除
扣除标准	每个孩子 2 000 元/月
扣除主体	父母（监护人）可以选择由其中一方按扣除标准的 100%扣除，也可由双方分别按扣除标准的 50%扣除
扣除时间	扣除时间为婴幼儿出生的当月至年满 3 周岁的前一个月

11.1.5 居民综合所得个人所得税年度自行申报

1. 申请条件

享受子女教育、继续教育、住房贷款利息或者住房租金、赡养老人、3岁以下婴幼儿照护专项附加扣除的纳税人，自符合条件之日开始，可以向支付工资、薪金所得的扣缴义务人提供上述专项附加扣除有关信息办理扣除，也可以向汇缴地主管税务机关办理年度汇算申报时扣除。

纳税人未取得工资、薪金所得，仅取得劳务报酬所得、稿酬所得、特许权使用费所得需要享受专项附加扣除的，应当自行在个人所得税 App 上办理年度汇算申报时扣除。

享受大病医疗专项附加扣除的纳税人，由其自行在个人所得税 App 上办理年度汇算申报时扣除。

居民个人取得工资、薪金所得，劳务报酬所得，稿酬所得，特许权使用费所得等综合所得且符合下列情形之一的纳税人，在取得所得的次年3月1日至6月30日内填报《个人所得税年度自行纳税申报表》及其他相关资料，办理年度汇算或者随年度汇算一并办理纳税申报：

（1）从两处以上取得综合所得，且综合所得年收入额减除专项扣除后的余额超过6万元；

（2）取得劳务报酬所得、稿酬所得、特许权使用费所得中一项或者多项所得，且综合所得年收入额减除专项扣除的余额超过6万元；

（3）纳税年度内预缴税额低于应纳税额；

（4）纳税人申请退税；

（5）纳税人取得综合所得，扣缴义务人未扣缴税款的。

2. 个人所得税专项附加扣除备查材料

个人所得税专项附加扣除备查材料如表11-8所示。

表11-8 个人所得税专项附加扣除备查材料

适用情形	材料名称	数量	备注
有依法确定的其他扣除	《商业健康保险税前扣除情况明细表》《个人税收递延型商业养老保险税前扣除情况明细表》等相关扣除资料	1份	
有对公益慈善事业的捐赠	《个人所得税公益慈善捐赠扣除证书》	1份	
纳税人存在减免个人所得税情形	《个人所得税减免税事项报告表》	1份	
纳税人存在境外所得	《境外所得个人所得税抵免明细表》	1份	

特别提醒

（1）纳税人有两处以上任职、受雇单位的，选择向其中一处任职、受雇单位所在地主管税务机关办理纳税申报；纳税人没有任职、受雇单位的，向户籍所在地、经常居住地或主要收入来源地主管税务机关办理纳税申报。纳税人也可委托涉税专业服务机构或其他单位及个人（以下称受托人）办理，纳税人与受托人需签订授权书。

（2）纳税人对提供材料的真实性和合法性承担责任。

3. 其他情况

纳税人因移居境外注销中国户籍的，且在注销户籍年度取得综合所得的，应当在注销户籍前，办理当年综合所得的汇算清缴，并报送《个人所得税年度自行纳税申报表》。尚未办理上一年度综合所得汇算清缴的，应当在办理注销户籍纳税申报时一并办理。

纳税人办理注销户籍纳税申报时，需要办理专项附加扣除、依法确定的其他扣除的，应当向税务机关报送《个人所得税专项附加扣除信息表》《商业健康保险税前扣除情况明细表》《个人税收递延型商业养老保险税前扣除情况明细表》等。

特别提醒

纳税人有未缴或者少缴税款的，应当在注销户籍前，结清欠缴或未缴的税款。纳税人存在分期缴税且未缴纳完毕的，应当在注销户籍前，结清尚未缴纳的税款。

11.2 个人所得税的计算

11.2.1 居民个人综合所得个人所得税年终汇算清缴的计算

1. 居民个人年综合所得额的概念和计算公式

年综合所得额是指居民个人的工资、薪金所得，劳务报酬所得，稿酬所得和特许权使用费所得。从2019年1月1日开始，按照全年应纳税所得额进行计算，即是指居民个人取得综合所得以每一纳税年度收入额减除费用6万元以及专项扣除、专项附加扣除和依法确定的其他扣除后的余额。

2019年1月1日起，扣缴义务人向居民个人支付综合所得中的工资、薪金所得，劳务报酬所得，稿酬所得和特许权使用费所得时，按居民个人预扣预缴方法预扣预缴个人所得税，并向主管税务机关报送《个人所得税扣缴申报表》（见二维码）。

个人所得税扣缴申报表

特别提醒

对个人所得税综合所得采取预扣预缴法，其中对工资、薪金采取累计预扣预缴，对劳动报酬、稿酬及特许权使用费采取按月或者按次的预扣预缴。年终对照《个人所得税税率表一（综合所得适用）》进行汇算清缴，多退少补。

年应纳税额计算公式为：

年应纳税额＝(年综合所得额－60 000元－专项扣除额－专项附加扣除额－其他扣除额)×个人所得税税率－速算扣除数

公式中的各项目为：

（1）综合所得额。其计算公式为：

综合所得额＝工资、薪金收入＋劳务报酬所得×(1－20%)＋稿酬所得×(1－20%)×70%＋特许权使用费所得×(1－20%)

（2）专项扣除额。其计算公式为：

专项扣除额＝基本养老保险＋基本医疗保险＋失业保险＋住房公积金＝三险一金

（3）专项附加扣除额。其计算公式为：

专项附加扣除额＝子女教育支出＋继续教育支出＋大病医疗支出＋住房贷款利息(或住房租金)支出＋赡养老人支出＋婴幼儿照护支出

（4）其他扣除额。包括个人缴付符合国家规定的企业年金、职业年金，个人购买符合国家规定的商业健康保险、税收递延型商业养老保险的支出，以及国务院规定可以扣除的其他项目。

2. 年综合所得的个人所得税税率

年综合所得个人所得税适用3%～45%的超额累进税率，见表11-9。

表11-9 个人所得税税率表
（综合所得适用）

级数	全年应纳税所得额的	税率（%）	速算扣除数（元）
1	不超过36 000元的	3	0
2	超过36 000元至144 000元的部分	10	2 520
3	超过144 000元至300 000元的部分	20	16 920
4	超过300 000元至420 000元的部分	25	31 920
5	超过420 000元至660 000元的部分	30	52 920
6	超过660 000元至960 000元的部分	35	85 920
7	超过960 000元的部分	45	181 920

11.2.2　居民个人综合所得个人所得税的平时预扣预缴计算

扣缴义务人向居民个人支付工资、薪金所得，劳务报酬所得，稿酬所得和特许权使用费所得时，按规定的方法预扣预缴个人所得税，并向主管税务机关报送《个人所得税扣缴申报表》。

2020 年 12 月 4 日，国家税务总局发布《关于进一步简便优化部分纳税人个人所得税预扣预缴方法的公告》，进一步简便优化部分纳税人个人所得税预扣预缴方法。

1. 居民个人工资、薪金所得的平时预扣预缴

（1）对上一完整纳税年度内每月均在同一单位预扣预缴工资、薪金所得个人所得税且全年工资、薪金收入不超过 6 万元的居民个人，扣缴义务人在预扣预缴本年度工资、薪金所得个人所得税时，累计减除费用自 2021 年 1 月起，直接按照全年 6 万元计算扣除，即在纳税人累计收入不超过 6 万元的月份，暂不预扣预缴个人所得税；在其累计收入超过 6 万元的当月及年内后续月份，再预扣预缴个人所得税。

$$\text{本期应预扣预缴税额}=\left(\text{累计预扣预缴应纳税所得额}\times\text{预扣率}-\text{速算扣除数}\right)-\text{累计减免税额}-\text{累计已预扣预缴税额}$$

$$\text{累计预扣预缴应纳税所得额}=\text{累计收入}-\text{累计免税收入}-6\text{ 万}-\text{累计专项扣除}-\text{累计专项附加扣除}-\text{累计依法确定的其他扣除}$$

扣缴义务人应当按规定办理全员全额扣缴申报，并在《个人所得税扣缴申报表》相应纳税人的备注栏注明“上年各月均有申报且全年收入不超过 6 万元”字样。对按照累计预扣法预扣预缴劳务报酬所得个人所得税的居民个人，扣缴义务人比照执行。

如扣缴义务人预计本年度发放给其的收入将超过 6 万元，纳税人需要纳税记录或者本人有多处所得合并后全年收入预计超过 6 万元等原因，扣缴义务人与纳税人可在当年 1 月份税款扣缴申报前经双方确认后，按照原预扣预缴方法计算并预缴个人所得税。

特别提醒

扣缴义务人在《个人所得税扣缴申报表》相应纳税人的备注栏需注明“上年各月均有申报且全年收入不超过 6 万元”字样。因为每个单位的情况不同，这样有利于系统识别。

（2）实行预扣预缴方法的两类纳税人的相关适用条件。

1）上一完整纳税年度各月均在同一单位扣缴申报了工资、薪金所得个人所得税且全年工资薪金收入不超过 6 万元的居民个人。即同时满足三个条件：

①上一纳税年度 1—12 月均在同一单位任职且预扣预缴申报了工资、薪金所得个人所得税。

②上一纳税年度 1—12 月的累计工资薪金收入（包括全年一次性奖金等各类工资、薪金所得，且不扣减任何费用及免税收入）不超过 6 万元。

③本纳税年度自1月起，仍在该单位任职受雇并取得工资、薪金所得。

2）按照累计预扣法预扣预缴劳务报酬所得个人所得税的居民个人，如保险营销员和证券经纪人。即同时满足以下三个条件：

①上一纳税年度1—12月均在同一单位取酬且按照累计预扣法预扣预缴申报了劳务报酬所得个人所得税。

②上一纳税年度1—12月的累计劳务报酬（不扣减任何费用及免税收入）不超过6万元。

③本纳税年度自1月起，仍在该单位取得按照累计预扣法预扣预缴税款的劳务报酬所得。

比如，李某2020—2021年为A单位员工。A单位2020年1—12月每月均为李某办理了全员全额扣缴明细申报，假设李某2020年工资薪金收入合计54 000元，则李某2021年可适用累计减除费用自2021年1月起，直接按照全年6万元扣除计算个人所得税。而赵某2020年3—12月在B单位工作且全年工资薪金收入54 000元。假设赵某2021年还在B单位工作，但因其上年并非都在B单位工作，则不适用累计减除费用自2021年1月起，直接按照全年6万元扣除计算个人所得税。

居民个人工资、薪金所得预扣预缴个人所得税的预扣率适用3%～48%的超额累进税率，见表11-10。

表11-10 个人所得税预扣率表

（居民个人工资、薪金所得预扣预缴适用）

级数	累计预扣预缴应纳税所得额	预扣率（%）	速算扣除数（元）
1	不超过36 000元的	3	0
2	超过36 000元至144 000元的部分	10	2 520
3	超过144 000元至300 000元的部分	20	16 920
4	超过300 000元至420 000元的部分	25	31 920
5	超过420 000元至660 000元的部分	30	52 920
6	超过660 000元至960 000元的部分	35	85 920
7	超过960 000元的部分	45	181 920

【例11-1】 张某为A单位员工，2020年1—12月在A单位取得工资薪金50 000元，单位为其办理了2020年1—12月的工资、薪金所得个人所得税全员全额明细申报。2021年，A单位每月为其发放工资8 000元、按国家标准缴付“三险一金”2 000元。张某应如何预缴税款?

【解析】

在不考虑其他扣除的情况下，按照2021年之前的预扣预缴方法，张某每月需预缴个税30元。

按照2021年执行的预扣预缴方法后，张某2021年的个人所得税的预扣预缴情况为：

（1）1—7月，张某因其累计收入（8 000×7个月=56 000元）不足60 000元而无需缴税。

1月预扣预缴应纳税所得额=8 000－60 000<0，不预扣税款；

2月预扣预缴应纳税所得额=8 000×2－60 000<0，不预扣税款；

3 月预扣预缴应纳税所得额＝8 000×3－60 000＜0，不预扣税款；
4 月预扣预缴应纳税所得额＝8 000×4－60 000＜0，不预扣税款；
5 月预扣预缴应纳税所得额＝8 000×5－60 000＜0，不预扣税款；
6 月预扣预缴应纳税所得额＝8 000×6－60 000＜0，不预扣税款；
7 月预扣预缴应纳税所得额＝8 000×7－60 000＜0，不预扣税款。
从 8 月份起，张某累计收入超过 6 万元，每月需预扣预缴的税款为：

8 月预扣预缴税款＝(8 000×8－2 000×8－60 000)×3%－0＜0
9 月预扣预缴税款＝(8 000×9－2 000×9－60 000)×3%－0＜0
10 月预扣预缴税款＝(8 000×10－2 000×10－60 000)×3%－0＝0
11 月预扣预缴税款＝(8 000×11－2 000×11－60 000)×3%－0＝180(元)
12 月预扣预缴税款＝(8 000×12－2 000×12－60 000)×3%－180＝180(元)

说明：假设 A 单位预计 2021 年为张某全年发放工资 96 000 元，也可在 2021 年 1 月工资发放前和张某确认后，按照原预扣预缴方法每月扣缴申报 30 元税款。

2. 劳务报酬所得的预扣预缴

扣缴义务人向居民个人支付劳务报酬所得、稿酬所得、特许权使用费所得，按次或者按月预扣预缴个人所得税。计算公式为：

预扣预缴税额＝预扣预缴应纳税所得额×超额累进预扣率－速算扣除数

其中，劳务报酬所得应预扣预缴税额分为：
(1) 每次收入不超过 4 000 元的劳务报酬所得。

劳务报酬所得应预扣预缴税额＝预扣预缴应纳税所得额×超额累进预扣率－速算扣除数
＝(每次收入－800)×超额累进预扣率－速算扣除数

(2) 每次收入 4 000 元以上的劳务报酬所得。

劳务报酬所得应预扣预缴税额＝预扣预缴应纳税所得额×超额累进预扣率－速算扣除数
＝每次收入×(1－20%)×超额累进预扣率－速算扣除数

居民个人的劳务报酬所得预扣预缴个人所得税的预扣率适用 20%～40%的超额累进税率，见表 11－11。

表 11－11　个人所得税预扣率表

(居民个人劳务报酬所得预扣预缴适用)

级数	预扣预缴应纳税所得额	预扣率（%）	速算扣除数（元）
1	不超过 20 000 元的	20	0
2	超过 20 000 元至 50 000 元的部分	30	2 000
3	超过 50 000 元的部分	40	7 000

【例11-2】 李某在2019年取得设计费劳务报酬70 000元，应如何预缴税款？

【解析】

预扣预缴税额＝70 000×(1－20%)×40%－7 000＝15 400(元)

3. 稿酬所得的预扣预缴

预扣预缴税额＝预扣预缴应纳税所得额×比例预扣率20%

其中，稿酬所得应预扣预缴税额分为：

（1）每次收入不超过4 000元的稿酬所得。

稿酬所得应预扣预缴税额＝预扣预缴应纳税所得额×比例预扣率20%
＝(每次收入－800)×70%×比例预扣率20%

（2）每次收入4 000元以上的稿酬所得。

稿酬所得应预扣预缴税额＝预扣预缴应纳税所得额×比例预扣率20%
＝每次收入×(1－20%)×70%×比例预扣率20%

【例11-3】 张某取得稿酬所得40 000元，应如何预缴税款？

【解析】

预扣预缴税额＝40 000×(1－20%)×70%×20%＝4 480(元)

4. 特许权使用费所得的预扣预缴

预扣预缴税额＝预扣预缴应纳税所得额×比例预扣率20%

其中，特许权使用费所得应预扣预缴税额分为：

（1）每次收入不超过4 000元的特许权使用费所得。

特许权使用费所得应预扣预缴税额＝预扣预缴应纳税所得额×比例预扣率20%
＝(每次收入－800)×比例预扣率20%

（2）每次收入4 000元以上的特许权使用费所得。

特许权使用费所得应预扣预缴税额＝预扣预缴应纳税所得额×比例预扣率20%
＝每次收入×(1－20%)×比例预扣率20%

【例11-4】 张某取得特许权使用费所得50 000元，应如何预缴税款？

【解析】

预扣预缴税额＝50 000×(1－20%)×20%＝8 000(元)

【例11-5】 居民个人张某2021年共取得工资144 000元，取得劳务报酬20 000元，取得稿酬5 000元，转让专利使用权取得收入20 000元，符合条件的专项扣除和专项附加扣除共计 62 400 元。2022 年汇算时，张某应如何缴纳个人所得税？

【解析】

年收入总额＝144 000＋20 000×(1－20%)＋5 000×(1－20%)×70%
　　　　　＋20 000×(1－20%)
　　　　＝178 800(元)

年应纳税所得额＝178 800－60 000－62 400＝56 400(元)

全年应纳个人所得税税额＝56 400×10%－2 520＝3 120(元)

全年应纳税所得额超过 36 000 元至 144 000 元的部分，适用 10%的税率，速算扣除数为 2 520 元，已预缴所得税额 7 608 元，则

年度汇算应纳税额＝全年应纳所得税额－累计预缴所得税额
　　　　　　　　＝3 120－7 608
　　　　　　　　＝－4 488(元)

所以，张某 2022 年进行 2021 年的个人所得税汇算清缴时，可申请退个人所得税 4 488 元。

11.2.3　非居民个人综合所得个人所得税计算

1. 非居民个人综合所得个人所得税的计算公式

非居民个人取得综合所得中的工资、薪金所得，劳务报酬所得，稿酬所得和特许权使用费所得时，不需要预扣预缴，直接进行个人所得税的计算。

扣缴义务人向非居民个人支付工资、薪金所得，劳务报酬所得，稿酬所得和特许权使用费所得时，按月或者按次代扣代缴个人所得税。

(1) 非居民个人的工资、薪金所得的个人所得税计算。以每月收入额减除费用 5 000 元后的余额为应纳税所得额，其计算公式为：

月应纳税额＝(每月收入额－费用 5 000 元)×税率－速算扣除数

(2) 非居民个人的稿酬所得的个人所得税计算。

每次应纳税额＝应纳税所得额×税率－速算扣除数
　　　　　　＝每次收入×(1－20%)×70%×超额累进预扣率－速算扣除数

(3) 非居民个人的劳务报酬所得和特许权使用费所得的个人所得税计算。

每次应纳税额＝应纳税所得额×税率－速算扣除数
　　　　　　＝每次收入×(1－20%)×超额累进预扣率－速算扣除数

2. 非居民个人综合所得个人所得税的税率

非居民个人综合所得个人所得税适用 3%～45%的超额累进税率，见表 11－12。

表 11－12 个人所得税税率表

（非居民个人工资、薪金所得，劳务报酬所得，稿酬所得，特许权使用费所得适用）

级数	应纳税所得额	税率（%）	速算扣除数（元）
1	不超过 3 000 元的	3	0
2	超过 3 000 元至 12 000 元的部分	10	210
3	超过 12 000 元至 25 000 元的部分	20	1 410
4	超过 25 000 元至 35 000 元的部分	25	2 660
5	超过 35 000 元至 55 000 元的部分	30	4 410
6	超过 55 000 元至 80 000 元的部分	35	7 160
7	超过 80 000 元的部分	45	15 160

【例 11－6】 某非居民个人取得劳务报酬所得 20 000 元，他应如何预扣预缴税款？

【解析】

预扣预缴税额＝(20 000－20 000×20％)×20％－1 410＝1 790(元)

【例 11－7】 某非居民个人取得稿酬所得 10 000 元，他应如何预扣预缴税款？

【解析】

预扣预缴税额＝(10 000－10 000×20％)×70％×10％－210＝350(元)

11.2.4 经营所得的个人所得税计算

经营所得的个人所得税计算实行按年计算年应纳税额。其计算公式为：

年应纳税额＝(每一纳税年度的收入总额－成本－费用－损失)×税率－速算扣除数

经营所得的个人所得税适用 5％～35％的超额累进税率，见表 11－13。

表 11－13 个人所得税税率表

（经营所得适用）

级数	全年应纳税所得额	税率（%）	速算扣除数（元）
1	不超过 30 000 元的	5	0
2	超过 30 000 元至 90 000 元的部分	10	1 500
3	超过 90 000 元至 300 000 元的部分	20	10 500
4	超过 300 000 元至 500 000 元的部分	30	40 500
5	超过 500 000 元的部分	35	65 500

注：本表所称全年应纳税所得额是指依照规定，以每一纳税年度的收入总额减除成本、费用以及损失后的余额。

11.2.5　利息、股息、红利所得，财产租赁所得，财产转让所得和偶然所得的个人所得税计算

1. 利息、股息、红利所得的个人所得税计算

其计算公式为：

应纳税额＝每次收入额×20％

2. 财产租赁所得的个人所得税计算

（1）每次收入不超过 4 000 元的，其计算公式为：

每次应纳税额＝(每次收入－费用 800 元)×比例税率 20％

（2）每次收入在 4 000 元以上的，其计算公式为：

每次应纳税额＝每次收入×(1－20％)×比例税率 20％

3. 财产转让所得的个人所得税计算

其计算公式为：

每次应纳税额＝(收入总额－财产原值－合理税费)×比例税率 20％

特别提醒

个人转让不动产的，税务机关应当根据不动产登记等相关信息核验应缴的个人所得税，登记机关办理转移登记时，应当查验与该不动产转让相关的个人所得税的完税凭证。个人转让股权办理变更登记的，市场主体登记机关应当查验与该股权交易相关的个人所得税的完税凭证。

4. 利息、股息、红利所得，财产租赁所得，财产转让所得和偶然所得的个人所得税的税率

利息、股息、红利所得，财产租赁所得，财产转让所得和偶然所得，适用比例税率，税率为 20％。

11.2.6　居民个人取得全年一次性奖金

居民个人取得全年一次性奖金，在 2023 年 12 月 31 日前，不并入当年综合所得的，以全年一次性奖金收入除以 12 个月得到的数额，按照按月换算后的综合所得个人所得税税率表（见表 11－9），确定适用税率和速算扣除数，单独计算纳税。计算公式为：

应纳税额＝全年一次性奖金收入×适用税率－速算扣除数

居民个人取得全年一次性奖金，也可以选择并入当年综合所得计算纳税。

个人所得税纳税申报表见二维码。

个人所得税纳税申报表

【例11-8】 王某取得年终奖36 000元，应如何缴纳税款？

【解析】

全月年终奖＝36 000÷12＝3 000(元)

月3 000元处于第一档位，税率为3%，速算扣除数为0。

应纳税额＝36 000×3%－0＝1 080(元)

练习题

一、计算题

某上市公司高级工程师王先生，2021年度取得个人收入项目如下：

(1) 1月扣除“五险一金”后工资为9 800元，1月取得年终奖72 000元，选择单独计算年终奖个人所得税。

(2) 从1月1日起出租两居室住房用于居住，扣除相关税费后的每月租金所得为6 000元，全年共计72 000元。

(3) 2月8日对2020年1月公司授予的不可公开交易股票期权30 000股行权，每股行权价为8元，行权当日该股票的收盘价为15元。

(4) 10月26日通过拍卖市场拍卖祖传字画一幅，拍卖收入为56 000元，不能提供字画原值凭据。

(5) 11月因实名举报某企业的污染行为获得当地环保部门奖励20 000元，同时因其参与的一项技术发明获得国家科技进步二等奖，分得奖金50 000元。

要求：根据上述资料回答以下问题，如有计算，需计算出合计数。

(1) 计算1月年终奖应缴纳的个人所得税。

(2) 计算出租两居室住房取得的租金收入应缴纳的个人所得税。

(3) 计算股票期权所得应缴纳的个人所得税。

(4) 计算拍卖字画收入应缴纳的个人所得税。

(5) 计算两项奖励收入应缴纳的个人所得税。

二、综合题

某上市公司项目经理赵先生2020年度取得个人收入如下：

(1) 扣除按国家规定缴纳的社会保险费和公积金后每月工资为8 000元，赵先生可以享受赡养老人专项附加扣除（其为独生子女）。

(2) 从1月1日起出租自有住房一套，扣除已缴纳的相关税费后每月租金所得为6 000元，6月因房屋修缮支付维修费4 000元，取得正式发票。

(3) 3月因持有2017年2月10日购买的某A股上市公司股票35 000股，取得该公司 2019 年度分红所得 8 000 元；6 月将该上市公司股票在公开市场上全部出售，取得股票转让所得 167 000 元。8 月在公开市场上转让另一上市公司股票亏损107 000 元。

(4) 10 月 26 日通过拍卖市场拍卖 3 年前以 12 000 元购入的字画一幅，拍卖收入为 33 000 元，支付拍卖费 2 000 元。

(5) 11 月取得国债利息收入 450 元，因车辆丢失获得保险公司赔款 70 000 元，领取原提存的住房公积金 35 000 元，取得某上市公司企业债券利息收入 430 元。

要求：根据上述资料回答下列问题。

(1) 计算出租自有住房收入在 6 月应缴纳的个人所得税。

(2) 计算取得的股票红利所得和股票转让所得应缴纳的个人所得税。

(3) 计算拍卖收入应缴纳的个人所得税。

(4) 计算取得国债利息收入、保险赔款收入，提取公积金和取得企业债券利息收入应缴纳的个人所得税。

第 11 章　即测即评

第12章

其他税

本章导言

2022年7月1日正式施行《中华人民共和国印花税法》，印花税属于我国立法的第12个税种，加上《税收征收管理法》，印花税法是税收立法计划中第13部生效的税收法律。

12.1 房产税

12.1.1 房产税概述

房产税是以城市、县城、建制镇和工矿区的房屋不动产为征税对象，依据房产余值或租金向房产产权所有人或经营人征收的一种税，属于财产税类。

1. 房产税的纳税义务人

凡在我国境内拥有房屋产权的单位和个人都是房产税的纳税义务人。自2009年1月1日起，外商投资企业、外国企业和组织以及外籍个人也须缴纳房产税。具体规定为：

(1) 产权属于全民所有的，其经营管理的单位是纳税义务人。

(2) 产权出典的，承典人是纳税义务人。

(3) 产权所有人、承典人不在房产所在地的，房产代管人或者使用人为纳税义务人。

(4) 产权未确定以及租典纠纷未解决的，房产代管人或者使用人为纳税义务人。

(5) 纳税单位和个人无租使用房产管理部门、免税单位及纳税单位的房产，应由使用人代为缴纳房产税。

2. 征税范围

房产税的征税范围为城市、县城、建制镇和工矿区，不涉及农村。房产税的征税对象是房产，即以房屋形态表现的财产。独立于房屋之外的建筑物，如围墙、烟囱、水塔、室外游泳池等不属于房产税的征税范围。

3. 房产税的税率

房产税税率表如表 12－1 所示。

表 12－1　房产税税率表

征税内容	税率	备注
按房产原值一次减除 10%～30%后的余值	1.2%	减除幅度由省级人民政府确定
按房产出租的租金收入	12%	
个人按市场价格出租的居民住房	4%	

4. 房产税的纳税期限和纳税地点

（1）纳税期限。房产税实行按年计算、分期缴纳的征收办法，具体纳税期限由省（自治区、直辖市）人民政府决定。

（2）纳税地点。房产税应向房产所在地的税务机关缴纳。房产不在同一地方的纳税人，应按房产坐落地点分别向房产所在地的税务机关缴纳。

5. 纳税义务发生时间

（1）原有房产用于生产经营的，自生产经营之月起缴纳房产税。（2）纳税人自建房屋的，自建成次月起缴纳房产税。（3）纳税人委托施工企业建房的，自办理验收手续次月起纳税。（4）在验收前使用、出租、出借的，自使用、出租、出借的当月起缴纳房产税。

6. 房产税的税收优惠

免征房产税的房产包括：

（1）国家机关、人民团体、军队自用的房产。

（2）国家财政部门拨付事业经费单位自用的房产。

（3）宗教寺庙、公园、名胜古迹自用的房产。

（4）个人拥有的非营业用的房产。

（5）经财政部批准免税的其他房产。具体包括企业办的各类学校、医院、托儿所、幼儿园自用的房产，可以比照由国家财政部门拨付事业经费单位自用的房产，免征房产税。

特别提醒

免税单位的出租房产以及非自身业务使用的生产、营业性用房，不属于免税范围。

对房地产开发企业建造的商品房，在售出前不征收房产税，但对售出前房地产开发企业已使用或出租、出借的商品房，应按规定征收房产税。

12.1.2 房产税应纳税额的计算

1. 计税依据

房产税的计税依据是房产的计税余值或房产的租金收入。

（1）以房产的计税余值作为计税依据。

1）经营自用的房屋以房产的计税余值作为计税依据。

2）纳税人对原有房屋进行改建、扩建的，要相应增加房屋的原值。

3）自 2006 年 1 月 1 日起，凡在房产税征收范围内具备房屋功能的地下建筑，包括与地上房屋相连的地下建筑以及完全建在地面以下的建筑、地下人防设施等，均应当依照有关规定征收房产税。对于与地上房屋相连的地下建筑，如房屋的地下室、地下停车场、商场的地下部分等，将地下部分与地上房屋视为一个整体按照地上房屋建筑的有关规定计算征收房产税。

4）投资联营及融资租赁房产的计税依据。

①对投资联营的房产，在计征房产税时应区别对待。对于以房产投资联营，投资者参与投资利润分红，共担风险的，按房产的计税余值作为计税依据计征房产税；对于以房产投资，收取固定收入，不承担联营风险，以联营名义取得房产租金的，应根据《中华人民共和国房产税暂行条例》的有关规定，由出租方按租金收入计算缴纳房产税。

②对融资租赁房屋，由于租赁费包括购进房屋的价款、手续费、借款利息等，与一般房屋出租的“租金”内涵不同，且租赁期满后，当承租方偿还最后一笔租赁费时，房屋产权一般都转移到承租方，实际上是一种变相的分期付款购买固定资产的形式，因此在计征房产税时应以房产余值计算征收。至于租赁期内房产税的纳税人，由当地税务机关根据实际情况确定。

（2）以房产的租金收入作为计税依据。房产出租的，以房产租金收入作为房产税的计税依据。

（3）居民住宅区内业主共有的经营性房产的计税依据。对居民住宅区内业主共有的经营性房产，由实际经营（包括自营和出租）的代管人或使用人缴纳房产税。

特别提醒

2018 年 9 月 30 日财政部和国家税务总局联合下文规定，对按照去产能和调结构政策要求停产停业、关闭的企业，自停产停业次月起，免征房产税、城镇土地使用税。企业享受免税政策的期限累计不得超过两年。

2. 应纳税额的计算

（1）地上建筑物房产税应纳税额的计算。

应纳税额＝房产计税余值(或租金收入)×适用税率
房产计税余值＝房产原值×(1－原值减除比例)

【例 12 - 1】 某企业年度自有生产用房原值 5 000 万元，账面已提折旧 1 000 万元。已知房产税税率为 1.2%，当地政府规定计算房产余值的扣除比例为 30%。

【解析】

从价计征的房产税，以房产余值为计税依据。

该企业年应纳房产税＝5 000×(1－30%)×1.2%＝42(万元)

（2）地下建筑物房产税应纳税额的计算。

1）工业用途房产，以房屋原价的 50%～60%作为应税房产原值。

应纳税额＝应税房产原值×(1－原值减除比例)×1.2%

2）商业和其他用途房产，以房屋原价的 70%～80%作为应税房产原值。

应纳税额＝应税房产原值×(1－原值减除比例)×1.2%

房屋原价折算为应税房产原值的具体比例，由各省（自治区、直辖市）和计划单列市财政和税务部门在上述幅度内自行确定。

3）出租的地下建筑，按照出租地上房屋建筑的有关规定计算征收房产税。

【例 12 - 2】 4 月 30 日，甲公司将原值为 200 万元的闲置用房向乙公司投资，协议规定，甲公司每月向乙公司收取不含增值税收入 2 万元，甲公司不承担经营风险。当年实际取得收益 16 万元。房产所在地规定计算房产余值的扣除比例为 30%。请计算甲公司该年应纳房产税。

【解析】

该企业以房产投资，收取不含增值税收入，不承担联营风险，视同出租。

$$应纳房产税=200\times(1-30\%)\times1.2\%\times\frac{4}{12}+16\times12\%=2.48(万元)$$

【例 12 - 3】 A 公司从某年 5 月 1 日开始改建办公楼。办公楼账面原值 450 万元，为改造支付费用 120 万元，加装中央空调支付 75 万元，该中央空调单独作为固定资产入账，5 月底完成改建，交付使用。房产所在地规定计算房产余值的扣除比例为 30%。请计算 A 公司该年应纳房产税。

【解析】

$$\begin{aligned}应纳房产税&=450\times(1-30\%)\times1.2\%\times\frac{5}{12}+(450+120+75)\\&\quad\times(1-30\%)\times1.2\%\times\frac{7}{12}\\&=4.74(万元)\end{aligned}$$

12.2 城镇土地使用税

12.2.1 城镇土地使用税概述

2006年12月30日，国务院第163次常务会议修改并颁布了《中华人民共和国城镇土地使用税暂行条例》，自2007年1月1日起施行。

1. 纳税义务发生时间

（1）纳税人购置新建商品房的，自房屋交付使用的次月起，缴纳城镇土地使用税。

（2）纳税人购置存量房的，自办理房屋权属转移、变更登记手续，房地产权属登记机关签发房屋权属证书的次月起，缴纳城镇土地使用税。

（3）纳税人出租、出售房产的，自交付出租、出售房产的次月起，缴纳城镇土地使用税。

（4）以出让或转让方式有偿取得土地使用权的，应由受让方从合同约定交付土地时间的次月起缴纳城镇土地使用税；合同未约定交付时间的，由受让方从合同签订的次月起缴纳城镇土地使用税。

（5）纳税人新征用的耕地，自批准征用之日起满1年时开始缴纳土地使用税。

（6）纳税人新征用的非耕地，自批准征用的次月起缴纳土地使用税。

2. 纳税地点

城镇土地使用税在土地所在地缴纳。纳税人使用的土地不属于同一省（自治区、直辖市）管辖的，由纳税人分别向土地所在地的税务机关缴纳城镇土地使用税；在同一省（自治区、直辖市）管辖范围内，纳税人跨地区使用的土地，其纳税地点由各省（自治区、直辖市）税务局确定。

3. 纳税期限

城镇土地使用税实行按年计算、分期缴纳的征收方法，具体纳税期限由省（自治区、直辖市）人民政府确定。

4. 城镇土地使用税每平方米年税额

城镇土地使用税每平方米年税额表如表12-2所示。

表12-2 城镇土地使用税每平方米年税额表

级别	人口（人）	税额
大城市	50万以上	每平方米1.5～30元
中等城市	20万～50万	每平方米1.2～24元

续表

级别	人口（人）	税额
小城市	20 万以下	每平方米 0.9～18 元
县城、建制镇、工矿区		每平方米 0.6～12 元

特别提醒

各省（自治区、直辖市）人民政府可根据市政建设情况和经济繁荣程度，在规定的税额幅度内确定所辖地区的适用税额幅度。经济落后地区，城镇土地使用税的适用税额标准可适当降低，但降低额不得超过上述规定最低税额的 30%。经济发达地区的适用税额标准可以适当提高，但须报财政部批准。

自 2019 年 1 月 1 日至 2021 年 12 月 31 日，对农产品批发市场、农贸市场（包括自有和承租）专门用于经营农产品的房产、土地，暂免征收房产税和城镇土地使用税。对同时经营其他产品的农产品批发市场和农贸市场使用的房产、土地，按其他产品与农产品交易场地面积的比例确定征免房产税和城镇土地使用税。

5. 城镇土地使用税的税收优惠

（1）法定的免缴城镇土地使用税的情形。国家税务总局规定的免缴城镇土地使用税的情形主要包括：1）国家机关、人民团体、军队自用的土地；2）由国家财政部门拨付事业经费的单位自用的土地；3）宗教寺庙、公园、名胜古迹自用的土地（公园、名胜古迹内的索道公司经营用地，应缴纳城镇土地使用税）；4）市政街道、广场、绿化地带等公共用地；5）直接用于农、林、牧、渔业的生产用地；6）经批准开山填海整治的土地和改造的废弃土地，从使用月份起免缴城镇土地使用税 5～10 年；7）由税法另行规定免税的能源、交通、水利设施用地和其他用地。

（2）由省（自治区、直辖市）税务局确定的减免城镇土地使用税的情形。由省（自治区、直辖市）税务局确定的减免城镇土地使用税的情形主要包括：1）个人所有的居住房屋及院落用地；2）房产管理部门在房租调整改革前经租的居民住房用地；3）免税单位职工家属的宿舍用地；4）民政部门举办的安置残疾人占一定比例的福利工厂用地。

12.2.2　城镇土地使用税的计算

1. 计税依据的确定

城镇土地使用税以纳税人实际占用的土地面积为计税依据，土地面积计量单位为平方米。纳税人实际占用的土地面积按下列办法确定：

（1）由省（自治区、直辖市）人民政府确定的单位组织测定土地面积的，以测定的面积为准。

（2）尚未组织测量，但纳税人持有政府部门核发的土地使用证书的，以证书确认的土地面积为准。

（3）尚未核发土地使用证书的，应由纳税人申报土地面积据以纳税，待核发土地使用证以后再做调整。

纳税人因房产、土地的实物或权利状态发生变化而依法终止城镇土地使用税纳税义务的，其应纳税款的计算应截至土地的实物或权利状态发生变化的当月末。

2. 应纳税额的计算

城镇土地使用税应纳税额的计算公式为：

应纳税额＝计税土地面积×适用税额

【例12-4】 某企业实际占地面积为25 000平方米，经税务机关核定，该企业所处地段适用的城镇土地使用税税率为每平方米2元。请计算该企业全年应缴纳的城镇土地使用税税额。

【解析】

年应纳城镇土地使用税＝25 000×2＝50 000(元)

12.3 耕地占用税

12.3.1 耕地占用税概述

2018年12月29日，第十三届全国人民代表大会常务委员会第七次会议通过《中华人民共和国耕地占用税法》，自2019年9月1日起施行。

1. 纳税义务人

在我国境内占用耕地建设建筑物、构筑物或者从事非农业建设的单位和个人，为耕地占用税的纳税人。

2. 纳税范围

占用园地、林地、草地、农田水利用地、养殖水面、渔业水域滩涂以及其他农用地建设建筑物、构筑物或者从事非农业建设的，依照规定缴纳耕地占用税。

特别提醒

占用耕地建设农田水利设施的，不缴纳耕地占用税。耕地，是指用于种植农作物的土地。

3. 纳税义务发生时间

耕地占用税的纳税义务发生时间为纳税人收到自然资源主管部门办理占用耕地手续的书面通知的当日。纳税人应当自纳税义务发生之日起 30 日内申报缴纳耕地占用税。

自然资源主管部门凭耕地占用税完税凭证或者免税凭证和其他有关文件发放建设用地批准书。

4. 耕地占用税的税额

（1）实行地区差别幅度定额税率。人均耕地面积越少，单位税额越高。

（2）税目税额。耕地占用税税额表见表 12－3。

表 12－3 耕地占用税税额表

征税内容	税额
人均耕地不超过 1 亩的地区（以县级行政区域为单位）	每平方米 10～50 元
人均耕地超过 1 亩但不超过 2 亩的地区	每平方米 8～40 元
人均耕地超过 2 亩但不超过 3 亩的地区	每平方米 6～30 元
人均耕地超过 3 亩的地区	每平方米 5～25 元

（3）在人均耕地低于 0.5 亩的地区，省、自治区、直辖市可以根据当地经济发展情况，适当提高耕地占用税的适用税额，但提高的部分不得超过适用税额的 50％。

（4）占用基本农田的，应当按照确定的当地适用税额，加按 150％征收。

5. 税收优惠

（1）免征耕地占用税的情形。

1）军事设施占用耕地。

2）学校、幼儿园、养老院、医院占用耕地。

（2）减征耕地占用税的情形。

1）铁路线路、公路线路、飞机场跑道、停机坪、港口、航道占用耕地，减按每平方米 2 元的税额征收耕地占用税。根据实际需要，国务院财政、税务主管部门会同国务院有关部门审核并报国务院批准后，可以对以上情形免征或者减征耕地占用税。

2）农村居民占用耕地新建住宅，按照当地适用税额减半征收耕地占用税。农村烈士家属、残疾军人、鳏寡孤独以及革命老根据地、少数民族聚居区和边远贫困山区生活困难的农村居民，在规定用地标准以内新建住宅缴纳耕地占用税确有困难的，经所在地乡（镇）人民政府审核，报经县级人民政府批准后，可以免征或者减征耕地占用税。

免征或减征耕地占用税后，纳税人改变原占地用途，不再属于免税或者减征耕地占用税情形的，应当按照当地适用税额补缴耕地占用税。

6. 税务机关与相关部门的信息共享

税务机关应当与相关部门建立耕地占用税涉税信息共享机制和工作配合机制。县级以上地方人民政府自然资源、农业农村、水利等相关部门应当定期向税务机关提供农用地转用、临时占地等信息，协助税务机关加强耕地占用税征收管理。

税务机关发现纳税人的纳税申报数据资料异常或者纳税人未按照规定期限申报纳税的，可以提请相关部门进行复核，相关部门应当自收到税务机关复核申请之日起30日内向税务机关出具复核意见。

12.3.2 耕地占用税应纳税额的计算

1. 计税依据

耕地占用税以纳税人实际占用的耕地面积为计税依据，按照规定的适用税额标准计算应纳税额，实行一次性征收。

各省（自治区、直辖市）耕地占用税平均税额表见表12-4。

表12-4 各省（自治区、直辖市）耕地占用税平均税额表 单位：元/平方米

地区	平均税额	地区	平均税额
上海	45	北京	40
天津	35	江苏、浙江、福建、广东	30
辽宁、湖北、湖南	25	河北、安徽、江西、山东、河南、重庆、四川	22.5
广西、海南、贵州、云南、陕西	20	山西、吉林、黑龙江	17.5
内蒙古、西藏、甘肃、青海、宁夏、新疆	12.5		

2. 应纳税额的计算

耕地占用税应纳税额的计算公式为：

应纳税额＝纳税人实际占用的耕地面积×适用税额标准

特别提醒

（1）国务院财政、税务主管部门根据人均耕地面积和经济发展情况确定各省（自治区、直辖市）的平均税额。（2）各地适用税额，由省（自治区、直辖市）人民政府在规定的税额幅度内，根据本地区情况核定。各省（自治区、直辖市）人民政府核定的适用税额的平均水平，不得低于规定的平均税额。（3）经济特区、经济技术开发区和经济发达且人均耕地特别少的地区，适用税额可以适当提高，但提高的部分最高不得超过规定的当地适用税额的50%。（4）占用基本农田的，适用税额应当在规定的当地适用税额的基础上提高50%。

【例12-5】 农村某村民新建住宅，经批准占用耕地200平方米。假定该地区耕地占

用税额为7元/平方米，则该村民应纳的耕地占用税为多少？

【解析】

应纳耕地占用税＝200×7×50%＝700(元)

12.4 车辆购置税

12.4.1 车辆购置税概述

自2019年7月1日起，《中华人民共和国车辆购置税法》开始实施。

1. 征收范围

车辆购置税的征收范围包括汽车、有轨电车、汽车挂车、排气量超过150毫升的摩托车（统称应税车辆）。纳税人在中华人民共和国境内购置上述应税车辆的都应办理车辆购置税申报。

其中，购置是指以购买、进口、自产、受赠、获奖或者其他方式取得并自用应税车辆的行为。进口自用应税车辆是指纳税人直接从境外进口或者委托代理进口自用的应税车辆，不包括在境内购买的进口车辆。

特别提醒

排气量在150毫升（含）以下的摩托车，不属于车辆购置税的征收范围，不需要缴纳车辆购置税。车辆购置税实行一次性征收。购置已征过车辆购置税的车辆，不再缴纳车辆购置税。

2. 纳税义务发生时间

车辆购置税的纳税义务发生时间为纳税人购置应税车辆的当日，以纳税人购置应税车辆所取得的车辆相关凭证上注明的时间为准。按不同的购置方式，纳税义务发生时间按照下列情形确定：

（1）购买自用应税车辆的为购买之日，即车辆相关价格凭证的开具日期。

（2）进口自用应税车辆的为进口之日，即《海关进口增值税专用缴款书》或者其他有效凭证的开具日期。

（3）自产、受赠、获奖或者以其他方式取得并自用应税车辆的为取得之日，即合同、法律文书或者其他有效凭证的生效或者开具日期。

3. 纳税地点

纳税人购置应税车辆，应当向车辆登记地的主管税务机关申报缴纳车辆购置税；购置不需要办理车辆登记的应税车辆的，应当向纳税人所在地的主管税务机关申报缴纳车辆购置税。

4. 纳税申报时间

纳税人购置应税车辆后应当自纳税义务发生之日起 60 日内申报缴纳车辆购置税。

5. 申报时纳税人需要提供的资料

（1）《车辆购置税纳税申报表》（见二维码）。

车辆购置税纳税申报表

（2）车辆合格证明和车辆相关价格凭证。车辆合格证明为整车出厂合格证或者车辆电子信息单。车辆相关价格凭证，如果属于境内购置车辆的，为机动车销售统一发票或者其他有效凭证；如果属于进口自用车辆的，为《海关进口关税专用缴款书》或者《海关进出口货物征免税证明》；如果属于应征消费税车辆的，还包括《海关进口消费税专用缴款书》。

特别提醒

自 2020 年 6 月 1 日起，纳税人购置应税车辆办理车辆购置税纳税申报时，以发票电子信息中的不含税价作为申报计税价格。纳税人依据相关规定提供其他有效价格凭证的情形除外。应税车辆存在多条发票电子信息或者没有发票电子信息的，纳税人应当持机动车销售统一发票、购车合同及其他能够反映真实交易的材料到税务机关办理车辆购置税纳税申报，按照购置应税车辆实际支付给销售方的全部价款（不包括增值税税款）申报纳税。

6. 免征车辆购置税的车辆和提供的资料

（1）免征车辆购置税的车辆。

1）依照法律规定应当予以免税的外国驻华使馆、领事馆和国际组织驻华机构及其有关人员自用的车辆。

2）中国人民解放军和中国人民武装警察部队列入装备订货计划的车辆。

3）悬挂应急救援专用号牌的国家综合性消防救援车辆。

4）设有固定装置的非运输专用作业车辆。

5）城市公交企业购置的公共汽电车辆。

6）其他免征车辆购置税的车辆：①回国服务的在外留学人员用现汇购买 1 辆个人自用国产小汽车；②长期来华定居专家进口 1 辆自用小汽车；③防汛部门和森林消防部门用于指挥、检查、调度、报汛（警）、联络的由指定厂家生产的设有固定装置的指定型号的车辆；④“母亲健康快车”项目专用车辆；⑤北京 2020 年冬奥会和冬残奥会组委会新购车辆；⑥购置日期在 2023 年 1 月 1 日至 2023 年 12 月 31 日期间内的新能源汽车；⑦原公安现役部队和原武警黄金、森林、水电部队改制后换发地方机动车牌证的车辆（公安消防、武警森林部队执行灭火救援任务的车辆除外）。

（2）纳税人在办理免税、减税时应提供的资料。

纳税人在办理车辆购置税免税、减税时，应当如实填报《车辆购置税纳税申报表》，除提供车辆合格证明和车辆相关价格凭证外，还应当根据不同的免税、减税情形，分别提供以下资料的原件或者复印件：

1）外国驻华使馆、领事馆和国际组织驻华机构及其有关人员自用车辆，提供机构证明和外交部门出具的身份证明。

2）城市公交企业购置的公共汽电车辆，提供所在地县级以上（含县级）交通运输主管部门出具的公共汽电车辆认定表。

3）悬挂应急救援专用号牌的国家综合性消防救援车辆，提供中华人民共和国应急管理部批准的相关文件。

4）回国服务的在外留学人员购买的自用国产小汽车，提供海关核发的《中华人民共和国海关回国人员购买国产汽车准购单》。

5）长期来华定居专家进口自用小汽车，提供国家外国专家局或者其授权单位核发的专家证或者A类和B类《外国人工作许可证》。

6）设有固定装置的非运输专用作业车辆，提供车辆内、外观彩色5寸照片。

12.4.2 车辆购置税应纳税额的计算

车辆购置税的税率为10%。其计算公式为：

应纳税额＝计税价格×10%

计税价格按照下列规定确定：

（1）纳税人购买自用应税车辆的计税价格，为纳税人实际支付给销售者的全部价款，不包括增值税税款。

特别提醒

纳税人购买自用应税车辆的计税价格，依据纳税人购买应税车辆时取得发票上载明的价格确定。

（2）纳税人进口自用应税车辆的计税价格。

计税价格＝关税完税价格＋关税＋消费税

【例12-6】 A公司从境外购买一辆自用的小汽车，报关进口时缴纳关税7.5万元，缴纳消费税12.5万元，《海关进口关税专用缴款书》注明的关税完税价格为30万元。请计算A公司应纳的车辆购置税。

【解析】

A公司办理车辆购置税纳税申报时，需要计算该进口车的车辆购置税。

计税价格＝30＋7.5＋12.5＝50(万元)

应纳车辆购置税＝50×10％＝5(万元)

（3）纳税人自产自用应税车辆的计税价格，按照纳税人生产的同类应税车辆的销售价格确定，不包括增值税税款。

（4）纳税人以受赠、获奖或者其他方式取得自用应税车辆的计税价格，按照购置应税车辆时相关凭证载明的价格确定，不包括增值税税款。

特别提醒

单位纳税人缴纳车辆购置税，在申报车辆购置税时，需要在《车辆购置税纳税申报表》“纳税人声明”处加盖本单位公章，并对申报表的真实性、可靠性和完整性负责。在税务机关现场办理时，税务机关提供申报表免填服务，仍需要单位纳税人加盖公章。若纳税人不方便携带公章到现场加盖，可以在税务机关网站下载申报表，按要求自行填写申报内容并加盖公章后到税务机关进行车辆购置税申报。

12.5 车船税

2011年2月25日，第十一届全国人民代表大会常务委员会第十九次会议通过《中华人民共和国车船税法》，自2012年1月1日起施行。车船税具有涉及面广、税源流动性强、纳税人多为个人等特点。车船税是第一个从国务院条例上升为法律的税种。

12.5.1 车船税的基本内容

1. 纳税范围

车船税的纳税范围是在机场、港口以及其他企业内部场所行驶或作业，并在车船管理部门登记的车船。车船管理部门是指公安、交通、农业、渔业、军事等依法具有车船管理职能的部门。

2. 纳税义务人

车船税的纳税义务人是指在我国境内的车辆、船舶的所有人或者管理人，其中包括在我国境内拥有车辆、船舶的单位和个人。这里所称的单位是指行政机关、事业单位、社会团体以及中外各类企业；这里所称的个人是指我国境内的居民和外籍个人。

特别提醒

车船税按年申报缴纳。从事机动车第三者责任强制保险业务的保险机构为机动车车船税的扣缴义务人，应当在收取保险费时依法代收车船税，并出具代收税款凭证。

特别提醒

保险机构代收车船税应在开具的增值税发票备注栏中注明相关信息，该发票可作为纳税人缴纳车船税及滞纳金的会计核算原始凭证。

3. 车船税的税目税率

车船税税目税率表见表 12－5。

表 12－5　车船税税目税率表

（自 2012 年 1 月 1 日执行）

<table>
<tr><th colspan="2">税目</th><th>计税单位</th><th>年基准税额</th><th>备注</th></tr>
<tr><td rowspan="7">乘用车（按发动机汽缸容量（排气量）分档）</td><td>1.0 升（含）以下的</td><td rowspan="7">辆</td><td>60～360 元</td><td rowspan="7">核定载客人数 9 人（含）以下</td></tr>
<tr><td>1.0 升以上至 1.6 升（含）的</td><td>300～540 元</td></tr>
<tr><td>1.6 升以上至 2.0 升（含）的</td><td>360～660 元</td></tr>
<tr><td>2.0 升以上至 2.5 升（含）的</td><td>660～1 200 元</td></tr>
<tr><td>2.5 升以上至 3.0 升（含）的</td><td>1 200～2 400 元</td></tr>
<tr><td>3.0 升以上至 4.0 升（含）的</td><td>2 400～3 600 元</td></tr>
<tr><td>4.0 升以上的</td><td>3 600～5 400 元</td></tr>
<tr><td rowspan="2">商用车</td><td>客车</td><td>辆</td><td>480～1 440 元</td><td>核定载客人数 9 人以上，包括电车</td></tr>
<tr><td>货车</td><td>整备质量（吨）</td><td>16～120 元</td><td>包括半挂牵引车、三轮汽车和低速载货汽车等</td></tr>
<tr><td colspan="2">挂车</td><td>整备质量（吨）</td><td>按照货车税额的 50%计算</td><td></td></tr>
<tr><td rowspan="2">其他车辆</td><td>专用作业车</td><td rowspan="2">整备质量（吨）</td><td rowspan="2">16～120 元</td><td rowspan="2">不包括拖拉机</td></tr>
<tr><td>轮式专用机械车</td></tr>
<tr><td colspan="2">摩托车</td><td>辆</td><td>36～180 元</td><td></td></tr>
<tr><td rowspan="2">船舶</td><td>机动船舶</td><td>净吨位（吨）</td><td>3～6 元</td><td>拖船、非机动驳船分别按照机动船舶税额的 50%计算</td></tr>
<tr><td>游艇</td><td>艇身长度（米）</td><td>600～2 000 元</td><td></td></tr>
</table>

4. 税收优惠

（1）免征。下列车船免征车船税：1）捕捞、养殖渔船；2）军队、武装警察部队专用的车船；3）警用车船；4）依照法律规定应当予以免税的外国驻华使领馆、国际组织驻华代表机构及其有关人员的车船。

（2）定期减征或免征。省、自治区、直辖市人民政府根据当地实际情况，可以对公共交通车船，农村居民拥有并主要在农村地区使用的摩托车、三轮汽车和低速载货汽车定期减征或者免征车船税。

5. 纳税义务发生时间和纳税期限

（1）纳税义务发生时间。车船税纳税义务发生时间为取得车船所有权或者管理权的当月。

（2）纳税期限。车船税按年申报缴纳。具体申报纳税期限由省、自治区、直辖市人民政府规定。

6. 纳税地点

车船税的纳税地点为车船的登记地或者车船税扣缴义务人所在地。依法不需要办理登记的车船，车船税的纳税地点为车船的所有人或者管理人所在地。

12.5.2 车船税应纳税额的计算

车船税应纳税额的计算公式为：

应纳税额＝应税车辆数量×单位税额

如果购置新车船，购置当年的应纳税额自纳税义务发生的当月起按月计算。

【例12-7】 某小型运输公司拥有并使用以下车辆：(1) 农业机械部门登记的拖拉机5辆，自重吨位为2吨；(2) 自重吨位为5吨的载货卡车10辆；(3) 自重吨位为4吨的汽车挂车5辆。当地政府规定，载货汽车按自重吨位每吨96元缴纳车船税。该公司当年应纳车船税为多少？

【解析】

在农业机械部门登记为拖拉机的车辆，免征车船税。

卡车应纳税额＝5×96×10＝4 800(元)

汽车挂车应纳税额＝4×96×5×50%＝960(元)

该运输公司应纳车船税＝4 800＋960＝5 760(元)

12.6 印花税

12.6.1 印花税概述

印花税的前世今生

1. 印花税的纳税义务人

（1）书立应税凭证的纳税人，为对应税凭证有直接权利义务关系的单位和个人。

（2）采用委托贷款方式书立的借款合同纳税人，为受托人和借款人，不包括委托人。

（3）按买卖合同或者产权转移书据税目缴纳印花税的拍卖成交确认书纳税人，为拍卖标的的产权人和买受人，不包括拍卖人。

（4）纳税人为境外单位或者个人，在境内没有代理人的，纳税人应当自行申报缴纳印花税。为便利纳税人，根据应税凭证标的物不同，境外单位或者个人可以向资产交付地、境内服务提供方或者接受方所在地（居住地）、书立应税凭证境内书立人所在地（居住地）主管税务机关申报缴纳，涉及不动产产权转移的，应当向不动产所在地主管税务机关申报缴纳。

2. 印花税应税凭证的具体情形

（1）在我国境外书立在境内使用的应税凭证，应按规定缴纳印花税。具体情形包括：

1）应税凭证的标的为不动产的，该不动产在境内；

2）应税凭证的标的为股权的，该股权为中国居民企业的股权；

3）应税凭证的标的为动产或者商标专用权、著作权、专利权、专有技术使用权的，其销售方或者购买方在境内，但不包括境外单位或者个人向境内单位或者个人销售完全在境外使用的动产或者商标专用权、著作权、专利权、专有技术使用权；

4）应税凭证的标的为服务的，其提供方或者接受方在境内，但不包括境外单位或者个人向境内单位或者个人提供完全在境外发生的服务。

（2）企业之间书立的确定买卖关系、明确买卖双方权利义务的订单、要货单等单据，且未另外书立买卖合同的，应当按规定缴纳印花税。

（3）发电厂与电网之间、电网与电网之间书立的购售电合同，应当按买卖合同税目缴纳印花税。

特别提醒

下列情形的凭证，不属于印花税征收范围：

（1）人民法院的生效法律文书，仲裁机构的仲裁文书，监察机关的监察文书。

（2）县级以上人民政府及其所属部门按照行政管理权限征收、收回或者补偿安置房地产书立的合同、协议或者行政类文书。

（3）总公司与分公司、分公司与分公司之间书立的作为执行计划使用的凭证。

3. 印花税的计税依据

（1）同一应税合同、应税产权转移书据中涉及两方以上纳税人，且未列明纳税人各自涉及金额的，以纳税人平均分摊的应税凭证所列金额（不包括列明的增值税税款）确定计税依据。

（2）应税合同、应税产权转移书据所列的金额与实际结算金额不一致，不变更应税凭证所列金额的，以所列金额为计税依据；变更应税凭证所列金额的，以变更后的所列金额为计税依据。已缴纳印花税的应税凭证，变更后所列金额增加的，纳税人应当就增加部分的金额补缴印花税；变更后所列金额减少的，纳税人可以就减少部分的金额向税务机关申请退还或者抵缴印花税。

（3）纳税人因应税凭证列明的增值税税款计算错误导致应税凭证的计税依据减少或

者增加的，纳税人应当按规定调整应税凭证列明的增值税税款，重新确定应税凭证计税依据。已缴纳印花税的应税凭证，调整后计税依据增加的，纳税人应当就增加部分的金额补缴印花税；调整后计税依据减少的，纳税人可以就减少部分的金额向税务机关申请退还或者抵缴印花税。

（4）纳税人转让股权的印花税计税依据，按照产权转移书据所列的金额（不包括列明的认缴后尚未实际出资权益部分）确定。

（5）应税凭证金额为人民币以外的货币的，应当按照凭证书立当日的人民币汇率中间价折合人民币确定计税依据。

（6）境内的货物多式联运，采用在起运地统一结算全程运费的，以全程运费作为运输合同的计税依据，由起运地运费结算双方缴纳印花税；采用分程结算运费的，以分程的运费作为计税依据，分别由办理运费结算的各方缴纳印花税。

（7）纳税人多贴的印花税票，不予退税及抵缴税款。

特别提醒

（1）应税合同的计税依据，为合同所列的金额，不包括列明的增值税税款；应税产权转移书据的计税依据，为产权转移书据所列的金额，不包括列明的增值税税款。企业在签订印花税应税合同或产权转移合同时，需要将含税金额、不含税金额、增值税税率和增值税额单独列示，从源头上杜绝可能导致多缴印花税的风险。

（2）企业之间书立的确定买卖关系、明确买卖双方权利义务的订单、要货单等单据，且未另外书立买卖合同的，应当按规定缴纳印花税。政策依据：《财政部 税务总局关于印花税若干事项政策执行口径的公告》（财政部 税务总局公告2022年第22号），第二条第二款。

（3）未履行的合同不退还已缴纳的印花税。印花税属于财产行为税，是以纳税人的某些特定行为为征税对象的税种。因此，即使合同未履行，已缴纳的印花税也不予退还或抵缴税款。

4. 印花税的纳税期限

印花税按季、按年或者按次计征。应税合同、产权转移书据印花税可以按季或者按次申报缴纳，应税营业账簿印花税可以按年或者按次申报缴纳，具体纳税期限由各省、自治区、直辖市、计划单列市税务局结合征管实际确定。

5. 印花税免税的具体范围

（1）对应税凭证适用印花税减免优惠的，书立该应税凭证的纳税人均可享受印花税减免政策，明确特定纳税人适用印花税减免优惠的除外。

（2）享受印花税免税优惠的家庭农场，是以家庭为基本经营单元，以农场生产经营为主业，以农场经营收入为家庭主要收入来源，从事农业规模化、标准化、集约化生产经营，纳入全国家庭农场名录系统的家庭农场。

（3）享受印花税免税优惠的学校，是经县级以上人民政府或者其教育行政部门批准成立的大学、中学、小学、幼儿园，实施学历教育的职业教育学校、特殊教育学校、专门学校，以及经省级人民政府或者其人力资源社会保障行政部门批准成立的技工院校。

（4）享受印花税免税优惠的社会福利机构，是依法登记的养老服务机构、残疾人服务机构、儿童福利机构、救助管理机构、未成年人救助保护机构。

（5）享受印花税免税优惠的慈善组织，是依法设立，符合《中华人民共和国慈善法》规定，以面向社会开展慈善活动为宗旨的非营利性组织。

（6）享受印花税免税优惠的非营利性医疗卫生机构，是经县级以上人民政府卫生健康行政部门批准或者备案设立的非营利性医疗卫生机构。

（7）享受印花税免税优惠的电子商务经营者，具体范围按《中华人民共和国电子商务法》有关规定执行。

特别提醒

纳税人享受印花税优惠办理方式，与现行规定一致，实行“自行判别、申报享受、有关资料留存备查”，此前需要提供的不动产权属资料复印件、房地产转让合同（协议）复印件、扣除项目金额相关材料（如评估报告、发票）等有关资料，改为留存备查，纳税人只需填报申报表相应减免税栏次即可享受相关优惠。

6. 印花税的税目税率表

印花税税目税率表如表 12－6 所示。

表 12－6　印花税税目税率表

（2022 年 7 月 1 日起执行）

税目		计税依据及税率	备注
合同（指书面合同）	借款合同	借款金额的 0.05‰	指银行业金融机构、经国务院银行业监督管理机构批准设立的其他金融机构与借款人（不包括同业拆借）的借款合同
	融资租赁合同	租金的 0.05‰	
	买卖合同	价款的 0.3‰	指动产买卖合同（不包括个人书立的动产买卖合同）
	承揽合同	报酬的 0.3‰	
	建设工程合同	价款的 0.3‰	
	运输合同	运输费用的 0.3‰	指货运合同和多式联运合同（不包括管道运输合同）
	技术合同	价款、报酬或者使用费的 0.3‰	不包括专利权、专有技术使用权转让书据
	租赁合同	租金的 1‰	
	保管合同	保管费的 1‰	
	仓储合同	仓储费的 1‰	
	财产保险合同	保险费的 1‰	不包括再保险合同

续表

税目		计税依据及税率	备注
产权转移书据	土地使用权出让书据	价款的0.5‰	转让包括买卖（出售）、继承、赠与、互换、分割
	土地使用权、房屋等建筑物和构筑物所有权转让书据（不包括土地承包经营权和土地经营权转移）	价款的0.5‰	
	股权转让书据（不包括应缴纳证券交易印花税的）	价款的0.5‰	
	商标专用权、著作权、专利权、专有技术使用权转让书据	价款的0.3‰	
营业账簿		实收资本（股本）、资本公积合计金额的0.25‰	
证券交易		成交金额的1‰	

12.6.2 印花税应纳税额的计算

1.《印花税税源明细表》的申报

纳税人应当根据书立印花税应税合同、产权转移书据和营业账簿情况，填写《印花税税源明细表》，进行财产行为税综合申报。合同数量较多且属于同一税目的，可以合并汇总填写《印花税税源明细表》。

特别提醒

实务工作中，纳税人书立合同、产权转移书据列明的金额与双方实际结算的金额有差异，纳税人应以实际结算金额签订补充合同，按照修改后的与实际结算金额一致的合同金额申报缴纳印花税。

2. 印花税的计算

应纳印花税＝计税依据×适用税率

特别提醒

新的《中华人民共和国印花税法》取消了按定额税率计算印花税。

【例12-8】 甲公司按季申报缴纳印花税，2022年第三季度书立买卖合同5份，合同所列价款（不包括列明的增值税税款）共计100万元，书立建筑工程合同1份，合同所列价款（不包括列明的增值税税款）共计 1 000 万元，书立产权转移书据 1 份，合同所列价款（不包括列明的增值税税款）共计 500 万元。请计算该公司 2022 年 10 月应缴纳的印花税税额。

【解析】

该纳税人应在书立应税合同、产权转移书据时，填写《印花税税源明细表》，在 2022 年 10 月纳税申报期，进行财产行为税综合申报。

$$\text{甲公司 2022 年 10 月纳税申报期应缴纳印花税} = 1\,000\,000 \times 0.3‰ + 10\,000\,000 \times 0.3‰ + 5\,000\,000 \times 0.5‰ = 5\,800(\text{元})$$

【例 12-9】 纳税人乙按季申报缴纳印花税，2022 年第三季度书立财产保险合同 100 万份，合同所列保险费（不包括列明的增值税税款）共计 100 000 万元。请计算纳税人乙 2022 年 10 月应缴印花税税额。

【解析】

该纳税人应在书立应税合同时，填写《印花税税源明细表》，在 2022 年 10 月纳税申报期，进行财产行为税综合申报。

$$\text{纳税人乙 2022 年 10 月纳税申报期应缴纳印花税} = 1\,000\,000\,000 \times 1‰ = 1\,000\,000(\text{元})$$

【例 12-10】 纳税人丙公司按季申报缴纳印花税，2022 年 8 月 25 日书立钢材买卖合同 1 份，合同列明了买卖钢材数量，并约定在实际交付钢材时，以交付当日市场报价确定成交价据以结算，2022 年 10 月 12 日按合同结算买卖钢材价款 100 万元，2023 年 3 月 7 日按合同结算买卖钢材价款 300 万元。纳税人丙公司应如何缴纳印花税？

【解析】

该纳税人应在书立应税合同以及实际结算时，填写《印花税税源明细表》，分别在 2022 年 10 月、2023 年 1 月、2023 年 4 月纳税申报期进行财产行为税综合申报。

2022 年 10 月纳税申报期应纳印花税 = 0

2023 年 1 月纳税申报期应纳印花税 = 1 000 000 × 0.3‰ = 300(元)

2023 年 4 月纳税申报期应纳印花税 = 3 000 000 × 0.3‰ = 900(元)

12.7　契　税

12.7.1　契税概述

1. 契税的纳税义务人

自 2021 年 9 月 1 日起，在中华人民共和国境内转移土地、房屋权属，承受的单位和个人为契税的纳税人，应当依照《中华人民共和国契税法》（简称《契税法》）的规定缴纳契税。

2. 契税的征税范围

转移土地、房屋权属，是指下列行为：

（1）土地使用权出让。

（2）土地使用权转让，包括出售、赠与、互换。土地使用权转让不包括土地承包经营权和土地经营权的转移。但是，如果是以作价投资（入股）、偿还债务、划转、奖励等方式转移土地、房屋权属的，应当征收契税。

（3）房屋买卖、赠与、互换。

3. 契税的纳税义务发生时间

契税的纳税义务发生时间为纳税人签订土地、房屋权属转移合同的当日，或者纳税人取得其他具有土地、房屋权属转移合同性质凭证的当日。

特别提醒

纳税人应当在依法办理土地、房屋权属登记手续前申报缴纳契税。

4. 契税的税率

契税税率表如表 12－7 所示。

表 12－7　契税税率表

征税对象	纳税人	税率
国有土地使用权出让	承受方	3%～5% 由省（自治区、直辖市）人民政府根据本地区实际情况确定
土地使用权转让	买方	
房屋买卖	买方	
房屋赠与	受赠方	
房屋交换	付出差价方	

特别提醒

契税的具体适用税率，由省、自治区、直辖市人民政府在规定的税率幅度内提出，报同级人民代表大会常务委员会决定，并报全国人民代表大会常务委员会和国务院备案。省、自治区、直辖市可以依照规定的程序对不同主体、不同地区、不同类型的住房的权属转移确定差别税率。

5. 契税的减免税优惠

（1）《契税法》规定符合下列情形之一的，免征契税。

1）国家机关、事业单位、社会团体、军事单位承受土地、房屋权属用于办公、教学、医疗、科研、军事设施。

2）非营利性的学校、医疗机构、社会福利机构承受土地、房屋权属用于办公、教学、医疗、科研、养老、救助。

3）承受荒山、荒地、荒滩土地使用权用于农、林、牧、渔业生产。

4）婚姻关系存续期间夫妻之间变更土地、房屋权属。

5）法定继承人通过继承承受土地、房屋权属。

6）依照法律规定应当予以免税的外国驻华使馆、领事馆和国际组织驻华代表机构承受土地、房屋权属。

特别提醒

根据国民经济和社会发展的需要，国务院对居民住房需求保障、企业改制重组、灾后重建等情形可以规定免征或者减征契税，报全国人民代表大会常务委员会备案。

（2）省、自治区、直辖市可以决定免征或者减征契税的情形。

1）因土地、房屋被县级以上人民政府征收、征用，重新承受土地、房屋权属；

2）因不可抗力灭失住房，重新承受住房权属。

特别提醒

省、自治区、直辖市可以决定免征或者减征契税的具体办法，由省、自治区、直辖市人民政府提出，报同级人民代表大会常务委员会决定，并报全国人民代表大会常务委员会和国务院备案。

（3）免征或者减征契税需要改为缴纳的情形。纳税人改变有关土地、房屋的用途，或者有其他不再属于上述（1）、（2）列示的免征、减征契税情形的，应当缴纳已经免征、减征的税款。

12.7.2　契税的计算

1. 应纳税额的计算

契税应纳税额的计算公式为：

应纳税额＝计税依据×适用税率

2. 契税的计税依据

（1）土地使用权出让、出售，房屋买卖，为土地、房屋权属转移合同确定的成交价格，包括应交付的货币以及实物、其他经济利益对应的价款。

（2）土地使用权互换、房屋互换，为所互换的土地使用权、房屋价格的差额。

（3）土地使用权赠与、房屋赠与以及其他没有价格的转移土地、房屋权属行为，为税务机关参照土地使用权出售、房屋买卖的市场价格依法核定的价格。

纳税人申报的成交价格、互换价格差额明显偏低且无正当理由的，由税务机关依照《税收征收管理法》的规定核定。

特别提醒

纳税人办理纳税事宜后，税务机关应当开具契税完税凭证。纳税人办理土地、房屋权属登记，不动产登记机构应当查验契税完税、减免税凭证或者有关信息。未按照规定缴纳契税的，不动产登记机构不予办理土地、房屋权属登记。

【例12-11】 周某向谢某借款80万元，后因谢某急需资金，周某以一套价值90万元的房产抵偿所欠谢某债务，谢某取得该房产产权的同时支付周某差价款10万元。契税税率为3%。请计算应纳契税税额。

【解析】

契税的纳税人是指在我国境内承受土地、房屋权属转移的单位和个人。本例中承受房屋权属转移的为谢某。

应纳契税＝90×3%＝2.7(万元)

12.8 烟叶税

12.8.1 烟叶税概述

1. 烟叶税的征税范围

《中华人民共和国烟叶税法》自2018年7月1日起施行，在我国境内收购烟叶的单位为烟叶税的纳税人。这里所称的烟叶是指晾晒烟叶、烤烟叶。

对收购烟叶的单位，按照烟叶的收购金额征收烟叶税。

2. 烟叶税的税率

烟叶税税率表见表12-8。

表12-8 烟叶税税率表

纳税人	征税内容	税率
境内收购烟叶的单位	晾晒烟叶、烤烟叶	20%

3. 烟叶税的征收及纳税期限

（1）烟叶税由税务机关征收。纳税人收购烟叶时，应当向烟叶收购地的主管税务机关申报纳税。

（2）烟叶税的纳税义务发生时间为纳税人收购烟叶的当日。

（3）纳税人应当自纳税义务发生之日起 30 日内申报纳税。具体纳税期限由主管税务机关核定。

12.8.2　烟叶税应纳税额的计算

烟叶税实行比例税率，税率为 20%。价外补贴统一按烟叶收购价款 10%计算。

应纳税额=(烟叶收购金额+价外补贴)×税率

【例 12-12】 某卷烟厂 6 月收购烟叶生产卷烟，收购凭证上注明价款 100 万元，并向烟叶生产者支付了收购价款 10%的价外补贴。该卷烟厂 6 月收购烟叶的烟叶税和可抵扣的进项税额分别为多少？

【解析】

烟叶收购金额=100×(1+10%)=110(万元)

应纳烟叶税=110×20%=22(万元)

准予抵扣的进项税额=(110+22)×11%=14.52(万元)

12.9　社会保险基金

12.9.1　社会保险基金概述

社会保险基金是指用人单位给予劳动者的几种保障性待遇，包括基本养老保险、基本医疗保险、失业保险、工伤保险和生育保险及住房公积金，俗称“五险一金”。“五险一金”的缴纳额度每个地区的规定都不同，以工资总额为计算基数。

12.9.2　“五险一金”的具体内容

1. 基本养老保险

基本养老保险即退休金。

（1）缴费基数。单位：单位上年度职工月平均工资；个人：本人上年度月平均工资（上限为当地月平均工资的 3 倍，下限为当地月平均工资的 60%）。

（2）缴费比例。单位：一般不超过单位工资总额的 20%；个人：8%。基本养老保险的缴费比例具体由省、自治区、直辖市人民政府确定，自 2019 年 5 月 1 日起，城镇职工单位缴费比例可降至 16%。

（3）领取条件。累计缴费满 15 年（中断无影响），退休（男性 60 岁，女性 55 岁）

后可领取。

特别提醒

单位交的钱进入基础账户，个人交的钱进入个人账户，退休后，两个账户都可以拿钱，多缴多得。

2. 基本医疗保险

（1）缴费基数。同基本养老保险。

（2）缴费比例。各地根据实际情况确定，个人一般为2%左右，单位一般为6%左右，高的地区可以为10%。

（3）缴费年限。各地政策不一致，且有的是累计缴满 X 年，有的是连续缴满 X 年，具体查询当地社保部门规定。缴满后，即使不再缴纳，退休后也可继续享受医保待遇。

（3）断缴。断缴时间少于3个月，补缴后次月可用，不影响累计缴费年限和连续缴费年限计算；断缴时间长于3个月，续保视为重新参保，会有3至6个月的等待期（最长1年，各地不一致），且连续缴费年限重新计算，但不影响累计缴费年限。

3. 生育保险

生育保险主要用于产假、生育津贴和生育医疗费用报销。

（1）缴费基数。同基本养老保险。

（2）缴费比例。单位：缴纳0.8%；个人：不缴。

产假和生育医疗费用报销各地政策不同。

生育津贴领取额度＝上年度单位人均月缴费工资÷30天×产假天数

特别提醒

不仅女性需要缴纳生育保险，男性也同样需要缴纳。男女双方只要一方有生育保险，就可以报销。但生育保险必须缴费满1年以上才可报销，并且在生完小孩后还要继续缴费。

4. 工伤保险

工伤保险赔付涵盖医疗费报销、停工留薪、伤残待遇和工亡待遇。

（1）缴费基数。同基本养老保险。

（2）缴费比例。单位缴纳0.2%～1.9%，分8类行业，一般依据行业的工伤风险程度来确定行业的差别费率，并在每个行业内规定不同的费率档次；个人不缴。

(3) 工伤认定。因工作相关原因受到的伤害基本都算工伤（包括因公出差），具体包括在上下班途中，出现交通事故（非本人主要责任）；在工作时间和工作岗位，突发疾病死亡或者在 48 小时之内经抢救无效死亡。

特别提醒

因故意犯罪、醉酒、自残或自杀等受到伤害，不属于工伤。工伤一定要主动申请，不申请不认定，超过 1 年，不予认定。

5. 失业保险

失业保险主要用于失业时给予投失业保险的失业人员的补贴和培训。

(1) 缴费基数。同基本养老保险。

(2) 缴费比例。单位缴纳 2%；个人缴纳 0.5%～1%。

(3) 领取失业金，需要满足两个条件：1) 所在单位和本人已缴纳失业保险费用满 1 年；2) 非因本人意愿中断就业，如开除、裁员、破产等。需要办理的相关手续：在离职后 2 个月内携带相关资料（职业指导培训卡、户口簿、身份证、解除劳动合同或者工作关系的证明和照片）到户口所在街道、镇劳动保障部门进行失业登记，并办理申领失业金手续。

(4) 领取期限。累计缴费满 1 至 5 年，可领 12 个月；累计缴费满 5 至 10 年，可领 18 个月；累计缴费 10 年以上，可领 24 个月。

6. 住房公积金

(1) 缴费基数。单位和个人一样，均为职工本人上一年度月平均工资。

(2) 缴费比例。个人和单位都是缴纳 5%～12%。

特别提醒

买房、租房、建房、装修等都可以使用，住房公积金贷款有最高限制，各地区不一致，如果断缴则不能申请住房公积金贷款。

12.9.3 “五险一金”的计算

1. “五险一金”缴纳比例汇总

“五险一金”缴纳金额＝缴费工资基数×缴费比例

“五险一金”缴纳比例汇总表见表 12-9。

表 12-9 "五险一金"缴纳比例汇总表

缴纳项目	个人缴费比例	单位缴费比例
基本养老保险	8%	16%
基本医疗保险	2%	6%～10%
失业保险	0.5%～1%	2%
工伤保险	0	0.2%～1.9%
生育保险	0	0.8%
住房公积金	5%～12%	5%～12%

2. 北京市"五险一金"的具体缴纳基数

（1）社保缴费基数。北京市参加基本养老保险、基本医疗保险、失业保险、工伤保险、生育保险的在职职工按照其本人上一年的月平均工资确定缴费基数。

其中，缴费基数上限按照本市上一年职工月平均工资的 300%确定。参加基本养老保险、失业保险的职工缴费基数下限按照本市上一年职工月平均工资的 40%确定；参加基本医疗保险、工伤保险、生育保险的职工，缴费基数下限按照本市上一年职工月平均工资的 60%确定。

（2）住房公积金缴存基数。住房公积金以本市上一年职工月平均工资作为缴费基数。

【例 12-13】 李某为北京某单位职工，上年度平均月薪 6 000 元。该年度李某及其单位分别如何缴纳"五险一金"？

【解析】

（1）李某个人缴纳金额分别为：

基本养老保险＝6 000×8%＝480(元)
基本医疗保险＝6 000×2%＝120(元)
失业保险＝6 000×0.1%＝6(元)
住房公积金＝6 000×12%＝300(元)(以最高比例缴纳)

（2）单位为李某缴纳金额分别为：

基本养老保险＝6 000×16%＝960(元)
基本医疗保险＝6 000×10%＝600(元)
失业保险＝6 000×2%＝120(元)
工伤保险＝6 000×0.5%＝3(元)(单位全额负担)
生育保险＝6 000×0.8%＝48(元)(单位全额负担)
住房公积金＝6 000×12%＝720(元)(以最高比例缴纳)

12.10 环境保护税

12.10.1 环境保护税的基本内容

2016 年 12 月 25 日第十二届全国人民代表大会常务委员会第二十五次会议通过的《中华人民共和国环境保护税法》于 2018 年 1 月 1 日开始实施，环境保护税由此成为我国第 18 个税种。

我国排污费征收制度已实施多年。针对影响环境的重点污染源情况，我国选择对大气、水、固体、噪声等四类污染物征收排污费。征收环境保护税，可以倒逼高污染、高能耗的企业转型升级，推动经济结构调整和发展方式转变。

特别提醒

自 2018 年 1 月 1 日起，我国开始征收环境保护税，不再征收排污费。

1. 纳税人

在中华人民共和国领域和中华人民共和国管辖的其他海域，直接向环境排放应税污染物的企业事业单位和其他生产经营者为环境保护税的纳税人。

2. 征税范围

应税污染物指大气污染物、水污染物、固体废物和噪声。

有下列情形之一的，不属于直接向环境排放污染物，不缴纳相应污染物的环境保护税：

（1）企业事业单位和其他生产经营者向依法设立的污水集中处理、生活垃圾集中处理场所排放应税污染物的；

（2）企业事业单位和其他生产经营者在符合国家和地方环境保护标准的设施、场所贮存或者处置固体废物的。

依法设立的城乡污水集中处理、生活垃圾集中处理场所超过国家和地方规定的排放标准向环境排放应税污染物的，应当缴纳环境保护税。

特别提醒

应税大气污染物和水污染物的具体适用税额的确定和调整，由省、自治区和直辖市人民政府统筹考虑本地区环境承载能力、污染物排放现状和经济社会生态发展目标要求，在规定的税额幅度内提出，报同级人民代表大会常务委员会决定，并报全国人民代表大会常务委员会和国务院备案。

3. 纳税义务发生时间和纳税地点

（1）纳税义务发生时间为纳税人排放应税污染物的当日。环境保护税按月计算，按季申报缴纳。不能按固定期限计算缴纳的，可以按次申报缴纳。

（2）纳税人应当向应税污染物排放地的税务机关申报缴纳环境保护税。

12.10.2 应纳税额

环境保护税应纳税额按照下列方法计算：

（1）应税大气污染物的应纳税额＝污染当量数×具体适用税额。

（2）应税水污染物的应纳税额＝污染当量数×具体适用税额。

（3）应税固体废物的应纳税额＝固体废物排放量×具体适用税额。

（4）应税噪声的应纳税额为超过国家规定标准的分贝数对应的具体适用税额。

应税污染物的计税依据，按照下列方法确定：（1）应税大气污染物按照污染物排放量折合的污染当量数确定；（2）应税水污染物按照污染物排放量折合的污染当量数确定；（3）应税固体废物按照固体废物的排放量确定；（4）应税噪声按照超过国家规定标准的分贝数确定。

12.10.3 税收减免

下列情形，暂予免征环境保护税：

（1）农业生产（不包括规模化养殖）排放应税污染物的；

（2）机动车、铁路机车、非道路移动机械、船舶和航空器等流动污染源排放应税污染物的；

（3）依法设立的城乡污水集中处理、生活垃圾集中处理场所排放相应应税污染物，不超过国家和地方规定的排放标准的；

（4）纳税人综合利用的固体废物，符合国家和地方环境保护标准的；

（5）国务院批准免税的其他情形。

特别提醒

纳税人排放应税大气污染物或者水污染物的浓度值低于国家和地方规定的污染物排放标准30%的，减按75%征收环境保护税。纳税人排放应税大气污染物或者水污染物的浓度值低于国家和地方规定的污染物排放标准50%的，减按50%征收环境保护税。

12.11 船舶吨税

自中华人民共和国境外港口进入境内港口的船舶（简称应税船舶），应缴纳船舶吨税（简称吨税），自2018年7月1日起执行。

1. 纳税人

自中华人民共和国境外港口进入境内港口的船舶为吨税纳税人。

应税船舶负责人缴纳吨税或者提供担保后，海关按照其申领的执照期限填发吨税执照。应税船舶在进入港口办理入境手续时，应当向海关申报纳税领取吨税执照，或者交验吨税执照（或者申请核验吨税执照电子信息）。应税船舶在离开港口办理出境手续时，应当交验吨税执照（或者申请核验吨税执照电子信息）。

船舶吨税执照申请书

应税船舶负责人申领吨税执照时，应当向海关提供下列文件：

（1）船舶国籍证书或者海事部门签发的船舶国籍证书收存证明；

（2）船舶吨位证明。

应税船舶因不可抗力在未设立海关地点停泊的，船舶负责人应当立即向附近海关报告，并在不可抗力原因消除后，依照规定向海关申报纳税。

特别提醒

吨税由海关负责征收。

2. 纳税范围

吨税按照船舶净吨位和吨税执照期限征收。

3. 免税范围

下列船舶免征吨税：

（1）应纳税额在 50 元以下的船舶；

（2）自境外以购买、受赠、继承等方式取得船舶所有权的初次进口到港的空载船舶；

（3）吨税执照期满后 24 小时内不上下客货的船舶；

（4）非机动船舶（不包括非机动驳船）；

（5）捕捞、养殖渔船；

（6）避难、防疫隔离、修理、改造、终止运营或者拆解，并不上下客货的船舶；

（7）军队、武装警察部队专用或者征用的船舶；

（8）警用船舶；

（9）依照法律规定应当予以免税的外国驻华使领馆、国际组织驻华代表机构及其有关人员的船舶；

（10）国务院规定的其他船舶。

特别提醒

属于免税规定的，由国务院报全国人民代表大会常务委员会备案。

4. 纳税义务时间

吨税纳税义务发生时间为应税船舶进入港口的当日。应税船舶到达港口前，经海关核准先行申报并办结出入境手续的，应税船舶负责人应当向海关提供与其依法履行吨税缴纳义务相适应的担保；应税船舶到达港口后，依照规定向海关申报纳税。

特别提醒

吨税执照期限，是指按照公历年、日计算的期间。应税船舶负责人应当自海关填发吨税缴款凭证之日起15日内缴清税款。未按期缴清税款的，自滞纳税款之日起至缴清税款之日止，按日加收滞纳税款万分之五的税款滞纳金。

解释

净吨位，是指由船籍国（地区）政府签发或者授权签发的船舶吨位证明书上标明的净吨位。非机动船舶，是指自身没有动力装置，依靠外力驱动的船舶。非机动驳船，是指在船舶登记机关登记为驳船的非机动船舶。捕捞、养殖渔船，是指在中华人民共和国渔业船舶管理部门登记为捕捞船或者养殖船的船舶。拖船，是指专门用于拖（推）动运输船舶的专业作业船舶。

5. 税目税率

吨税设置优惠税率和普通税率。

（1）中华人民共和国国籍的应税船舶，船籍国（地区）与中华人民共和国签订含有相互给予船舶税费最惠国待遇条款的条约或者协定的应税船舶，适用优惠税率。

（2）其他应税船舶，适用普通税率。

吨税税目税率表见表12-10。

表12-10 吨税税目税率表

税目 （按船舶净吨位划分）	税率（元/净吨）					
	普通税率 （按执照期限划分）			优惠税率 （按执照期限划分）		
	1年	90日	30日	1年	90日	30日
不超过2 000净吨	12.6	4.2	2.1	9.0	3.0	1.5
超过2 000净吨但不超过10 000净吨	24.0	8.0	4.0	17.4	5.8	2.9
超过10 000净吨但不超过50 000净吨	27.6	9.2	4.6	19.8	6.6	3.3
超过50 000净吨	31.8	10.6	5.3	22.8	7.6	3.8

6. 吨税的计算

应纳税额＝船舶净吨位×适用税率

特别提醒

为贯彻落实中办、国办印发的《关于进一步深化税收征管改革的意见》，深入推进税务领域“放管服”改革，优化营商环境，切实减轻纳税人、缴费人申报负担，自 2021 年 6 月 1 日起，纳税人申报缴纳城镇土地使用税、房产税、车船税、印花税、耕地占用税、资源税、土地增值税、契税、环境保护税、烟叶税中一个或多个税种时，使用《财产和行为税纳税申报表》（见二维码）。

财产和行为税纳税申报表

练习题

一、计算题

1. 某外贸进出口公司 2021 年 2 月发生如下经济业务：

（1）从某汽车制造公司购进 18 辆国产小汽车，取得的发票注明不含税价 110 000 元/辆，其中 4 辆作为业务车供本公司自用，2 辆用于抵顶以前欠本市某船运公司 240 000 元的债务，其余 12 辆出口，出口离岸价为 120 000 元/辆。

（2）进口货车 2 辆自用，关税完税价格折合人民币共计 80 000 元，缴纳关税 16 000 元、增值税 15 360 元。

（3）向某汽车厂（增值税一般纳税人）购买一辆自用的载货汽车、一辆自用的挂车和与挂车配套的备用件，取得的机动车销售统一发票注明载货汽车价税合计款 210 600 元、挂车价税合计款 92 000 元、备用件价税合计款 2 712 元。

要求：根据上述资料回答以下问题，如有计算，需计算出合计数。

（1）计算该公司第（1）笔业务应纳的车辆购置税。

（2）计算该公司第（2）笔业务应纳的车辆购置税。

（3）计算该公司第（3）笔业务应纳的车辆购置税。

2. 某高新技术企业 2021 年 8 月开业，注册资金为 220 万元，当年发生的经营活动如下：

（1）领受工商营业执照、房屋产权证、土地使用证各一份。

（2）建账时共设 8 个营业账簿，其中 1 本是资金账簿，记载实收资本 220 万元。

（3）签订购销合同 4 份，共记载金额 280 万元。

（4）签订借款合同 1 份，记载金额 50 万元，当年支付借款利息 0.8 万元。

（5）与广告公司签订广告制作合同 1 份，分别记载加工费 3 万元、广告公司提供的原材料 2 万元。

要求：根据上述资料回答以下问题，如有计算，需计算出合计数。

（1）计算该高新技术企业领受权利、许可证照应缴纳的印花税。

（2）计算该高新技术企业设置账簿应缴纳的印花税。

（3）计算该高新技术企业签订购销合同应缴纳的印花税。

（4）计算该高新技术企业签订借款合同应缴纳的印花税。

（5）计算该高新技术企业签订广告合同应缴纳的印花税。

二、综合题

1. 甲企业与运输公司签订货物运输合同，记载货物价 100 万元、装卸费 15 万元、运输费 20 万元。甲企业按“货物运输合同”税目计算缴纳印花税的计税依据为（　　）万元。

A. 100　　B. 135　　C. 120　　D. 20

2. 甲公司 2021 年年初房产原值为 8 000 万元，3 月与乙公司签订租赁合同，约定自 2021 年 4 月起将其中原值 500 万元的房产租赁给乙公司，租期 3 年，月租金 2 万元，2021 年 4—6 月为免租使用期间。甲公司所在地计算房产税余值减除比例为 30%，甲公司 2021 年度应缴纳的房产税为（　　）万元。

A. 65.49　　B. 66.21　　C. 66.54　　D. 67.26

3. 龙泉公司与乙企业共同使用面积为 10 000 平方米的土地，龙泉公司使用其中的 60%，乙企业使用其中的 40%。除此之外，经有关部门批准，乙企业在 2021 年 1 月份新征用耕地 6 000 平方米。两家企业共同使用土地所处地段的城镇土地使用税年税额为 4 元/平方米，乙企业新征用土地所处地段的土地使用税年税额为 2 元/平方米。2021 年两家企业各自应缴纳的城镇土地使用税为（　　）。

A. 龙泉公司纳税 24 000 元，乙企业纳税 28 000 元

B. 龙泉公司纳税 24 000 元，乙企业纳税 16 000 元

C. 龙泉公司纳税 48 000 元，乙企业纳税 16 000 元

D. 龙泉公司纳税 48 000 元，乙企业纳税 28 000 元

4. 龙泉公司 2021 年发生两笔互换房产业务，并办理相关手续。第一笔业务换出的房产价值 500 万元，换进的房产价值 800 万元，并支付 300 万元的差价款；第二笔业务换出的房产价值 600 万元，换进的房产价值 300 万元，并取得 300 万元的差价款。已知当地省政府规定的契税税率为 3%，该公司应缴纳契税（　　）万元。

A. 0　　B. 18　　C. 33　　D. 9

第 12 章　即测即评

图书在版编目（CIP）数据

税法：立体化数字教材版/王红云主编；李蕾，李树奇副主编. --11版. --北京：中国人民大学出版社，2023.8

新编21世纪会计系列教材

ISBN 978-7-300-31943-8

Ⅰ.①税… Ⅱ.①王… ②李… ③李… Ⅲ.①税法-中国-高等学校-教材 Ⅳ.①D922.22

中国国家版本馆CIP数据核字（2023）第130279号

云南省高校精品教材（云教高〔2013〕105号）
云南省“十二五”规划教材（云教高〔2014〕108号）
新编21世纪会计系列教材
税法（第11版·立体化数字教材版）
主　编　王红云
副主编　李　蕾　李树奇
Shuifa

出版发行	中国人民大学出版社		
社　　址	北京中关村大街31号	**邮政编码**	100080
电　　话	010－62511242（总编室）		010－62511770（质管部）
	010－82501766（邮购部）		010－62514148（门市部）
	010－62515195（发行公司）		010－62515275（盗版举报）
网　　址	http://www.crup.com.cn		
经　　销	新华书店		
印　　刷	北京密兴印刷有限公司	**版　　次**	2011年9月第1版
开　　本	787 mm×1092 mm　1/16		2023年8月第11版
印　　张	19.25 插页1	**印　　次**	2023年8月第1次印刷
字　　数	433 000	**定　　价**	52.00元

中国人民大学出版社　管理分社

教师教学服务说明

中国人民大学出版社管理分社以出版工商管理和公共管理类精品图书为宗旨。为更好地服务一线教师，我们着力建设了一批数字化、立体化的网络教学资源。教师可以通过以下方式获得免费下载教学资源的权限：

★ 在中国人民大学出版社网站 www.crup.com.cn 进行注册，注册后进入“会员中心”，在左侧点击“我的教师认证”，填写相关信息，提交后等待审核。我们将在一个工作日内为您开通相关资源的下载权限。

★ 如您急需教学资源或需要其他帮助，请加入教师 QQ 群或在工作时间与我们联络。

中国人民大学出版社　管理分社

教师 QQ 群：648333426（工商管理）　114970332（财会）　648117133（公共管理）
教师群仅限教师加入，入群请备注（学校+姓名）

联系电话：010-62515735，62515987，62515782，82501048，62514760

电子邮箱：glcbfs@crup.com.cn

通讯地址：北京市海淀区中关村大街甲 59 号文化大厦 1501 室（100872）

管理书社　　人大社财会　　公共管理与政治学悦读坊